长江经济带协同创新研究

王崇举　曾　波　刘成杰　蔡继荣　崔学海　刘　岱 等/著

科学出版社
北　京

内 容 简 介

《长江经济带协同创新研究》聚焦如何通过创新与协同创新，推进长江经济带战略实施，实践新时代中国特色社会主义区域协调发展重要思想。

本书首先对创新与协同创新的理论进行了系统梳理，从制度与管理创新、科技（含教育）创新、产业创新 3 个方面对长江经济带的创新与协同创新活动进行了描述，设置了评价指标体系，构建了灰色关联模型和灰色预测模型并进行了预测，梳理了长江经济带协同创新面临的突出问题，提出了长江经济带协同创新的指导思想、重点任务、体制和机制设计，特别研究了长江经济带协同创新向“一带一路”西部通道区域的扩散。

本书数据翔实，案例丰富，有较强针对性和可操作性，可供区域经济相关学者及政府、企业管理人员参考。

图书在版编目(CIP)数据

长江经济带协同创新研究/王崇举等著. —北京：科学出版社，2019.3

ISBN 978-7-03-058846-3

Ⅰ.①长… Ⅱ.①王… Ⅲ.①长江经济带–技术创新机制–研究 Ⅳ. ①F127.5

中国版本图书馆 CIP 数据核字（2018）第214152号

责任编辑：杨婵娟 / 责任校对：邹慧卿
责任印制：徐晓晨 / 封面设计：无极书装
编辑部电话：010-64035853
E-mail:houjunlin@mail. sciencep.com

科学出版社 出版
北京东黄城根北街 16 号
邮政编码：100717
http://www.sciencep.com
北京中石油彩色印刷有限责任公司 印刷
科学出版社发行 各地新华书店经销
*
2019 年3月第 一 版 开本：B5（720 × 1000）
2019 年3月第一次印刷 印张：17 3/4
字数：348 000
定价：98.00元

目　录

第一章

绪　论

党的十八大之后，党和国家不断强化创新理念，做出创新部署，明确创新任务。党的十九大报告则明确提出了习近平新时代中国特色社会主义思想，提出“从现在到二〇二〇年，是全面建成小康社会决胜期”，要求“坚定实施科教兴国战略、人才强国战略、创新驱动发展战略、乡村振兴战略、区域协调发展战略、可持续发展战略、军民融合发展战略，突出抓重点、补短板、强弱项，特别是要坚决打好防范化解重大风险、精准脱贫、污染防治的攻坚战，使全面建成小康社会得到人民认可、经得起历史检验”。“七大战略”的核心，是创新、改革和协同。党的十八大以后提出，党的十九大报告再次强调的“长江经济带战略”，与将要实施的“七大战略”，尤其是其中的创新驱动发展战略之间，存在着什么样的内在联系？换句话说，如何通过创新与协同创新，来强化和推进“长江经济带战略”实施，将成为实践习近平新时代中国特色社会主义思想的重要工作内容。

第一节　新时代背景下的“长江经济带战略”

一、“新常态”的出现催生了新时代的思想

习近平新时代中国特色社会主义思想的提出，是基于对我国进入新的历史发展阶段的判断。即在改革开放30多年持续快速发展之后，我国经济社会发展已经进入“新常态”。“新常态”的出现具有客观的必然性，其主要的诱因是决定经济发展模式和速度的5个“要素”的质的变化。①市场的变化：随着国民生活水平的不断提高，多数普通消费品供过于求，导致产能过剩，在世界经济全球化的背景下，正在由国内向国际扩散。②资源的变化：既有新增劳动人口

增速减缓使用工成本提高，人口“红利”消退，又有多数基础原材料的短缺和价格上升。③环境的变化：低碳绿色发展的约束使得发展模式受控、发展空间变窄。④需求的变化：在基本的物质产品需求被满足之后，人们普遍对社会功能、生活环境、精神文化产品有更多数量和更高质量的要求，消费偏好不断更新和提升。⑤国际的变化：中国成为世界第二大经济体，在一些领域开始显现领先优势，发达国家经历全球性的金融危机后复苏乏力，在新兴产业领域与我们竞争加剧，我国创新发展可借鉴空间缩小。

在搞清楚“新常态”出现的主要诱因之后，我们应对“新常态”的基本理念和基本原则包括如下4点。

1）既要遵从速度放缓、模式转变的客观规律，又要努力培育新的市场需求，明确新的发展目标，提高发展质量，不断提升参与国际市场竞争的核心竞争力。

2）既要在绿色低碳和资源节约的总目标下，实现全国既有产业和各个板块的绿色和谐发展，又要突出新兴产业和重点区域，实现引领和示范发展。

3）既要充分挖掘现有产业结构资源配置可能产生的经济效益和社会效益，又要大力推进技术、产品、业态、治理的自主创新与协同创新，不断发展新经济、培育新动能。

4）既要着眼国内的各个领域、各项工作深化改革，努力探究从供给侧到需求侧对“新常态”的系统应对，又要放眼世界的可为空间，在体现中国担当的同时，拓展我们的应对智慧和应对策略。

二、“长江经济带战略”体现了应对新时代的基本思路

“长江经济带战略”的提出，体现了国家对“新常态”的应对，因而也是顺应新时代的。

首先，长江经济带横贯东、中、西部，通过长江黄金水道和发达的交通网络有机衔接，经济带11个省（市）中的多数省（市），分别是在东、中、西部有较好发展基础、较多优质品牌和企业资源、较强基础创新能力和产业创新发展环境的省级行政区域。在长江经济带开展创新和协同创新，从而提升经济社会发展质量，优化产品和产业结构。将对全国范围内的“新常态”建设，产生良好的示范和带动作用。

其次，长江经济带各省（市）在改革开放40年由东及西的高速发展中，虽有发展数量、质量的差异，但也存在治理模式相似、产业结构相似度高、企业

发展粗放、创新动力不足的共性。这些桎梏越来越严重地阻碍着该区域的整体协同和系统优化，与新时态的发展要求及新的科教兴国、人才强国、创新驱动的发展理念极不相称。在长江经济带通达条件极大改善的今天，在全流域实施自主创新和协同创新为主的整体应对战略并在全国示范，既紧迫必要，又现实可行。

最后，我们应该注意到，与“长江经济带战略”并行的，还有“一带一路”倡议。如果说“长江经济带战略”主要是为着在我国经济社会发展跨东、中、西部的重点连片区域，推进创新驱动的试验示范的话，“一带一路”倡议则是在新的世界政治经济发展格局和新时代中，体现中国开放、中国发展、中国担当、中国智慧。要推动“长江经济带战略”和“一带一路”倡议的衔接，加快实施高质量的“七大战略”，长江经济带的协同创新应该走在前面。

第二节 长江经济带是我国重要的创新经济带

长江经济带覆盖上海、江苏、浙江、安徽、江西、湖北、湖南、重庆、云南、四川、贵州等 11 个省（市），面积 205 万千米^2，占全国陆上国土面积的 21.4%。2015 年年底，长江经济带常住人口数量为 5.88 亿人，占全国人口比重近 10 年来一直稳定在 43% 左右。2016 年，长江经济带的地区生产总值为 30.52 万亿元人民币。长江经济带的地区生产总值占国内生产总值的比重，从 2000 年的 41%、2005 年的 42% 上升到 2010 年的 43%，以后一直稳中有增，2016 年达到 45%，这和长江经济带在全国经济社会发展中的地位稳中有升是相适应的。

长江经济带是我国重要的创新经济带，主要体现在以下 4 个方面。

一、长江经济带各省（市）的改革开放和经济社会发展，有若干领先全国的先行先试模式及经验

在诸如我国进行综合配套改革试验的浦东新区，上海自贸区，长江中游城市群“两型社会”综合配套改革试验区，重庆、成都统筹城乡综合配套改革试验区等在经济社会治理方面有很多创新改革。在打造创新平台、培育创新能力、优化创新环境、鼓励和支持科技创新方面，长江经济带各省（市），尤其是创新

发达省（市），做出了很多有益的探索和尝试。

二、长江经济带的科技创新能力和科技创新绩效整体处在全国先进水平

本书统计分析了“R&D 人员全时当量”“R&D 经费内部支出”“高等学校在校生数”“大中型工业企业 R&D 经费内部支出”“专利申请量”“专利授权量”“发表科技论文数”“R&D 项目（课题）数（项）”“规模以上工业企业 R&D 人员数”“规模以上工业企业 R&D 人员全时当量”“规模以上工业企业新产品销售收入”“技术市场成交合同金额”等 12 项能大致衡量一个区域的创新能力、创新产出、创新成果转化的指标。研究发现，长江经济带除“技术市场成交合同金额”在全国占比低于该经济带的比重份额外（对这个问题的分析我们留到第四章），“R&D 经费内部支出”、“高等学校在校生数”和“发表科技论文数”等 3 项指标，长江经济带在全国占比与长江经济带的经济份额大体相当。另外 8 项指标的指标值，都明显高出了该经济带经济总量在全国的比重。特别需要强调的有 6 项指标，其中一个是“规模以上工业企业新产品销售收入”，这是 12 项指标中唯一一项体现创新成果转化绩效的指标。2005 年，长江经济带“规模以上工业企业新产品销售收入”占全国相同口径指标份额只有 20.75%，以后逐年上升，2015 年长江经济带这个指标在全国的占比达到了创历史纪录的 53.08%。另外 5 项指标分别是“专利授权量”、“规模以上工业企业 R&D 人员全时当量”、“专利申请量”、“规模以上工业企业 R&D 人员数”和“R&D 项目（课题）数（项）”。2015 年，长江经济带这 5 个指标占全国的份额分别是 52%、49%、49%、48% 和 47%，都明显高出了该经济带经济总量在全国的比重。以上 6 项指标的显著出超，反映出长江经济带的产业（企业）创新能力强的突出特征。

三、长江经济带 2000 ～ 2015 年在先进制造业和战略性新兴产业的发展中势头抢眼

与上述显著性指标的指标值相联系，长江经济带有较强的产业创新能力。近年来，长江经济带中的上海、江苏、湖北、湖南、安徽、重庆和四川等省（市），都不同程度和各有侧重地在电子核心部件、通信设备、汽车制造、重大装备、航空航天、人工智能、生物医药、新材料等新兴产业领域，有了长足发展，在全国发挥着举足轻重的作用，有的技术或产品走在了世界前列。从浙江

兴起的互联网产业、贵州后来居上的大数据与云计算，也都在改变着中国、深刻地影响着世界。长江经济带，尤其是在长三角和中游城市群的中心城市、成渝经济区的成渝极核，在现代物流、总部经济、服务集成与外包、专业服务、融资租赁、投行业务、研发设计等现代服务业，加大加快了集聚发展、创新发展的规模与速度，不仅形成了适应“新常态”的新的产业集群，而且又反过来强有力地支撑了实体经济的创新。“十三五”期间，长江经济带各省（市），均在认真分析研判本省（市）发展基础、发展优势、发展目标的基础上，结合“五大发展理念”和“五位一体”总体布局的基本思路，确定了一批领域、行业、产业、技术，甚至具体的装备和产品的发展规划。创新已经成为“长江经济带战略”推进实施中的主旋律。

四、长江经济带还是我国社会创新创业活动相对活跃的地区

近年来，长江经济带各省（市），充分利用该区域产业高级化进程加快，高等院校和科研院所集中，一流院校、一流学科、一流人才聚集程度高的优势，各出新招、新策，大力培育众创空间、创新工场，强化创新创业辅导，天使投资、股权融资和创新创业服务平台不断涌现。根据《中国统计年鉴》按主要行业分法人单位数据，2010 年，长江经济带 11 个省（市）有企业法人单位 382.95 万家；2015 年，该区域企业法人单位的数量大幅增长至 702.63 万家；增长率为 83.5%，高于全国平均增长水平。

基于以上分析，可以认为，长江经济带已经成为我国重要的创新活动集聚区、创新产业引领发展区和创新成果转化示范区，有必要通过对长江经济带协同创新研究，提高“长江经济带战略”协同创新对创新的驱动水平，提高该经济带，进而提高整个国家应对“新常态”的能力。

第三节　本书研究的主要内容

本书将着重研究 4 个主要内容。

1）在认真研究创新尤其是协同创新理论、广泛借鉴他人研究成果的基础上，运用定性分析和定量分析相结合的方法，深入分析研判长江经济带创新和协同创新对经济社会发展的贡献和作用。考量长江经济带各省（市）创新和协

同创新的主要做法，重要成就与突出问题。评价各省（市）创新工作和创新成果的差异与特色。在这个阶段，我们认真设计和筛选了区分经济社会发展现状、创新基本能力、创新主要工作、创新成果转化与绩效等4个层次的28个指标。利用权威的和统一的指标数据来源，对2000～2015年的历史指标数据，根据前疏后密的原则进行了采集。采集获得的数据，既用于对研究报告的实证支撑，也用于评价长江经济带创新对经济社会发展的推动作用。

2）认真研究长江经济带创新和协同创新存在的主要问题与困难，研究长江经济带协同创新的必要性与紧迫性、协同创新的可能空间、协同创新的指导思想和基本原则、协同创新的主要任务。从课题研究的逻辑关系来讲，只有明确了创新驱动面临的突出问题与困难，才能自觉地把打破地域、行业、企业和机构的界限，推进协同创新放到重要的决策程序上来。也只有分析清楚了协同创新的可能作为，才能筹划和设计协同创新的指导思想、基本原则和主要任务。

3）认真研究长江经济带协同创新的体制机制。协同创新的体制机制设计，既要围绕协同创新的目标任务，又要能有针对性地解决长江经济带协同创新中面临的突出问题和困难。我国的行政管理体制，除中央政府外，省级行政机构是最重要的，也是分级管理法定权限最大的行政单元，省级行政机构对经济社会发展和各个社会主体的经济活动，有很强的主导性，也客观存在很强的约束性。长江经济带协同创新的体制机制设计，要争取能够调动省级行政单位驱动跨省（市）协同创新的积极性。

4）认真研究长江经济带协同创新的体制机制，向“一带一路”国内西北欧亚大陆桥通道扩散和复制。因为“长江经济带战略”和“一带一路”倡议客观存在的依存关系，“长江经济带战略”应该为“一带一路”倡议提供支撑和服务，所以本书既要研究长江经济带的创新和协同创新，研究长江经济带协同创新的体制机制，还要研究长江经济带和“一带一路”西北通道之间协同创新的体制机制。但是，“一带一路”西北通道沿线省（区）的经济社会发展基础、各省（区）的创新能力、创新成果，以及创新成果转化绩效，在现阶段与长江经济带各省（市），特别是创新活动发达省（市）相比，仍然存在着不小的差距，把两个经济带放在一起进行研究不是非常恰当，因此在研究了长江经济带的创新和协同创新，再来研究向“一带一路”西北通道沿线省（区）的扩散。

第二章

创新和协同创新理论

创新的概念比较宽泛，是指以现有的思维模式提出有别于常规或常人思路的见解为导向，利用现有的知识和物质，在特定的环境中，本着理想化需要或为满足社会需求，而改进或创造新的事物、方法、元素、路径、环境，并能获得一定有益效果的行为。在经济学范畴中，创新主要是指通过技术进步和制度变革来提高生产力、推动经济及社会发展的动态过程。自 1912 年熊彼特在《经济发展理论》中最早提出“创新”的概念，目前创新理论已经发展成为包含产品创新、管理创新、技术创新、市场创新、战略创新、制度创新、国家创新、区域创新、产业创新、企业创新等在内的若干不同创新类型和层次的复杂创新系统及相应的理论体系。

第一节　创新与经济发展

创新是历史进步的动力、时代发展的关键。习近平总书记 2013 年 10 月在欧美同学会成立 100 周年庆祝大会上指出：“创新是一个民族进步的灵魂，是一个国家兴旺发达的不竭动力，也是中华民族最深沉的禀赋。在激烈的国际竞争中，惟创新者进，惟创新者强，惟创新者胜。”当前，世界范围的新一轮科技革命和产业变革蓄势待发，信息科技、生物科技、新材料技术、新能源技术广泛渗透，世界大国都在积极强化创新部署，如美国实施再工业化战略、德国提出“工业 4.0”战略。我国创新底子薄、创新力量相对不足，赶超世界创新大国的难度不小。在此情况下，把创新放在发展全局的核心位置，体现了以习近平同志为核心的党中央的坚定决心和历史担当，是党中央在我国发展关键时期做出的重大决策，凝聚的是立足全局、面向全球、聚焦关键、带动整体、持续发展的国家意志和国家战略。把创新放在发展全局的核心位置，就能紧扣世界创新发展脉搏，顺应世界创新发展大势，赶上世界创新发展脚步，实现从后发到先发、从跟跑到领跑的跃进，引领世界创新发展潮流。

一、创新及其绩效评价

经济学上的创新概念最早是由奥地利经济学家熊彼特在1912年出版的《经济发展理论》中提出的，其理论出发点是对工业革命的考察。在熊彼特看来，资本主义经济处在不断运动变化发展之中，其本质特征就是运动和发展。所以，经济发展是经济生活中本身所发生的非连续化变化与运动，是某种破坏均衡而又恢复均衡的力量发生作用的结果，这种推动经济发展的内在力量就是“创新”。事实上，历次工业革命均以技术创新和装备重大突破为引领，通过能源革命和核心投入要素变革、制造模式和生产组织方式创新推动制造业发生了深刻变化，并影响到整个社会的产业形态、经济组织形式，从而成为经济社会发展的原动力，决定着国际经济竞争格局，印证着大国的兴衰。熊彼特正是从工业革命带来的经济社会飞跃中得到启示展开了对创新的研究，在他看来，创新就是把一种新的生产要素和生产条件的“新结合”引入生产体系，包括引入一种新产品、引入一种新的生产方法、开辟一个新的市场、获得原材料或半成品的一种新的供应来源、建立一种新组织形式。熊彼特的理论奠定了创新理论基础，之后西方经济学家对其创新理论不断地发展，从而形成了当代西方创新经济学，并逐步发展为以技术变革和技术推广为对象的技术创新经济学和以制度变革和制度建设为对象的制度创新经济学两大流派。20世纪70年代，美国学者纳尔逊和温特创立了创新进化论这一独特新颖的理论分支。而就在经济进化理论的主题下，20世纪80年代以来技术创新经济学和制度创新经济学两个分支又呈现出融合的趋势，成了1987年英国著名技术创新研究专家弗里曼提出的国家创新体系理论的基础。这些理论强调创新的重要作用，认为创新是经济社会发展的根本动力，没有技术创新就不会有新的主导部门，也就不会有真正意义上的经济增长，并且因技术创新发展的周期性整个经济发展会呈现出长波特征。

创新是一项复杂的系统工程，其绩效评价涉及从投入到产出的整个活动过程。其研究过程大致经历了20世纪50年代的技术创新绩效评价初步研究阶段，20世纪70年代的规范化、科学化发展，20世纪80年代的创新绩效评价理论体系快速发展和20世纪90年代的全面综合阶段。尽管早期的研究从投入产出角度构建评价指标体系，或者从效益角度构建评价指标体系，但是技术创新包括构思设计、开发研究、制造、管理和市场营销等一系列过程，成功的技术创新与良好的过程管理高度相关。因而Chiesa（1996）以过程为基础建立了技术创新绩效评价指标体系，包括了构思设计、产品开发、过程创新和技术获得等4个核心过程和管理与领导、资源分配、系统工具的有效使用等3个辅助过程。然而，熊彼特的创新既包含技术创新活动，也包含组织或制度的变革，并且，随着创新理论的发展，对于创新绩效的评价内容、影响因素，以及评价方法也在逐步发展中，而且创新能力的评价成了绩效评价中的核心要素。从企业创新绩效评价来看，一般涉及包括创新投入、创新人员和创新机构的创新能力投入指标，包括产学研合作、创新资源整合、合作创新在内的协同创新能力，包括知识产权创新、保护和应用的知识产权能力，以及创新价值实现、市场影响力和经济社会发展的创新驱动能力等方面。对于区域或国家创新体系的绩效评价一般参照瑞士洛桑国际管理学院（IMD）的《国际竞争力报告》、世界经济论坛（WEF）的《全球竞争力报告》所确立的知识创造能力、知识获取能力、企业创新能力、创新环境和创新绩效等方面的评价指标框架。从分析方法来看，主要采用因子分析、DEA数据包络分析、层次分析、模糊综合评价方法等。

二、创新与经济发展阶段和贡献

经济发展阶段理论是经常被研究的一个重要领域，它主要是划分经济发展阶段，揭示各个时代社会经济发展的特征，为落后经济指明发达经济发展历程中所显示的一般发展规律及发展方式，也为发达经济指明进一步发展的方向、途径。经济发展阶段理论的代表性学者包括李斯特、希尔德布兰德、凡勃伦、罗斯托等。其中，罗斯托（2001）的经济发展阶段理论是在考察世界经济发展的历史后提出的，它继承了熊彼特的创新和经济周期理论，认为创新推动经济繁荣的关键发生在主导产业的创新活动中，而创新生命周期决定了不同长波阶段创新及起作用方式。

熊彼特（1990）以创新理论来解释资本主义的本质特征。熊彼特认为，所谓经济发展就是指整个资本主义社会不断地实现这种“新组合”，或者说资本主义的经济发展就是这种不断创新的结果，这种“新组合”的目的是获得潜在的利润，即最大限度地获取超额利润。而周期性的经济波动正是起因于创新过程的非连续性和非均衡性，不同的创新对经济发展产生不同的影响，由此形成时间不一的经济周期。因此，资本主义只是经济变动的一种形式或方法，它不可能是静止的。当经济进步使得创新活动本身降为例行事物时，企业家将随着创新职能减弱、投资机会减少而消亡，资本主义不能再存在下去。熊彼特早期用繁荣和衰退的两阶段经济周期模式来揭示创新作用于均衡体系的一般原理，之后他引入投机和从属波创立四阶段理论，但是，熊彼特认为创新期长短是不定的，创新是不连续的、不稳定的和不均匀的，同时又具有多样性，从而形成了不同长度的周期：50年的长波、10年的中波、40个月的短波，一个康德拉季耶夫周期大约包括6个朱格拉中周期和18个基钦短周期；1个中周期中包含约3个短周期，形成了熊彼特的三周期嵌套模型。

20世纪60年代，经济学家华尔特·罗斯托基于熊彼特的创新理论提出了著名的“起飞”六阶段理论，又称作“罗斯托模型”“罗斯托经济成长阶段论”。在“罗斯托经济成长阶段论”中，经济发展阶段依次可划分为传统社会阶段、准备起飞阶段、起飞阶段、走向成熟阶段、大众消费阶段和追求生活质量阶段，而这些阶段的划分本质是基于技术水平及其创新。其中，第一阶段的主导产业是农业，整个经济处于封闭或者孤立状态，没有现代科学技术，生产活动中采用的技术是牛顿时代以前的技术。第二阶段是从传统社会向起飞阶段转变的过渡阶段，农业产量的增长具有重要意义，主导部门逐渐转向劳动密集型的制造业，尤其是轻工业开始快速发展。这一阶段的一个重要任务是通过经济体制改革为发展创造条件，需要解决的关键问题是获得发展所需要的大量资金。

按照罗斯托的研究，第三阶段即起飞阶段在所有阶段中是最关键的阶段，它意味着工业化和经济发展的开始，并与生产方式的急剧变革联系在一起，是经济摆脱不发达状态的分水岭。在罗斯托看来，起飞阶段随着农业劳动生产率的提高，大量的劳动力从第一产业转移到制造业，外国投资明显增加，以一些快速成长的产业为基础，一个国家会出现若干区域性的增长极。罗斯托认为，实现经济起飞必须具备4个条件。一是生产性资本投资率提高，占国民收入的比例提高到10%以上；二是经济中出现一个或几个具有很高成长率的领先部门；三是发明和革新十分活跃，生产过程吸收了科学技术所蕴藏的力量；四是适宜的政治、社会及文化风俗环境。罗斯托对起飞阶段进行了深入细致的分析，凸显了起飞阶段的重要性，因此罗斯托的理论也被称为起飞理论。从国际上主要的资本主义国家的发展来看，英国在1783～1802年经历了起飞阶段，法国的起飞阶段在1830～1860年、美国的起飞阶段在1843～1860年、德国的起飞阶段在1850～1873年、日本的起飞阶段在1878～1900年，而这些国家的经济起飞阶段均与工业革命及巨大的社会制度变革相关。

第四阶段是走向成熟阶段，指一个社会已把现代化的技术有效地应用到了它的大部分产业、经济持续发展的时期。在这一阶段，自主创新能力显著增强，厂家和消费者热衷新的技术和产品，一些经济增长极开始转变为技术创新极，主导部门由劳动密集型制造业转向资本和技术密集型的重化工业和制造业，国民福利、交通和通信设施显著改善，经济增长惠及整个社会，企业开始向国外投资，产业及出口的产品开始多样化，高附加值的出口产业不断增多。

罗斯托将第五阶段称为大众消费阶段，在此阶段，主要的经济部门从制造业转向服务业，工业高度发达，经济主导部门转向耐用消费品部门，奢侈品消费向上攀升，生产者和消费者都开始大量利用高科技的成果。人们在休闲、教育、保健、国家安全、社会保障项目上的花费增加，而且开始欢迎外国产品的进入。目前主要的发达国家都已进入这一发展阶段。

1971 年罗斯托在《政治和成长阶段》中增加了国家发展的第六阶段，此阶段被称为追求生活质量阶段。此阶段的经济发展主要目标是提高生活质量，以服务业为代表的提高居民生活质量的有关部门成为主导部门，一些长期困扰社会的老大难问题有望逐步得到解决。

第二节 “新常态”与创新发展

“新常态”在 2009 年早些时候由美国太平洋投资管理公司提出来，用以描述危机后的欧美发达经济再也回不到之前的状态，其主要含义是低增长、高失业将长期持续，企业利润缩减，资本回报率将降低。之后，新常态在金融市场研究中经常被提及，EL-Erian 对其做了阐释，认为新常态主要是指西方发达经济体在危机过后将陷入长期疲弱、失业率高企的“泥沼”的状况，造成这一状况的直接原因是超高的杠杆比率、过度负债、不负责任地承担高风险和信贷扩张等因素（谭小芬和郭强，2011）。发达经济体要消化这些负面冲击需要较长时间，而且，决策当局因循旧制的经济政策，也会使得此一新常态长期化。自 2012 年开始，《第一财经日报》等国内媒体开始探讨我国经济的“新常态”问题，认为中国经济在经过 30 年的发展，尤其是加入世界贸易组织（WTO）10 年后的高增长之后；在经历全球经济危机，尤其是经历 2008 年危机后 3 年的财政货币再扩张之后，并经由 2011 年的酝酿进入“新常态”。习近平总书记第一次提及“新常态”是在 2014 年 5 月考察河南的行程中，他指出，我国发展仍处于重要战略机遇期，我们要增强信心，从当前我国经济发展的阶段性特征出发，适应新常态，保持战略上的平常心态。而在研究者们看来，到 2011 年前后，中国的经济从过去的两位数的高速增长下滑到 7% ～ 8% 的速度增长，主要原因并非周期性因素，而是一种结构性减速，即中国经济的基本面发生了历史性的实质变化，已经不以人的意志为转移地进入一个新时代或经济发展的新阶段。在这个新阶段中，将发生一系列全局性、长期性的新现象、新变化。经济发展将走上新轨道，依赖新动力，政府、企业、居民都必须有新观念和新作为，这一切可以被简要概括为经济发展的“新常态”。

2014年开始，国家逐渐把“新常态”确定为新时期我国经济社会发展需要认清的基本形势、需要实现的基本发展目标、需要设计并实施的系统应对策略。“新常态”一词与中国经济转型升级的新发展阶段密切相连，是中国迈向更高级发展阶段的宣示，它不仅展示了中国经济转型的必要性，而且明确指出了中国经济转型的方向，同时也指出了转型的动力结构。2014年12月9日的中央经济工作会议明确指出：认识新常态，适应新常态，引领新常态，是当前和今后一个时期我国经济发展的大逻辑。①经济发展新常态的特点之一是在各个领域中全面深化改革，并平衡好经济发展的短期和中长期目标的取舍，其中，“稳增长”着眼近期，“调结构”着眼中期，“促改革”着眼长期。但是，着眼于长期的改革，需有现实的动力源泉，且有激励相容的机制机理。“新常态”反映了我国对经济发展阶段的科学判断和总结，它彰显了我国对现实问题和未来挑战的清醒认识，彰显了我国对现实机遇的从容把握和对未来发展的信心把握，彰显了政府对自身使命的担当精神和中国共产党人治国理政的智慧和意志。

一、有效率的自主创新是跨越“中等收入陷阱”的唯一选择

我国经济发展到了从中等收入向中上等收入转变的重要时期，加之经济发展进入“新常态”，经济发展速度放缓。按照世界银行的报告，当一个经济体处于从中等收入向高收入迈进的过程中，既不能重复又难以摆脱以往由低收入进入中等收入的发展模式，很容易出现经济增长的停滞和徘徊，既无法在工资方面与低收入国家竞争，又无法在尖端技术研发方面与富裕国家竞争，人均国民收入难以突破1万美元，迟迟不能进入高收入国家行列，这被称为“中等收入陷阱”。

导致“中等收入陷阱”的原因，高杰等（2012）在综述相关研究的基础上将其总结为，一是只注重增长速度和经济建设而忽视社会建设，从而导致社会建设滞后；二是经济发展模式转型和民主政治转型的失败；三是社会流动性不足；四是依靠资本投资驱动经济的发展模式的缺陷；五是过于超前的社会福利体系；六是内需不足、出口增长乏力带来的外部需求不足。张德荣（2013）将

① 参见中国共产党新闻网，http：//cpc. people. com. cn/n/2014/1212/c64094-26193640. html?tdsourcetag=s_pcqqaiomsg。

其原因总结为收入分配不公导致的贫富分化阻碍经济的发展、需求结构与产业结构不合理导致一个国家被“中等收入陷阱”锁定、城市化进程会影响经济可持续发展、人口结构的制约等方面。其中，最为关键的是技术和制度的创新力不够，从而难以发现新的投资机会，难以有创新产业和新产品开发，由此使有效投资的机会不足。而制度创新不足更使市场化竞争严重迟缓，导致稀缺的资源不受市场控制，资源配置效率低下，加之能源、劳动力成本大幅度上升和成本推动型通货膨胀，需求不足等系统性问题呈现出来，最终使得经济发展停滞不前。

对于跨越“中等收入陷阱”，周文和孙懿（2012）强调体制改革、结构转变及发展方式转型，陈昌兵和张平（2016）认为只要转变增长方式，保持知识部门平稳增长就会顺利突破“中等收入陷阱”。丁一兵等（2014）认为融资约束是制约技术创新与产业结构升级，造成“中等收入陷阱”的重要因素，因此主张放松企业外部融资约束，推动产业结构升级。韩师光和李建柱（2013）对日韩跨越“中等收入陷阱”的做法的研究也表明了调整产业结构、推动产业结构优化升级、优先发展教育提供充足的优质人力资源、加强公共服务建设、保障收入分配公平的重要性，并提出我国跨越“中等收入陷阱”的路径选择在于转变经济发展方式调整并优化经济结构（转方式调结构），以及采取积极措施扩大内需，深化分配体制改革。

总之，中国经济体量大、韧性好、潜力足、回旋空间大、政策工具多。只要坚持以提高经济发展质量和效益为中心，把转方式调结构放到更加重要位置，更加扎实地推进经济发展，更加坚定地深化改革开放，更加充分地激发创造活力，更加有效地维护公平正义，更加有力地保障和改善民生，就能够促进经济社会平稳健康发展。正是在此意义上，国家提出了创新驱动发展战略，并在《中共中央关于制定国民经济和社会发展第十三个五年规划的建议》中成了首要的发展理念，只有以创新增强发展动能，推进结构性改革，进一步解放和发展生产力，全面实施创新驱动发展战略，以大众创业、万众创新为抓手实现发展动力转化、结构优化，就能跨越“中等收入陷阱”，实现全面建成小康社会的目标。

二、创新是克服资源和要素约束的根本举措

经过改革开放 40 年的努力，我国经济总量已经居世界第二。但是，我国经济快速发展主要源于劳动力和资源环境的低成本，并且，我国经济发展不少领

域大而不强、大而不优。在新形势下，长期以来主要依靠资源、资本、劳动力等要素投入支撑经济增长和规模扩张的方式已不可持续。同时，我国低成本资源和要素投入使得我国经济驱动力明显减弱，需要依靠更多更好的科技创新为经济发展注入新动力；社会发展面临人口老龄化、消除贫困、保障人民健康等多方面挑战，需要依靠更多更好的科技创新实现经济社会协调发展；生态文明发展面临日益严峻的环境污染，需要依靠更多更好的科技创新建设天蓝、地绿、水清的美丽中国；能源安全、粮食安全、网络安全、生态安全、生物安全、国防安全等要求不断增加，需要依靠更多更好的科技创新保障国家安全。因此，我国发展正面临着动力转换、方式转变、结构调整的繁重任务。

创新是解决上述问题的根本举措。通过创新可以推动我国形成国际竞争新优势、增强发展的长期动力。与低成本优势相比，技术创新具有不易模仿、附加值高等突出特点，由此建立的创新优势持续时间长、竞争力强。实施创新驱动发展战略，加快实现由低成本优势向创新优势的转换，可以为我国持续发展提供强大动力。同时，科技创新具有乘数效应，不仅可以直接转化为现实生产力，而且可以通过科技的渗透作用放大各生产要素的生产力，提高社会整体生产力水平。通过技术和制度创新，可以全面提升我国经济增长的质量和效益，有力推动经济发展方式转变，实现制造业由劳动密集型向资本技术密集型过渡，并通过加快产业技术创新，用高新技术和先进适用技术改造提升传统产业，既可以降低消耗、减少污染，改变过度消耗资源、污染环境的发展模式。

目前，全球信息、能源、材料及制造技术飞速发展，特别是近年来物联网、大数据、云计算、人工智能、机器人、增材制造、新材料、增强现实等新兴技术领域的重大突破，催生了一系列新产品、新工艺、新能源、新交通、新产业与通信工具，推动了智能制造、个性定制、协同生产等新型生产方式的发展；揭示了在资源和环境约束趋紧、传统投入要素成本上升情况下产业转型和企业战略调整的方向；展现了以科技化、全球化、互联化、绿色化、定制化和利基产业为特征的新工业革命轮廓。面对此形势，美国推出“制造业回归”战略，德国推出“工业 4.0”战略，日本加速更新制造模式，其目的都是期望抢占未来制造业的主导权。目前，我国在重大工程、基础研究和新科技领域取得了一批具有世界先进水平的重大创新成果，在消费领域的“互联网 +”创新也已走在世界前列。但是，进一步认知新工业革命带来的机遇和挑战，加快推进技术创新、加快推动产业转型升级和新型工业化进程，对于我国的产业升级和国家竞争力提升具有重要意义。

三、创新是供给侧结构性改革的必然路径

必须认识到我国经济发展出现的一些新特征：主要经济指标之间的联动性出现背离，经济增长持续下行与居民消费价格指数（CPI）持续低位运行，居民收入持续增加而传统产业的企业利润率不断下降，高端的、拉开差距的社会新消费需求强烈但供给不足，更多的新消费需要培育，等等。这些与经典经济理论相悖的现象表明当前我国出现的问题既非传统意义上的滞胀，也非标准形态的通缩。与此同时，宏观调控层面货币政策持续加大力度而效果不彰，投资拉动上急而下徐，旧经济疲态显露而以“互联网+”为依托的新经济生机勃勃，东北经济困难加重，而一些原来缺乏优势的西部省区异军突起。这些都说明，我国经济发展存在结构性的问题，供给侧矛盾突出，表现在产业结构、地区结构，以及制度结构等方面。因此，必须改善供给侧环境、优化供给侧机制，通过改革制度供给来激发微观经济主体活力，才能有效增强我国经济长期稳定发展的新动力，有效化解矛盾累积和“滞胀”、“中等收入陷阱”、“塔西佗陷阱”、“福利陷阱”式风险，实现发展方式转变与可持续健康发展。

供给侧结构性改革的关键是在处理“要有产品与服务满足消费”的需求侧问题的同时，重点解决“生产什么”和“如何生产”的供给侧问题。尤其是“制度供给怎样优化”的问题，是借助制度动力、创新动力和结构调整动力为经济发展提供三大新引擎，从要素结构、供给者结构、产业结构着手重点推动经济发展，还是围绕促进转方式调结构、建设现代产业体系、培育战略性新兴产业、发展现代服务业等方面需求，推动科技成果转移转化，推动产业和产品向价值链中高端跃升。供给侧结构改革的根本目的是提高社会生产力水平，落实好以人民为中心的发展思想，要在适度扩大总需求的同时，去产能、去库存、去杠杆、降成本、补短板，从生产领域加强优质供给，减少无效供给，扩大有效供给，提高供给结构适应性和灵活性，提高全要素生产率，使供给体系更好适应需求结构变化。

供给侧结构改革以创新为依托，因为创新是引领发展的第一动力、是优化供给结构的动力源泉、是提高供给质量的根本保证。李克强总理在十二届全国人大二次会议上作政府工作报告时说，要以创新支撑和引领经济结构优化升级，要把创新摆在国家发展全局核心位置，促进科技与经济社会发展紧密结合，推动我国产业向全球价值链高端跃升。创新是产业结构优化升级的根本推动力，只有创新才能推动传统产业的改造升级、新兴产业的培育，从而实现产业结构合理化、产业结构高级化；只有创新才能有效推动“中国制

造”2025目标的实现，并不断培育新的经济增长点；只有创新才能促进劳动分工并改变劳动力就业结构，改变产业的劳动生产率；只有技术创新才能造就优秀品质，促进产品质量提升，更好地满足人民群众多样化、高端化、服务化的消费需求。总之，只有通过结构性改革与创新，才能提高资源配置效率，提高全要素生产率，为经济持续健康发展创造不竭动力。

第三节 创新的类型、层次和模式

一、创新的类型

创新可以按照创新活动的主体、创新活动的内容等进行分类。

（一）政府层面的创新和市场层面的创新

区分政府层面的创新和市场层面的创新本质上是对“看得见的手”和“看不见的手”在创新驱动战略中的职能进行区分。党的十八届三中全会通过的《中共中央关于全面深化改革若干重大问题的决定》明确提出，使市场在资源配置中起决定性作用和更好发挥政府作用。这意味着，处理好政府和市场关系应从两个方面入手：第一，使市场在资源配置中起决定性作用。应正确认识和把握市场规律，使市场通过价值规律、竞争规律、供求规律等在资源配置中起决定性作用。市场是配置资源最有效率的形式，这是推动创新发展中必须尊重和遵循的基本规律。第二，要更好发挥政府作用。当前，我国仍然存在市场体系不完善、市场规则不统一、市场秩序不规范、市场竞争不充分的问题，必须大力加强市场体系建设，进一步完善社会主义市场经济体制。与此同时，政府要深入推进“放、管、服”的一体化改革，针对经济领域政府权力过大、审批烦琐、干预过多、监管不到位等问题，围绕建设法治政府和服务政府，切实解决政府职能越位、缺位、错位问题，简政放权，大幅度减少政府对资源的直接配置，同时，政府要科学施策，更充分地发挥市场在资源配置中的决定性作用。

1. 政府层面的创新

政府层面的创新强调的核心其实是制度创新。制度创新的核心内容是社会政治、经济和管理等制度的革新，是支配人们行为和相互关系的规则的变更，是组织与其外部环境相互关系的变更，其直接结果是激发人们的创造性和积极性，促使不断创造新的知识和社会资源的合理配置及社会财富源源不断的涌现，最终推动社会的进步。以诺斯为代表的制度学派强调制度至关重要，认为：有效率的组织需要在制度上做出安排和确立所有权以便造成一种刺激，将个人的经济努力变成私人收益率接近社会收益率。然而，在制度学派看来，由于制度具有公共产品性质，因而制度的供给主要取决于政治体系，具体来说，就是取决于政治体系提供新制度安排的能力和意愿。制度创新并不是政府直接参与经济活动，而是通过规范产权和收入再分配来促进企业的创新活动。制度创新可分为诱致性制度变迁和强制性制度变迁，戴维斯和诺斯认为，政府的制度创新依靠政府的强制力，它站在与个人、自主合作组织不同的起点，它的创新与法律和政治是紧密相连的。政府通常采取 3 种不同的行为方式来影响潜在的制度创新：第一种方式是 1 项特别的法令允许 1 种特别的制度创新；第二种方式是 1 项普通法律允许一系列可能的制度创新；第三种方式是 1 项法律授予第二行动集团一定的权利，允许他们采取一系列行动。政府究竟决定采取哪一种制度创新的方式依据的是每一种方式的成本和收益的比较。政府只有在以下 3 种情况下才进行创新：一是政府的内部结构发展完善了，而私人市场却未高度发展；二是大量的外部收益在现存的所有制下很难实现；三是收入分配可能损害某些人的利益从而使分配变得困难。因此，创新体系应该围绕企业而不是政府运转构建，在全球化进程中企业确立技术创新主体地位是本国企业成为全球价值创造和价值分配主体的必经之路，转变政府职能是企业技术创新主体地位确立的关键，在政策工具选择上要以完善市场环境和市场机制为主，减少对企业技术创新活动的直接干预。

2. 市场层面的创新

市场层面的创新指的是除了政府以外的市场主体在公开竞争的市场环境下所开展的创新，通常意义上的创新即指市场层面的创新，无论是创新经济学中的国家创新体系、区域创新，还是产业创新和企业创新，只要是在既定的市场规则下开展的自主创新及创新活动的自组织行为均属于此类。在我国，政府干预创新的行为较多，包括经费支持、创新领域引导、创新组织组建、创新政策制定等，肖文和林高榜（2014）将其概括为激励企业技术创新的财税政策，设立专项资金用于支持引进技术的消化，吸收和再创新，促进自主创新的政府采购，促进创新创业的金融政策等。这些政府行为有时表现为直接参与或介入创新活动，从而形成所谓创新活动的政治关联性。虽然一些学者研究发现，政府的创新支持政策确实促进了企业技术创新活动的开展与创新能力的提升，但是另外很多学者的研究却表明，政府的创新支持政策对于企业技术创新的影响不显著，甚至抑制了技术创新的进行。肖文和林高榜（2014）基于中国工业行业的实证分析表明，长期以来从中央到地方各级政府都积极鼓励培育企业的技术创新能力，但是政府对于市场研发活动的支持存在一定的脱节，尤其是政府追求远期目标与企业追求短期目标形成了较大的冲突，因此，政府的直接和间接支持并不利于技术创新效率的提升。肖利平（2016）认为在经济转型期产学联盟的技术创新行为和绩效在很大程度上受到来自各级政府的约束，地方政府干预行为会导致企业创新要素利用低效率，而在中央政府鼓励和支持产业创新的政策导向下，地方政府有动力加强对公共资源的配置，从而直接或间接提高了社会总的产出总量，但这是以牺牲创新资源利用效率为代价的，长远来看应该正确处理政府与市场的关系，建立以企业为主体的技术创新体系。曾萍等（2016）以广东省173家企业为样本对企业技术创新、政治关联与政府创新支持之间的关系进行研究，结果发现尽管整体而言企业技术创新可以直接或间接通过政治关联来获得政府创新支持，但是技术创新作为企业获取政府创新支持的路径仅在良好的制度环境或非国有企业情境下才有效。

（二）研发层面的创新和产业层面的创新

研发层面的创新和产业层面的创新是以创新成果的来源和目的为依据划分的。其中，研发层面的创新重在基础和应用研究，处于创新链条的源头，在我国研发层面的创新的主体通常由高等院校和科研院所承担。产业层面的创新重在追求应用，主要涉及开发研究、组织研究等，是针对产业或企业发展中的具体问题提出解决方案，并由此实现创新，处于创新链条的后端，通常由企业或针对企业的高校或社会团体承担。与国内相同的是，国外产业层面的创新大都由企业承担，而不同的是，国外的研发层面的创新也大都由企业承担。研发层面的创新和产业层面的创新体现出了对技术创新模式按照动力源泉不同进行划分的思想，而按照技术创新动力源泉的不同，创新模式可分为技术推动模式、市场拉动模式及二者的结合。

1. 研发层面的创新

研发层面的创新指的是基础或应用研究类原始性创新，其目标是技术进步，在核心技术掌握中有举足轻重的作用。在美国科学研究发展局（OSRD）原局长万尼尔·布什1945年发表的《科学：永无止境的前沿》中，强调基础研究的目标是拓展对世界的基本认识，基础研究产生的是一般知识及对自然界及其规律的认识，而应用研究的目标是实际应用，直接面向个人、团队和社会的需求。徐冠华（2001）指出，“原始性创新意味着在研究开发方面，特别是在基础研究和高技术研究领域做出前人所没有的发现或发明，从而推出创新成果。它不是延长一个创新周期，而是开辟新的创新周期和掀起新的创新高潮。原始性创新孕育着科学技术质的变化和发展，促进人类认识和生产力的飞跃，体现一个民族的智慧及其对人类文明进步的贡献”。沈德忠（2006）认为，“创造出能提高改进人类的生存质量，促进社会发展进步的、前人没有的知识、技术或艺能的活动叫原始创新”。金吾伦（2001）认为，“原始创新应该是重大项目的突破性创新，具有自主知识的重大创新。这样的创新大致集中在四个领域：基础研究领域的重大突破、高技术领域内的根本性创新、重大工程项目的自主设计与完成、管理领域内重大变革和社会科学领域内的新成就”。研发层面的原始性创新具有强“连锁效应”，是新技术和新发明的先导，并需要长期积累才能形成竞争力，而且，原始性创新具有很强的探索性和不确定性，因此是需要重点加强引导和支持发展的。

2. *产业层面的创新*

产业层面的创新主要关注产品或技术开发研究，同时关注产品生产组织或技术应用条件的属于组织制度层面的研究，是利用应用研究的成果和现在的知识与技术，创造新技术、新方法和新产品，是一种以生产新产品或完成工程技术任务为内容而进行的研究活动。实际上，产业层面的创新与研发层面的创新的最大区别在于期间存在科技成果的转化问题，即为了提高生产力水平而对科学研究与技术开发所产生的具有实用价值的科技成果所进行的后续试验、开发、应用、推广直至形成新产品、新工艺、新材料，发展新产业等活动。正是在此意义上，产业层面的创新可以理解为就是科技成果转化问题的研究。由于科技成果转化本身可分为狭义和广义两种，其中，狭义的科技成果转化指将具有创新性的技术成果从科研单位转移到生产部门，使新产品增加、工艺改进，效益提高，最终经济得到进步。而广义的科技成果转化既包括各类成果的应用，又包括将科技成果从创造地转移到使用地，使使用地劳动者的素质、技能或知识得到增加，劳动工具得到改善，劳动效率得到提高，经济得到发展。因此广义的科技成果转化更符合产业层面的创新的含义。

然而，研发层面的创新和产业层面的创新同属于创新链条上的不同环节，如果将二者以目的不同进行认知，则可以理解技术推动模式、市场拉动模式两种不同的技术创新模式。技术推动和市场拉动两种模式均属于线性模式，其基本观点是技术创新过程始于基础研究，经历应用研究与开发、生产、销售、市场需求等环节，各个环节之间是线性联系，加大对基础研究的投入力度，有利于促进技术创新的产生。线性创新模式长期在人们对创新过程的认识中占据主导地位。但是，诸多研究表明，某个国家由公开发表论文的数量所体现出来的科研潜力与其创新能力之间并没有直接的联系，这意味着创新线性模式忽视了创新过程的开放性、创新各阶段之间的复杂联系及反馈等因素，因此，创新过程是一个匹配技术可能到市场机会的非线性过程，涉及多个不同的创新参与者之间的互动与学习，呈现出非线性、网络化的创新模式，包括创新双螺旋模型、创新三螺旋模型，国家创新系统与集群创新模式均属于非线性创新模式。当前，我国经济步入"新常态"、实现转型发展阶段，实施创新驱动发展战略，其关键就是要处理好研发层面和产业层面的创新，通过平台建设和运作有效地推动不同创新主体之间的沟通与交流，进而形成创新网络、产生集成创新收益。

（三）企业层面的创新和社会层面的创新

企业层面的创新和社会层面的创新的区分是关于创新主体的划分，这样的划分有利于理解科技创新的绩效，并对创新系统建设和协同创新提出要求。从创新的资源来看，我国企业 70% 的研发费用来自政府，在我国的 28 000 多家大中型企业中，仅有 25% 的企业拥有自己的研发机构，其中不少还是政府部门"指定"挂牌的，75% 的企业没有专职的研发人员。而在西方主要工业国，公司用于研发的费用往往占利润的 3% 以上，苹果公司甚至达到 8% ～ 10%，而中国公司用于研发的费用占利润的比重的平均值是 1%。从创新者队伍来看，我国研发人员主要集中在科研机构，而不是在企业。但是，美国 80% 的工程师和科学家在企业，我国只有 20% 多一点的工程师和科学家在企业。据估算，美国大约 70% 的研究和开发支出是由私人企业进行的，这种支出大多被纳入企业的日常活动，从专利结构来看，美国批准授予的专利中大约 60% 来自企业，剩下的大约 40% 由独立的发明者获得。（卢现祥，2015）

在此种情况下，我国的创新绩效主要依靠高技术产业产出规模和技术产出总量的拉动，总体技术水平不高、创新成果扩散和应用能力不足，突出表现在中国创新绩效的"绩"高"效"低上，论文、专利和高技术产业规模迅速上升，而劳动生产率、能源效率和产业利润率水平提升却非常缓慢。因此，推进创新成果转化、加快技术转移与扩散，是提升中国创新绩效的重要途径。

1. 企业层面的创新

企业层面的创新就是以企业为主体的创新，其最早提出者是熊彼特。尽管熊彼特关注经济发展理论，但是在其研究中关注的最多的是微观企业，而且他特别强调企业家在创新中的作用。熊彼特将企业创新定义为"建立一种新的生产函数"，即"企业家对生产要素之新的组合"，并认为企业创新概念包括新的产品、新的生产方法、新的市场、原材料或半制成品的新的供应来源和工业的新的组织五种情况。一般来讲，企业创新可以理解为在企业的运作中，以企业为中心，以市场为导向，以追求经济效益为动力，对企业的经营理念、组织制度、生产要素、文化观念、技术标准与经济行为等进行全面调整与系统整合，首创出与过去不同的观念、制度、技术、要素和产品等。按照创新的内容，企业创新包括组织创新、技术创新、管理创新、战略创新等。

企业层面的创新作为参与市场竞争的主体的创新活动，具有市场导向性、动态性和经济效益性的特征，因此在创新发展中具有极其重要的地位。但是目前我国企业尚未真正成为创新决策、研发投入、科研组织和成果应用的主体，制约企业创新的体制机制障碍仍然存在。因此，2013 年《国务院办公厅关于强化企业技术创新主体地位全面提升企业创新能力的意见》就提出到 2015 年，基本形成以企业为主体、市场为导向、产学研相结合的技术创新体系的目标。然而，当前我国企业在创新方面仍面临一些亟待解决的问题，其中，创新人才短缺始终被企业家认为是阻碍企业创新的最主要因素；企业创新资金来源仍以自有资金为主，通过资本市场获得创新资金的渠道仍不畅通；作为衡量企业创新产出的重要指标之一，新产品销售占销售总额比重的增速有所减缓，表明当前企业创新成效有待进一步提高；从创新环境看，企业家认为缺乏鼓励创新的社会环境、创新风险与收益不对称、知识产权保障不力等是阻碍创新的主要因素；企业家未来创新意愿不足，对未来增加创新投入较前几年更为谨慎。

2. 社会层面的创新

学者对社会层面的创新有不同的理解。例如，金民卿（2001）较早从社会要素的结构性转换和功能性升级的角度来阐释社会创新，认为社会创新内含着价值观念、思维方式和时间理念的转换，社会结构、社会体制和社会组织的调整，动力机制、行动方式和发展模式的更新等，具体包括观念创新、制度创新、技术创新、组织创新、文化创新等。冯鹏志（2001）则从发展哲学的角度，把社会创新看成是目标明确的，更具有综合性、扩展性和适应范围的整合性社会发展行动系统，是现代社会发展的一种新行动模式或运行机制。臧雷振（2008）则结合对国内外有关社会创新概念的分析，提出中国视角下的社会创新应该是以社会目标为基础，以崇尚创新为核心，以创新为社会进步的基本手段，通过充分发挥公民个体和社会组织的创新能力，提升社会能力，完善社会服务功能，弥补政府和市场不足，为和谐社会建设和迎接社会挑战带来改革性进步和功能性升级，实现社会良性发展的过程。大多数学者把社会创新理解为社会发展的创新研究，并以此来探讨创新的目标、内容、模式等，在此视野下，企业、政府、民间组织等主体都被纳入其中，并不加区分来看待。

从创新主体来看，社会创新是指除了企业、政府以外的创新组织，也就是通常所谓的“政产学研”中的“学”和“研”。在我国，社会研究主体主要集中在各类学校（特别是高等院校）、科研院所，以及民政注册的各类非营利性科研机构和工商注册的各类科研、咨询、传播等营利性研究机构。高等院校和科研院所，以及企业被称之为“三大创新主体”。研究表明，社会创新在我国创新领域发挥着至关重要的作用，但是不同主体的作用存在差异，而高校林立的区域创新效果较好。例如，郑琳琳（2015）对中国不同技术创新主体的科技成果与经济增长进行的动态分析表明，企业科技成果对经济发展成效较好，其次是高校，而科研机构科技成果对经济增长的促进作用比企业和高校小得多。余冬筠和金祥荣（2014）对 1999 ～ 2008 年中国 30 个省份（不含港澳台和西藏）的面板数据进行的实证研究表明，企业、高校和科研院所三大主体的创新活动均对创新资源的依赖较大，而创新效率值均小于 1，其中企业的创新效率值最低，在以创新效率的聚类分区中，企业创新高效区的省份相当少，高校创新高效区和科研院所创新高效区的省份较多。同时，技术非效率因素显著存在，其中政府资助和创新主体间的联系对创新主体的作用截然不同。高月姣和吴和成（2015）的研究表明，企业、高校、科研机构及金融机构对区域创新能力存在正向影响，且企业为影响区域创新能力的关键因素，而金融机构的影响尚不突出。企业与政府的交互作用、高校及科研机构与政府的交互作用对区域创新能力均存在正向作用，且后者大于前者，表明目前区域创新能力仍对政府与知识产出部门的合作有较强的依赖性。高校、科研机构与企业的交互作用对区域创新能力的影响并不显著，意味着我国产学研合作效应尚不明显。

二、创新能力培育与创新实践激励

创新能力培育和创新实践激励是创新活动管理中最主要的两个环节。目前，“创新是发展的第一动力”已成为我国经济社会发展中的共识，习近平在多种场合都强调，适应“新常态”、把握“新常态”、引领“新常态”，是当前和今后一个时期我国经济发展的大逻辑。要深刻认识我国经济发展新特点新要求，着力解决制约经济持续健康发展的重大问题。要大力推进经济结构性战略调整，把创新放在更加突出的位置，继续深化改革开放，为经济持续健康发展提供强大动力。而实施创新战略的关键是创新能力的培育，2015 年 1 月 21 日习近平在云南调研考察时就强调：一定要牢牢抓住发展这个党执政兴国的第一要务不动摇，在推动产业优化升级上下功夫，在提高创新能力上下功夫，在加快基础设施建设上下功夫，在深化改革开放上下功夫，扎扎实实走出一条创新驱动发展的路子来。

（一）创新能力培育

创新能力是企业为了自身利益将知识和想法不断转化为新的产品、过程和系统的能力。然而，理论界对创新能力的理解各有不同。Teece 和 Pisano（1994）认为创新能力是企业创造新产品和新过程并应对不断变化的市场环境的能力子集，强调贯穿所有职能的管理能力，包括研发、产品和过程开发、生产制造、人力资源和组织学习。Yam 等（2004）提出企业技术创新能力的考量要素包括学习能力、研发能力、资源配置能力、生产能力、营销能力、组织能力和战略规划能力。Shan 和 Zhang（2009）则认为企业创新能力主要体现为研发能力、生产制造能力、组织管理能力和创新产出能力四个方面。这些研究均从资源基础观、动态能力视角强调创新能力是创造新知识、产品、过程和技术以获得竞争优势的综合能力。国内学者依据创新演化理论和国家创新体系理论，将创新能力分解为技术创新能力、制度创新能力和支持创新能力，或技术能力与非技术要素能力。陈力田等（2012）将创新能力界定为企业搜寻、识别、获得外部新知识，或发现已有知识的新组合，或发现知识的新应用，进而产生能创造市场价值的内生性新知识所需要的一系列战略、组织、技术和市场惯例。

创新能力的培育是形成创新能力的过程，对于创新能力的培育，重点需要考虑以下 4 点。一是建立促进技术创新的政策环境和运行机制，营造技术创新的宏观环境。政府要加快转变职能，做好自己应该做的事，创造更好的市场竞争环境，培育市场化的创新机制，在保护产权、维护公平、改善金融支持、强化激励机制、集聚优秀人才等方面积极作为。对看准的、确需支持的，政府可以采取一些合理的、差别化的激励政策，真正把市场机制公平竞争、优胜劣汰的作用发挥出来。二是要深化科技体制改革，破除一切制约科技创新的思想障碍和制度藩篱，处理好政府和市场的关系，推动科技和经济社会发展深度融合，打通从科技强到产业强、经济强、国家强的通道，以改革释放创新活力，加快建立健全国家创新体系。三是要建立和完善促进技术创新的微观制度和政策，如建立真正的公司治理结构、科学有效的激励约束机制，加强人力资源管理，激发员工创造性。四是需要建立完善的市场结构、完善技术创新市场中介组织，加强企业技术创新的理性行为，增强企业研发行为能力。

（二）创新实践的激励

激励是持续地激发人的动机和内在动力，使其心理过程始终保持在激奋的状态中，鼓励人朝着所期望的目标采取行动的心理过程。创新实践的激励强调的是通过对创新主体的激励和支持，以促进其创新活动或创新行为的过程。对于创新主体的激励重点在于适宜的激励机制设计。考虑到技术创新结果的不确定性、技术创新绩效的难以评价性、技术创新人员需求的差异性及技术创新过程的协同性需求，激励机制应该从激励物提供机制、激励过程管理机制、技术创新激励环境响应机制、技术创新成果评价机制及技术创新人员日常管理机制等方面建立技术创新的柔性激励机制。考虑到技术创新活动中的市场失灵，政府激励机制就成了技术创新激励机制中的重要组成部分，这些激励体现在一系列的政策工具使用上。政策工具是激励创新的主要手段，可以分为供给侧、环境侧和需求侧三类，或者根据政府和市场二分法，将创新政策工具分为供给侧和需求侧两大类。在实践中，对权威项目的研发环节进行激励是进行战略赶超的常用手段，如美国、德国和日本等国家制定政策框架，实施研发计划以促进战略性产业创新。其中重要的政策工具是研发补贴、研发税收抵免。近年来，研究者发现对需求环节进行激励能够增加创新需求，从而促进创新或加速创新的扩散。其中常用的政策工具，根据支出主体的不同，分为面向私人部门的市场调节政策和面向公共部门的政府采购两大类。我国的创新投入和产出位居世界前列，但是对于创新能力和总体绩效的促进作用有待提升，重要的原因在于企业未能成为创新的主体，因此需要在促进产业创新、推进产学研结合，以及创新平台建设方面加大力度，重点“要加大政府科技投入力度，引导企业和社会增加研发投入，加强知识产权保护工作，完善推动企业技术创新的税收政策，加大资本市场对科技型企业的支持力度”。

三、单一创新行为与创新活动协同

无论是理论研究还是实践过程，各国的创新活动都经历过从单一主体到多主体、再到复合主体，从单一创新活动到多维创新、协同创新和系统创新的演化过程。单一创新行为与创新活动协同反映的是与创新主体数量相关的创新活动。无论是企业技术创新实践主体论，还是科研机构技术创新主导主体论，都指的是单一主体。然而，随着科学技术的快速发展，技术的复杂性与多样性导致创新过程中的多技术干扰和非技术因素影响的不确定性日益突显，创新在更多的时候已不再仅仅是依靠单个主体的活动就能实现，而是需要多个主体及其他多种因素进行复杂的相互作用才能完成。创新更多的产生于多主体的体系或集群中，创新过程更趋于动态化、综合化、集成化，充分调动企业、高校、科研机构、中介机构等多种相关主体的积极性，并使其创新行为协同就成了我们实现创新驱动的重要任务，创新活动的协同因此而受到重视。正如党的十九大报告提出的，要“加强国家创新体系建设，强化战略科技力量。深化科技体制改革，建立以企业为主体、市场为导向、产学研深度融合的技术创新体系，加强对中小企业创新的支持，促进科技成果转化”。报告提出的“建立以企业为主体、市场为导向、产学研深度融合的技术创新体系”就是实现创新驱动所必需的协同创新体系。

（一）单一创新行为

单一创新行为即单个创新主体参与技术创新活动过程，并在创新活动中占主导地位、发挥主导作用的创新行为。单一创新行为的研究起始于熊彼特，他明确指出企业家个人是创新的主体，因为“创新是企业家的基本职能”，因此，在熊彼特的理论中创新主体就是单个的人。国内学者傅家骥结合中国技术创新的实践，基本持有和熊彼特相似的观点，他认为企业家在技术创新中的功能主要反映在通过营造良好的创新环境，促进企业技术创新观念的产生和创新资源的有效整合，最终保障了各项技术创新活动能够得以顺利开展。但是，随着企业内部的技术创新越来越依靠创新团队的协作，熊彼特也不得不承认技术创新与企业家、员工等独立的个人没有多大的关系，这样，“企业”这个团队组织作为创新的个体被提出来。由于技术创新只能由企业来完成，并且技术创新的结果只能通过生产过程来实现，企业便成了理论和实践界公认的主要的技术创新的主体，但此时的企业创新仍旧是一个单一创新行为。而随着国家创新体系理论的提出，整个国家也被认为是一个单独的创新体系，包括企业的单个区域的、单个产业的，均被以单一创新主体来研究。可以看出，单一创新行为需要从不同视角和层次来理解，在不同的视角下，单一创新主体可以是个人、企业、产业、区域，乃至一个国家。

对单一创新行为的理解可以联系自主创新，虽然自主创新往往与技术引进、模仿创新等相对应，并常常与国家这一单一主体的创新行为相联系。“自主创新”是我国学者陈劲等（2014）提出的，他认为自主创新是企业在技术引进消化吸收再创新之后的一种特定的技术创新，即企业依靠自主研发力量完成技术突破，并取得原创性的科技成果之后，“自主创新”的概念被拓展成为二次创新、集成创新和原始创新等类别。自主创新的最大好处是能够掌握核心技术，并形成核心竞争力，只有把核心技术掌握在自己手中，才能真正掌握竞争和发展的主动权，才能从根本上保障国家经济安全、国防安全和其他安全。但是，由于自主创新存在成本高、周期长等特征，并且核心技术是买不来、换不来、求不来的，因此必须开展自主创新。自主创新也往往是针对企业这一单一主体的，如许庆瑞等（2013）以海尔为案例对转型经济中企业自主创新能力演化路径及驱动因素的研究；也有将产业作为单一创新主体的；还有将区域作为单一创新主体的，如支燕和白雪洁（2012）从自主创新和技术外取视角对我国高新技术产业创新绩效提升路径的研究；还有将区域作为单一主体对其创新活动进行的研究，如卢宁等（2010）基于 1998 ～ 2007 年省际面板数据对自主创新与区域经济增长的实证研究。

（二）创新活动协同

创新活动协同是针对多主体共同参与的创新活动而提出来的。随着创新活动逐渐向主体之间的合作，以及向整个国家创新体系的演进，协同多主体以促进主体间的相互配合和合作并达到 1+1>2 的效果就成了创新活动管理的核心任务。创新活动协同较早在产学研技术创新联盟的新技术创新模式中得到关注。产学研技术创新联盟以美国产学研技术创新联盟模式为代表，它意味着以往单一的技术创新主体模式已经不能胜任现代技术创新发展的需要，技术创新的主体必然走向协作，1951 年斯坦福工业园是第一个真正意义上的产学研融合的技术创新协作主体。此后，这种技术创新产学研协作不断加深，逐步形成了现阶段的大规模、多层次、多领域、多形式的技术创新协同合作方式。美国产学研技术创新联盟以政府的引导与推广为先决条件，要求高等学校、科研机构、企业紧密结合，以企业提供研究机构资金，或者研究机构参与企业技术研发为企业提供智力支持。同时创设条件，不断完善大学科技园，呈现出合作密切、内容丰富、持续稳定、资金充裕、应用性强的特点。

随着人们对创新活动协同的关注，“协同创新”作为对一个多主体构成的复杂体系或系统创新活动特征、影响因素、运行规律、冲突分析和机制设计描述的研究词汇得到广泛应用，这些研究重点探讨供应链中企业、高校、科研院所、中介机构和政府等各协同网络要素之间的协作关系对企业创新绩效和区域创新绩效的影响，并将协同模式按照协同主体区分为竞争者协同模式、用户协同模式、替代者协同模式和供应商模式等，或者按照合作方式将其分为战略联盟、技术转让、技术许可、委托研究、联合攻关、内部一体化、共建科研基地、人才联合培养等。这些研究表明，企业创新资源要素和区域环境对企业创新过程和协同创新具有重要影响，并且，不仅协同创新要素本身的优良程度对企业创新绩效有着重要影响，各创新要素之间的相互关系及其协同机制的有效性也会对企业的创新活动产生影响，而开放的协同模式可以促使企业克服行业边界和地域限制，推动企业的创新产出。企业创新绩效的提升不仅依赖于协同模式的开放度，还取决于协同模式所处的组织环境、组织结构、知识距离、时间延续性、地理接近性和制度等多种因素。解学梅等（2015）揭示了影响企业协同创新的企业主体、知识与技术、协同机制、协同网络、社会关系网络等因素。白俊红和蒋伏心（2015）在采用 1998 ～ 2012 年中国分省区面板数据考察协同创新与空间关联对区域创新绩效的影响中发现，政府科技资助、企业与高校的联结及企业与科研机构的联结对区域创新绩效有显著的正向影响。

（三）更广泛意义的协同创新

除了产学研领域各个创新主体在科学、技术、工艺、产品等一般意义上的研发创新协同之外，根据前面的论述，我们应该更加看重对科技创新协同有重要组织、引导、激励作用和使协同创新成效得以实现和提升的环境、制度等方面的协同创新。例如，不同区域政府间、不同政府主管部门间、不同资金和资本机构间，在鼓励跨区域、跨领域、跨行业、跨单位的创新主体协同创新的政策和实务的协同；不同区域和不同主管部门辖下的高等学校的人才培养、专业设置、师资队伍建设与运用等方面方案、路径和实操的协同；长江经济带整体而言，对国家创新发展有重要作用、对多个省（市）分别具有的不同优势的关键技术、关键产品、关键产业进行有体制机制保障的协同攻关。

第四节 协同创新推动持续创新和创新成果扩散

协同创新是以知识增值为核心目标的多个知识生产机构，在政府和中介机构帮助下，为了实现某个或多个重大科技创新成果，实现的大跨度整合的创新组织模式，并在其中开展的一系列具体的创新活动。协同创新促进了企业、高等高等院校、科研院所等创新主体发挥各自的能力优势、整合互补性资源，实现各方的优势互补，加速技术推广应用和产业化，协作开展产业技术创新和科技成果产业化活动，因此是有效提高创新效率的重要途径。

一、40年改革创新奠定了协同创新的基础条件

我国已经成为具有重要影响力的科技大国，科技创新对经济社会发展的支撑和引领作用日益增强。环顾国内，我国的多复变函数论、陆相成油理论、人工合成牛胰岛素等成就，高温超导、中微子物理、量子反常霍尔效应、纳米科技、干细胞研究、肿瘤早期诊断标志物、人类基因组测序等基础科学的突破，

两弹一星、超级杂交水稻、汉字激光照排、高性能计算机、三峡工程、载人航天、探月工程、移动通信、量子通信、北斗导航、载人深潜、高速铁路、航空母舰等重大工程技术取得的成果，为我国成为一个有世界影响的大国奠定了重要基础。同时，协同创新也作为新的创新模式得到普遍应用，并已经取得显著成效。例如，两弹一星工程、载人航天工程、嫦娥工程等重大技术攻关，无疑都是具有中国特色的协同创新的成果。目前，我国科技资源已跃居世界前列，各类科技创新基地和平台建设取得了重要进展，特别是形成了相当规模、涵盖创新链各环节的各类创新基地，为进一步整合科技力量、共享科技资源、集聚创新人才、推进国家重大创新基地建设奠定了基础。而从 20 世纪 80 年代初期以对外开放为特征的东部沿海地区经济开发区、沿海开放城市建设的实施和成功，到“西部大开发战略”的推进和实施，再到“十二五”、“十三五”时期的城市群、长江经济带、京津冀协同发展等经济区域和经济带战略提出，特别是关于“一带一路”倡议的构想，均体现了区域和国家协同创新发展的思想，标志着中国经济由“单极增长”进入更加强调互动协调发展的“多极驱动”并向国际分工协作的发展演进，而这些国家战略的提出均基于区域协同发展的实践成效和经验总结，并反映了经济社会发展的必然趋势。只有实施协同创新才能深入贯彻科学发展观，落实中长期科技发展规划纲要，提高自主创新能力，促进科技与经济结合；才能深化科技体制改革，进一步完善科技管理体制，完善国家创新体系；才能推动转变政府职能，发挥市场经济下举国体制优势。

二、协同创新能充分发挥社会主义制度优越性

协同创新是企业、政府、高等院校、科研院所、中介机构和用户等为了实现重大科技创新而开展的大跨度整合的创新组织模式，推进协同创新就是要充分调动企业、高等院校、科研院所等各类创新主体的积极性和创造性，跨学科、跨部门、跨行业组织实施深度合作和开放创新，实现各个创新要素的整合及创新资源在系统内的无障碍流动。国内外经验已经表明，协同创新是通过国家意志的引导和机制安排，促进企业、高等院校、研究院所发挥各自的能力优势、整合互补性资源，实现各方的优势互补，加速技术推广应用和产业化，协作开展产业技术创新和科技成果产业化活动，是当今科技创新的新范式。同时，促进转方式调结构、建设现代产业体系、培育战略性新兴产业、发展现代服务业等方面需求，推动科技成果转移转化，推动产业和产品向价值链中高端跃升，

以及促进新型工业化、信息化、城镇化、农业现代化同步发展，提升发展整体效能，都需要发挥市场在资源配置中的决定性作用。打破领域、区域和国别的界限，实现地区性及全球性的协同创新，构建起庞大的创新网络，实现创新要素最大限度的整合，以实现释放创新驱动的原动力，让创新成为发展基点，拓展发展新空间，创造发展新机遇，打造发展新引擎，在新的发展水平上实现协调发展的目标。

创新是一个系统工程，对某项特定的创新活动而言，技术链、生产链、资金链、政策链相互交织、相互支撑，只在一个环节或几个环节搞创新不仅是不够的，而且也极有可能是不会成功的。当前，我国科学技术总体水平还不高，但我们有着一个庞大的创新群体，虽然存在各方面科技力量自成体系、分散重复，整体运行效率不高的矛盾和困难。但是，应该承认的事实是，改革开放以来，尤其是近些年来，我们已经在一些重大技术领域，取得举世瞩目的一流创新成果，其中不少成果是通过大规模协同创新获得的。这也使我们能够认识到我们最大的优势是我国社会主义制度能够集中力量办大事，这是我们成就事业的重要法宝。过去我们取得重大科技突破依靠这一法宝，今天我们推进科技创新跨越也要依靠这一法宝，形成社会主义市场经济条件下集中力量办大事的新机制。党的十八大以来，我国坚持科技创新、制度创新协同发挥作用，出台一系列政策工具，以大力促进协同创新，党的十九大以后，更是加大了这方面工作的力度。这些政策工具涉及国家级实验室建设、科技咨询支撑行政决策的科技决策机制、重大科技决策制度化、完善符合科技创新规律的资源分配方式、改革和创新科研经费使用和管理方式、改革科技评价制度、国家意志要求下各种创新资源的有效调度和配置等方面的内容。这些政策工具的落实将有效调动各方面创新要素，发挥各类人才积极性，形成建设创新型国家、建设世界科技强国的凝聚力。

三、协同创新能确保“新常态”下攻坚克难

这些都意味着，“新常态”下我国经济社会发展正面临着动力转换、方式转变、结构调整的繁重任务，也决定了创新作为引领发展的第一动力。

当整个社会经济的发展需要创新驱动作为主动力，新的供给需要创新来提供，新的需求需要创新来培育时，就急需遍及全国的各地域、各行业、各板块、各实体、甚至各个创新者个体的协同创新。国家应将其作为国策，并坚定不移地推进。经过多年努力，我国经济总量已经居世界第二，但是，我国经济社会

中的不协调问题依旧很突出。地区发展的不平衡，中西部地区、特别是一些边远地区的经济发展还很滞后；城乡发展不平衡，“三农”问题及农业现代化、新型工业化发展与城镇化发展不协调问题尚未解决；产业结构不合理，“去产能、调结构”、“僵尸”企业和实体经济不景气等问题亟待加大力度解决；资源紧缺和生态恶化趋势仍存在，绿色发展任务艰巨；全球经济治理体系和规则正在面临重大调整，国际经济发展和技术进步的竞争压力巨大。这些不平衡、不协调、不可持续的问题只有通过协同创新发展才能解决。只有通过全国的协同创新，才能推动区域间和城乡间融合发展，形成全要素、多领域、高效益的深度融合发展格局，才能实现物质文明与精神文明、经济建设和国防建设同步推进，才能促进新型工业化、信息化、城镇化、农业现代化、绿色化同步发展，从而不断增强发展的整体效能。长江经济带理应在协同创新方面，在全国起好示范和带头作用。

第三章

长江经济带的创新活动

推进长江经济带经济社会高质量协同发展是我国新时期与“一带一路”倡议、京津冀协同发展并列的国家发展战略。实施“长江经济带战略”的基础，是改革开放以后，尤其是三峡工程开建以来，经济带各省（市）围绕经济社会快速优质发展、建设沿江绿色生态廊道、构建高质量综合立体交通走廊、优化沿江城镇和产业布局等目标广泛推进的区域创新活动，为的是着力解决自主创新能力不强、中低端产业比重过高等制约长江经济带联动发展的问题。通过不懈努力，长江经济带的发展环境大大改善、发展进程有所加快、发展质量得到了长足的进步，尤其是各省（市）的创新活动，成绩斐然，对该区域的经济社会发展给予了较强的正向激励和推动。本章将着重描述该区域 21 世纪以来的创新和协同创新活动。

第一节　长江经济带协同创新的系统描述

一、长江经济带区域创新系统

长江经济带区域创新活动作为一个系统，可以划分为相互联系的 3 个层次：创新主体、主体行为及创新支撑。创新主体主要包括政府、企业、高等院校、科研院所、社会组织和自然人等；主体行为主要体现在创新投入（即资源配置）和创新实施（即资源使用）两个方面；而创新支撑则主要是指创新基础设施和创新环境（图 3-1）。

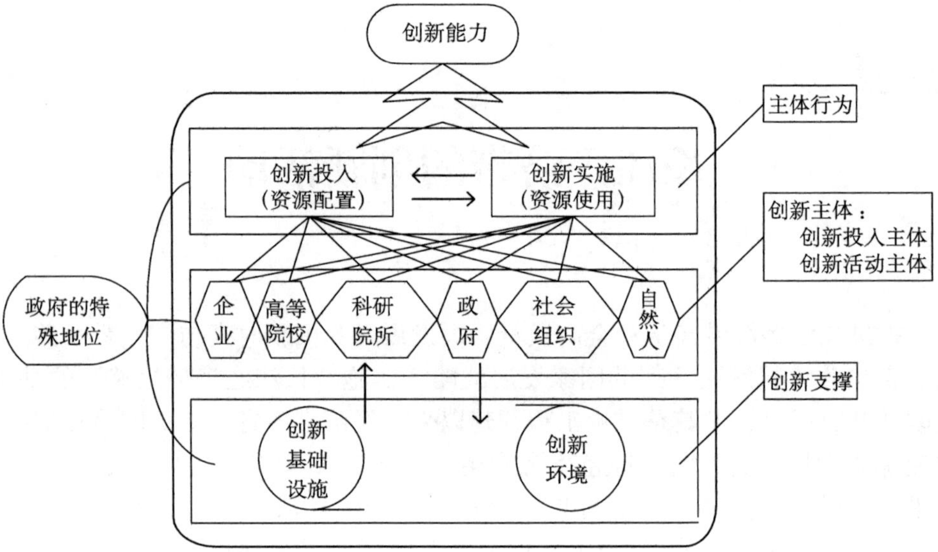

图 3-1 长江经济带区域创新系统运行机理示意图

本书分别在长江经济带下、中、上游 5 个省（市）设立子课题，以所在省（市）为重点对象，对这些省（市）在创新推进与服务、科技创新能力培育与创新实务、创新在产业发展与产品研发中的突出贡献、创新氛围和创新环境打造等各个方面创新活动典型案例的搜集和分析，争取能生动地揭示长江经济带宽阔的创新领域、显著的创新成果和效率、潜在的协同创新突破模式和发展空间。

二、长江经济带区域创新系统中政府的地位

政府在长江经济带区域创新系统中有着特殊的地位，能发挥特殊的作用。一方面，政府可直接调配和投入创新资源进行资源配置，还可以对高等院校、科研院所和社会组织等进行投资，通过它们的科技创新活动间接影响区域科技创新能力的提升；另一方面，政府可通过推进法规创新、政策创新、服务创新和治理创新营造创新环境和推进基础设施网络建设，指导、影响和支撑其他创新主体的创新行为，实现科教创新、产业创新和环境创新。

三、长江经济带区域协同创新中的可能活动

一是注重发挥各自优势，推进区域协同创新。推动长江经济带发展是党中

央、国务院做出的重大战略部署。各省（市）以各自历史、区位和文化等方面的优势，突出创新引领，突出区域科技协同创新，把加快发展新技术、新产业、新业态、新模式放在更加重要位置，实施重大科技工程项目攻关、推进区域科技协同创新、加速科技成果转化、大力促进大众创业万众创新，积极推动整个长江经济带的创新协作、成果共享。

二是突出多领域互动，实现科教与经济的深度融合。促进科技资源的共享和跨区域合作，加速科技成果转化，加快开辟科技资源跨区域协作共享的新窗口。除了科技本身，各省（市）也非常注重科技与经济的深度融合，积极探索整个长江经济带各省（市）经济体之间的组织体系、协调机制上的探索与创新，最终推动的则是整个长江经济带多方位、多领域的跨区域互动与合作。

三是深化行政管理体制改革。加快转变政府职能，创新政府管理方式，深化政府机构改革，建立科学的决策机制。促进科技创新资源跨区域共享，依托各地优势科技资源，发展信息技术、电子商务、研发设计、知识产权、检验检测、认证认可等新兴服务产业，积极推动区域中心城市逐步形成以服务业为主的产业结构，促进科技服务业发展。减少和规范行政审批，建立跨区域、跨部门统一互联的电子政务平台。

四是建立健全长江经济带区域一体化发展机制。破除地方保护和地区封锁，突破行政区限制和体制障碍，着力发挥市场在配置资源中的决定性作用。加快建立统一的商品和要素市场，完善统一的市场体系。鼓励地方金融机构在长江经济带区域内互设分支机构，提升金融一体化水平。推动长江经济带区域内交通、通信、水利等基础设施共建共享。

五是加快建立长江经济带区域统计监测体系。在社会治安、森林火灾、疫情防疫、环境保护、质量监管等方面加强信息沟通，建立联系紧密、协调互动的突发事件应急处置机制。

第二节 制度创新与管理创新

一、总体态势

目前长江经济带还存在区域发展不平衡、自主创新能力不强、现有创新资源动员不足、中低端产业比重偏高等问题，制约着长江经济带的高质量及联动发展。需要整合区域各方面力量，不断突破体制障碍和行政区划限制，在行政管理、空间结构、资源开发与合理利用、市场和生产要素等方面实现互融互通，推进生态建设与环境保护、基本公共服务对接、对内对外开放等方面的深化改革，加强城市间的配合和联动，放大国家区域发展政策叠加效应，发挥城市群的辐射和带动作用。从这个意义上讲，必须把制度创新与管理创新作为长江经济带区域联动发展的重要途径。

二、具体举措

在基础设施建设和管理方面，长江经济带整体及各区域努力打破行政区划限制形成合力，建立协调机制，从发挥长江经济带区域整体优势出发，对重大基础设施统一规划，合力布局，联合投资，既发挥个体比较优势，又进行合力分工，推进包括航空、高速公路、铁路在内的整体联动的大交通体系一体化进程。

在产业一体化合作方面，多省（市）经济和信息化委员会（厅）、工业和信息化委员会（厅）签署创业一体化战略合作协议，鼓励扩大相互投资，推进产业融合发展，加快主导优势产业聚集，提升区域产业整体综合实力；促进企业跨省（市）兼并重组，加快市场开放和生产要素合理流动，推进跨省（市）企业间协作配套和合作互补，完善长江经济带区域产业链，提升长江经济带区域产业集中度，合理打造富有活力的现代产业集群。

在市场一体化合作方面，多省（市）深入开展商务战略合作和区域合作，构建互利共赢、长期稳定的长江经济带区域商务合作关系，创新合作机制，遵循“优势互补，扬长避短，市场主导，政府推动，整体推进，重点突破”的原则，集合集成长江经济带不同区域特色和比较优势，共同致力于建设“商贸流通一体化、对外贸易一体化、对外投资合作一体化、承接产业转移一体化、口岸通关一体化、商务信息一体化”的合作机制。

三、创新成果和典型案例

（一）政府的管理与服务创新

1. 政府管理创新

政府管理创新要打破行政封锁、行业分割、地区分割、主体分离等管理服务藩篱，高效重组创新资源，营造有力利于创新的外部环境。

按照“一个窗口、两区运作、统分结合、协同服务”的工作思路，长江经济带税收信息共享平台于2016年1月1日在“泛长三角”地区（江、浙、沪、皖、赣）国税局、地税局正式上线启用。首批上线的是外管证信息交换、跨区域迁移涉税数据对接、非正常户协作监管、税收分析数据交换4个项目，涉及共享数据表20张、数据项212个。为税务部门实现跨省数据共享及应用奠定了良好的基础，特别是长江经济带信息共享平台的投入运行，使跨省数据交换和共享有了信息化支撑。

《上海市机关事务管理办法》规定：市机关事务主管部门、财政部门和区人民政府应当加强机关事务信息化建设，建立和完善经费、资产、服务及资源节约等管理信息平台，促进信息和资源共享。市和区机关事务主管部门或者财政部门应当建立本级政府机关资产调剂平台，归集资产信息，实现资产的有效调配。政府事务信息化和资产调剂是降低机关运行成本，建设节约型机关的管理创新。

湖北省“一主两副”成为全国创新改革先行区。武汉、襄阳、宜昌三个国家创新型试点城市，作为湖北省一元多层次发展战略定位的“一主两副”中心城市，在建设区域创新体系中不断探索，取得积极成效。武汉市成为全国8个全面创新改革试验区之一，被纳入国家系统推进全面创新改革试验的总体方案；襄阳市成为首批国家科技创新服务体系建设试点之一；宜昌市成为全国唯一的新材料产业示范城市。同时，湖北省科技体制改革为创新创业定向开路。近几年来，湖北省在省级层面成立了科技体制改革专项领导小组，不断完善科技体制改革总体设计，持续为科技创新创业清障搭台；形成了一套完整的创新政策法规体系，并不断督促落实，全省创新政策法规环境不断优化，率先在全国实现了科技成果转化政策的突破，激发了科技人员转化科技成果的活力，在全国产生了巨大影响。

江苏省组建以外商直接投资高技术产业为主导的区域创新中心。外商直接投资（FDI）在江苏省创新发展增长方式转型进程中发挥了重要作用。江苏各类工业园区为外商提供了优良的创新平台，大批外资企业通过直接投资，将包括创新能力及技术先进的机器设备等多种要素由境外投入江苏，提升了江苏省的技术水平，促进了高新技术产业的发展。利用外资与增强区域创新能力具有一致性，它有利于产业集群的发展和国际创新资源的聚集。在长三角地区，江苏省外资引进明显领先于上海市和浙江省，因此江苏省着力构建基于FDI高技术产业导向的区域创新中心，长周期地推动了区域产业结构的升级和贸易结构的优化，提升了江苏省区域创新能力。

2. 产业管理模式创新

政府管理创新也要进行产业管理模式创新，政府通过管理体制机制、政策规章等方面创新，加强产业管理模式创新，使企业充分融入大市场，促进企业创新发展。政府促进企业创新发展可以采取多种途径，如成本创新、流程创新、应用创新、供应链创新、产品创新、技术创新、商业模式创新和非客户创新等，企业的这些创新方式可以浓缩为企业在治理模式、发展路径和制度业态等方面的创新。

上海市积极推进政府管理模式的市场化改革。2016 年，上海陆家嘴在国内率先试水“业界共治＋法定机构”的公共治理模式。原来政府派出机构性质的管委会变身企业化的发展局，引领区域管理创新的新风向；同时组建陆家嘴金融城理事会，作为陆家嘴“业界共治”的平台，理事会将实现业界参与优化营商环境、完善产业生态链等方面的意愿，汇聚各方力量推动金融城发展。与传统的行政管理机构不同，发展局不列入政府部门序列，在全国率先以企业法人的形式登记注册，实行企业化组织。体制机制的重大变革，将有助于实现市场化的运作、提供专业化的服务，这是发展局设立的最大亮点。可以看出，上海陆家嘴的政府管理机构市场化改革将有助于激发政府办事效率，为企业发展提供更好的服务。

2015 年 7 月 6 日，武汉市政府常务会议审议决定，依托东湖国家自主创新示范区试点“一区多园”。江岸区、江汉区、东西湖区、洪山区、江夏区等 7 个园区今后将享受与东湖高新区一样的政策红利。实行“一区多园”后，试点园区名称前可加冠“东湖国家自主创新示范区”字样，除了招牌效应，更重要的是财政、税收、科技、产业、人才、金融等政策与东湖高新区一致。随着“互联网 +”行动计划明确写入政府工作报告，湖北省全面推动移动互联网、云计算、大数据、物联网等与现代制造业融合，实现企业间资源共享、能力协同、互利共赢。

（二）社会治理创新

稳定和谐的社会环境有助于促进区域科技创新效率的提高。江苏省 2008 年以来，积极试点、推广“政社互动”模式，通过两项清单（“自治组织履职清单”和行政权力限制清单）真正减轻城乡社区和基层群众自治组织的行政负担。浙江省台州市通过大数据建设补齐企业信用短板，2016 年在全国率先建立的台州市金融服务信用信息共享平台，已具备信用立方体、正负面信息、不良名录库等强大功能，征集了金融、市场监管、国税、地税、法院、公安、社保等 13 个部门的 4800 多万条信用信息，覆盖台州市全部企业与个体工商户 55 万多家。这一共享平台有效地解决了信用信息不对称等问题，并通过全国领先的平台大数据分析应用和“评级 + 辅导”的信用服务模式，探索了一种符合小微企业发展规律的信用建设体系。

浙江省从2008年开始一直致力于创新政府信息公开方式，逐步形成了“四张清单一张网”（政府权力清单、企业投资项目负面清单、财政专项资金管理清单、责任清单和浙江政务服务网）的改革局面，不断推进政府权力和政务信息的透明度提高，不断提高政府的信息服务水平。2013年，江苏省出台《江苏省政府信息化服务管理办法》，推进政府管理和服务的信息化，强化社会管理和公共服务。2015年，江苏省创新政府管理模式，决定江苏重大政策举措都将实施第三方评估。

第三节 科 教 创 新

一、总体态势

长江经济带各省（市）围绕增强自主创新能力，打造创新示范高地、强化创新基础平台，集聚人才优势，强化企业技术创新能力，营造良好创新创业生态，推进科教创新。长江上游地区以重庆、成都引领的研发机构法人化改革，激发科教创新活力；长江中游地区科技创新功能型平台作用的发挥有利于承接下游地区产业转移；长江下游地区加大科技成果转化力度牵引带动创新发展。

通过以上创新举措，长江经济带各省（市）间的区域科教创新合作进一步深化；长江经济带各省（市）科教创新的体制机制进一步健全完善；长江经济带各省（市）间科教创新与各行业深度融合；长江经济带各省（市）间科教创新已成为产业转型升级的助推器；长江经济带各省（市）间重大科技项目已成为推动长江经济带区域科教创新的重要依托；长江经济带各省（市）间各类创新示范区的引领示范效应逐步得到显现；长江经济带各省（市）间知识产权保护和创新型人才的培养力度进一步加大。

高等教育资源的共建共享，也使不同主体为了各自的利益需要，通过合作的方式实现优势互补，共享合作成果，实现共同发展成为可能。

二、具体举措

长江经济带各省（市）采取措施促进长江经济带区域间科教资源集聚和协

同创新。同时，坚持政府的主导地位、企业的主体作用，强化资源间的良性整合，从而形成共享、聚集、流动、融合的科教资源共享、协同机制，发挥科教资源的统筹带动功能，实现长江经济带区域经济又好又快发展。

（一）加大科技资源聚集和协同创新整合力度

创新主体的人力资源、物质资源是决定长江经济带创新资源集聚的主要因素，长江经济带各省（市）加大人力资源、物质资源、财力资源、信息资源等科教资源的整合力度，使得长江经济带各省（市）优势资源高效聚集和协同，实现优势互补，形成长江经济带创新新优势。在创新主体（平台）方面，注重不同创新主体之间形成稳定的集聚模式，加速企业与政府和高等院校之间资源的集聚。

（二）发挥中介机构功能，提高科技资源配置效率

作为增强协同创新主体间信息流动的一个有效途径，中介机构可以有效降低各要素主体相互作用的成本，实现创新资源配置效率的提升，加速创新成果的转化。同时，作为整个创新服务支撑体系的有机组成部分，能够通过市场的竞争协调，降低交易主体的交易成本，催生出更为良好而稳定的创新环境，实现创新体系的和谐运行和可持续发展。

（三）建设信息服务体系

各个创新主体对于自己的创新资源享有优势，但又需要获取自己短缺的其他创新资源信息，创新信息服务体系能帮助创新主体在创新资源获取上互通有无。因此，长江经济带各省（市）尤其注重以创新主体的相互作用带动创新信息和创新资源的有效流动，帮助创新主体熟悉市场运作方式，建立一个有效的市场信息服务体系，促进以企业为主体的技术创新行动，有效地调动了各创新主体在创新竞争中互利互惠的积极性。

（四）促进高等教育资源共享和校企合作

促进高等教育资源共享和校企合作旨在破解共建共享意识不足、可以共建共享的资源分配不合理、利用不充分、共建共享不顺畅的体制壁垒。通过提供政策指引和项目、经费等方面的支持，促进长江经济带各省（市）共同建设高等教育资源、省（市）高等院校与地方政府合作、高等院校与企业合作、高等院校校际之间合作等。

三、创新成果和典型案例

（一）科教创新人才队伍建设

不断提升人才培养模式、培养的规模、结构、层次和质量，推进教师队伍和研发队伍建设、研发平台打造，提高创新活动的组织和成果的扩散转化等方面的水平和质量，培育科教创新的基本能力，充分发挥创新资源运用和创新系统的高效运行的基础性作用。

长江经济带各省（市）都重视建设一支规模宏大、结构合理、素质优良的创新人才队伍这一目标。以全球视野、创新精神和改革勇气，着力解决当前科教人才培养、评价、激励方面存在着的突出问题，建立具有国际竞争力的科技人才管理制度。高等院校是培养科教创新人才的摇篮，是科教创新人才队伍建设的基础，我们这里用“每万人高等教育在校生数”来衡量这个基础的强弱（表 3-1）。每万人高等教育在校生数指标一方面体现了该省（市）的经济实力，也反映了历史积淀的办学基础。总的来看，上、中、下游均有每万人高等教育在校生数超过 200 人的省（市），超过 200 人的省（市）包括上海市（211.8 人）、江苏省（215.1 人）、江西省（215.6 人）、湖北省（241.1 人）和重庆市（237.5 人）。

表 3-1 每万人高等教育在校生数①　　（单位：人）

省（市）	2000 年	2005 年	2010 年	2011 年	2012 年	2013 年	2014 年	2015 年
上海	135.5	248.9	223.9	217.8	212.9	209.0	208.8	211.8
江苏	60.7	155.3	209.6	210.1	211.0	212.2	213.4	215.1
浙江	41.1	133.1	162.5	166.1	170.2	174.5	177.6	178.9
安徽	32.0	96.3	137.5	166.1	170.8	174.5	177.6	184.1
江西	35.9	150.0	183.0	184.6	189.0	190.6	201.8	215.6
湖北	59.3	177.4	226.6	232.8	239.8	245.1	244.1	241.1
湖南	41.3	119.4	147.8	161.9	163.0	164.5	168.7	174.1
重庆	40.9	119.3	181.2	194.5	211.8	222.0	231.2	237.5
四川	29.5	94.5	135.1	141.5	151.5	156.8	163.2	169.2
贵州	22.6	55.5	92.9	99.2	110.2	119.6	131.2	141.9
云南	22.4	57.3	95.4	105.3	109.9	117.1	122.4	129.6

资料来源：数据根据相应年份《中国统计年鉴》“人口”之“分地区年末人口数”和“教育”之“分地区普通本专科学生情况”计算而得

① 本小节所用数据既考虑时间长度，又兼顾时间连续性。故 2010 年之前取 2000 年和 2005 年两个典型年份，2010 年起，逐年采用至所有数据可查的 2015 年，下同。

另外，长江经济带各省（市）陆续推出了各自的人才培育计划（表3-2），推进科教创新人才的培养和集聚。

表3-2　长江经济带各省（市）人才培养特殊项目（部分）一览表

省（市）	人才培养特殊项目
上海	上海市“千人计划”；上海市“领军人才”；上海市“东方学者”；上海市优秀学科带头人；上海市“白玉兰”科技人才；上海市人才发展资金；上海市青年科技启明星计划；上海市曙光计划；上海市晨光计划；上海市杨帆计划；数据科学和大数据人才培养计划；上海市卫生系统优秀青年；上海市卫生系统优秀学科带头人；上海市浦江人才
江苏	江苏省创新创业人才奖；江苏省“333高层次人才培养工程”；江苏省“青蓝工程”；江苏省六大人才高峰高层次人才项目资助；江苏特聘教授；江苏省“双创计划”；南京市十大科技之星
浙江	海外高层次人才引进计划（简称“千人计划”）；钱江人才计划；151人才工程；杭州“131”中青年人才培养计划
安徽	安徽省“百人计划”；安徽省“省特支计划”；“115创新产业团队”；“引才平台资助奖补”
江西	领军人才建设工程；高校“卓越人才”培养计划；主要学科学术和技术带头人培养计划（简称“带头人培养计划”）；江西省青年科学家（井冈之星）计划
湖北	创新创业领军人才开发工程；高端人才引领培养计划；“123”企业家培育计划；科技人才向经济发展一线集聚工程；名师、名医和文化名家造就工程；急需紧缺专业技术人才培养工程；“金蓝领”开发工程；现代农业人才支撑计划；现代服务业人才培养工程；海内外人才回归、引进工程；贫困地区和革命老区人才支持计划；人才公共服务平台建设工程；湖北省青年英才开发计划；战略性新兴（支柱）产业人才培养计划；楚天学者；湖北省“百人计划”；湖北省新世纪高层次人才工程
湖南	科技领军人才培养计划；文化系统五个一批人才培养工程；高层次企业经营管理人才能力提升计划；海外高层次人才引进计划；高素质教师队伍建设工程；湖南师范大学青年优秀人才培养计划；湖南农业大学拔尖人才培养计划；湖南“345人才培养计划”
重庆	重庆市青年拔尖人才培养计划；百千万工程领军人才培养计划；百名学术学科领军人才培养计划；百名工程技术高端人才培养计划；西部地区人才培养特别项目；“巴渝人才”项目；“两江学者”计划；“鸿雁人才”计划
四川	优秀年轻干部人才递进培养计划；成都优秀人才培养计划；卓越农林人才教育培养计划
贵州	人才培养“十百千”计划；大数据“十百千万”人才培养计划；教育“9+3”计划（教育模式范畴）；少数民族高层次骨干人才培养计划；2015年西部地区人才培养特别项目；本科教育卓越人才培养计划；优秀青年科技人才培养计划
云南	云南省科技领军人才培养计划；“云岭系列”人才培养工程（“云岭学者”“云岭产业技术领军人才”“云岭首席技师”“云岭教学名师”“云岭名医”“云岭文化名家”）；优秀贫困学子奖励计划、青年技能人才培养、博士后定向培养计划

资料来源：各相关省（市）政府网站

“千人计划”专家是国家的重要资源，截至2016年底，四川共有“千人计划”专家793人，组建创新创业团队72个，其中227人入选国家“千人计划”，入选人数位居西部第一。为支持“千人计划”专家创新创业，四川不仅集中打造“千人计划”服务阵地——“四川省人才之家”，而且整合22家省直部门资源和力量，组建了“四川省高端人才服务团”。此外，还成立“四川省高层次人才创新创业投资基金”，首期规模 4 亿元。

重庆也积极壮大创新人才队伍。依托“千人计划”、“百人计划”等国家、重庆市级重大人才专项，面向海内外引进一批领军人才；继续实施“百名学术学科领军人才培养计划”、“高等学校巴渝学者”特聘教授岗位制度和教学名师培养计划，实现院士、长江学者、杰青等高层次人才数量和水平的新突破。加大职业教育师资培养基地和企业实践基地建设，大力培养“双师型”教师。实施中小学“十百千万”名师培育计划，创新名师培育模式，建立递进式、个性化、常态性培养机制，完善名师梯队建设。

湖北创新管理制度为人才“松绑”。重构人才产教融合培养体系，改进科研和人才评价方式，推动科研管理体制创新。2015 年 5 月，湖北正式启动实施高技能人才培养工程，重点培养 3000 名高技能人才，其中省级 200 名（重点培养全省高技能领军人才），市（州）级、县（市、区）级共 2800 名，培养周期为 2 年。省级以培养高级技师为主，市（州）级以培养技师为主，县（市、区）级以培养高级工为主。

贵州积极培养和引进科教创新人才。贵州省市县各级政府分别设立人才发展专项资金，为创新创业保驾护航；通过提供创新创业培养经费资助、灵活的收益分配、授予各类荣誉称号等形式，鼓励科研人员通过技术转让、技术服务、技术入股、领办创办科技型企业等形式转化科研成果。

此外，贵州还实行人才“绿卡”服务制度，为人才提供“1+10”高效便捷服务，帮助解决户籍、住房、经费资助、家属就业、子女入学及保险、就医、职称评聘、出入境等一系列问题，着力解除人才后顾之忧。

（二）创新投入总量和密度

1. 长江经济带各省（市）“R&D 经费内部支出”总量

长江经济带各省（市）中“R&D 经费内部支出”总量居前 3 位的分别是江苏、浙江和上海，4 ～ 6 位分别是湖北、四川和安徽（表 3-3）。这些投入表现为该省（市）各创新主体执行的各种类型的“R&D 项目（课题）数（项）”（表 3-4）。

表 3-3　长江经济带各省（市）“R&D 经费内部支出”总量变化表　（单位：亿元）

省（市）	2000 年	2005 年	2010 年	2011 年	2012 年	2013 年	2014 年	2015 年
上海	73.78	208.35	481.70	597.71	679.46	776.78	861.95	936.14
江苏	73.00	269.83	857.95	1065.51	1287.86	1487.45	1652.82	1801.23
浙江	33.35	163.29	494.23	598.08	722.59	817.27	907.85	1011.18
安徽	20.02	45.90	163.72	214.64	281.80	352.08	393.61	431.75
江西	8.19	28.53	87.15	96.75	113.66	135.50	153.11	173.18

续表

省（市）	2000年	2005年	2010年	2011年	2012年	2013年	2014年	2015年
湖北	34.82	74.95	264.12	323.01	384.52	446.20	510.90	561.74
湖南	19.24	44.52	186.56	233.22	287.68	327.03	367.93	412.67
重庆	10.13	31.96	100.27	128.36	159.80	176.49	201.85	247.00
四川	44.88	96.58	264.27	294.10	350.86	399.97	449.33	502.88
贵州	4.18	11.03	29.97	36.31	41.73	47.18	55.48	62.32
云南	6.80	21.32	44.17	56.08	68.75	79.84	85.93	109.36

资料来源：相应年份《中国科技统计年鉴》“综合”之“各地区研究与试验发展（R&D）经费内部支出”

表3-4　分年长江经济带各省（市）“R&D项目（课题）数（项）”　（单位：项）

省（市）	2000年	2005年	2010年	2011年	2012年	2013年	2014年	2015年
上海	28 288	33 486	50 823	61 757	65 802	69 432	75 627	74 788
江苏	28 148	32 159	61 543	79 100	97 597	107 080	118 332	129 116
浙江	16 299	30 678	53 039	74 091	84 509	92 729	97 478	118 317
安徽	10 422	10 757	26 249	32 520	39 251	45 183	45 535	46 375
江西	4 825	9 494	15 559	17 722	19 157	22 112	24 022	25 705
湖北	15 267	20 070	38 371	45 457	48 669	53 039	55 777	56 562
湖南	6 568	12 965	30 717	37 020	40 033	42 985	45 358	43 751
重庆	5 603	9 613	18 155	19 375	21 799	24 792	27 709	30 620
四川	13 502	26 470	36 912	41 012	45 991	50 269	54 867	56 822
贵州	2 876	4 130	9 511	10 975	12 185	14 284	15 649	17 331
云南	4 370	6 086	12 842	14 363	16 049	16 507	17 835	22 098

资料来源：相应年份《中国科技统计年鉴》“综合”之“研究与试验发展（R&D）项目情况”

2. 长江经济带各省（市）R&D投入密度

再从人均密度（人均“R&D经费内部支出”）看，长江经济带各省（市）中，人均“R&D经费内部支出”居前3位的分别是上海、江苏和浙江，4～6位分别是湖北、重庆和安徽（表3-5）。和“R&D经费内部支出”总量相比，位居第5位的四川被挤出投入密度前6位，说明四川的研发投入密度还有提升的空间。每万人“R&D人员全时当量”指标的排序也基本反映了这一现实（表3-6）。

表3-5　人均“R&D经费内部支出”　（单位：元）

省（市）	2000年	2005年	2010年	2011年	2012年	2013年	2014年	2015年
上海	441	1172	2092	2547	2855	3216	3553	3876
江苏	98	361	1090	1349	1626	1873	2076	2258
浙江	71	334	907	1095	1319	1486	1648	1826
安徽	33	75	240	360	471	584	647	703
江西	20	66	195	216	252	300	337	379

续表

省（市）	2000年	2005年	2010年	2011年	2012年	2013年	2014年	2015年
湖北	58	131	461	561	665	769	878	960
湖南	30	70	263	354	433	489	546	608
重庆	33	114	348	440	543	594	675	819
四川	54	118	329	365	434	493	552	613
贵州	12	30	86	105	120	135	158	177
云南	16	48	96	121	148	170	182	231

资料来源：根据相应年份《中国统计年鉴》“人口”之“分地区年末人口数”与《中国科技统计年鉴》“综合”之“各地区研究与试验发展（R&D）经费内部支出”

表 3-6　万人“R&D 人员全时当量”　　（单位：人年）

省（市）	2000年	2005年	2010年	2011年	2012年	2013年	2014年	2015年
上海	35.5	37.7	58.6	63.3	64.4	68.6	69.3	71.1
江苏	9.6	17.1	40.1	43.4	50.7	58.7	62.7	65.2
浙江	5.3	16.4	41.0	46.4	50.8	56.6	61.4	65.8
安徽	4.2	4.6	9.4	13.6	17.2	19.8	21.3	21.7
江西	4.3	5.1	7.8	8.4	8.5	9.6	9.6	10.2
湖北	7.4	10.7	17.1	19.8	21.2	22.9	24.2	23.2
湖南	4.5	6.0	10.3	13.0	15.1	15.5	15.9	16.9
重庆	5.2	8.8	12.9	13.9	15.7	17.7	19.5	20.4
四川	7.2	8.1	10.4	10.2	12.1	13.5	14.7	14.2
贵州	2.3	2.6	4.3	4.6	5.4	6.8	6.8	6.7
云南	2.6	3.3	4.9	5.4	6.0	6.1	6.5	8.3

资料来源：根据相应年份《中国统计年鉴》“人口”之“分地区年末人口数”与《中国科技统计年鉴》“综合”之“各地区研究与试验发展（R&D）人员全时当量”数据计算而得

3. 工业企业创新潜力比较

“规模以上工业企业 R&D 经费内部支出”占工业销售收入比值可以在一定程度上反映工业相关企业科技成果转化和研发新产品的潜力（表 3-7）。

表 3-7　“规模以上工业企业 R&D 经费内部支出”占工业销售收入比　（单位：%）

省（市）	2000年	2005年	2010年	2011年	2012年	2013年	2014年	2015年
上海	1.5	1.1	0.7	1.0	1.1	1.2	1.3	1.4
江苏	0.9	0.9	0.6	0.8	0.9	0.9	1.0	1.0
浙江	0.5	0.6	0.5	0.9	1.0	1.1	1.2	1.4
安徽	1.2	1.5	0.6	0.7	0.7	0.7	0.8	0.8
江西	1.0	0.8	0.4	0.4	0.4	0.4	0.4	0.4

续表

省（市）	2000年	2005年	2010年	2011年	2012年	2013年	2014年	2015年
湖北	1.4	1.0	0.7	0.8	0.8	0.8	0.9	0.9
湖南	1.2	0.8	0.6	0.7	0.8	0.8	0.9	1.0
重庆	1.5	1.5	0.7	0.8	0.9	0.9	0.9	1.0
四川	1.3	1.4	0.4	0.3	0.5	0.5	0.5	0.6
贵州	0.9	0.8	0.6	0.5	0.5	0.5	0.5	0.5
云南	0.6	0.5	0.3	0.4	0.4	0.5	0.5	0.6

资料来源：由《中国科技统计年鉴》“综合”之“各地区规上工业企业基本情况”和“各地区研究与试验发展（R&D）经费内部支出”数据计算而得

从纵向看，2000～2015年，长江经济带各省（市）“规模以上工业企业R&D经费内部支出”占工业销售收入比均在2005～2010年产生了一个低谷，反映出2008年金融危机前后的经济现实（对研发投入重视不够和企业经营困难造成的研发投入不足），随着经济状况和创新氛围的变化，此占比在以后的年份均有所回升。

从横向来看，2015年上海和浙江并列第1位（1.4%），江苏、湖南和重庆并列第2位（1.0%），湖北列第3位（0.9%），安徽位列第4位（0.8%），四川和云南并列第5位（0.6%），贵州位列第6位（0.5%），江西位列第7位（0.4%）。

（三）科教创新基地和平台的建设

长江经济带各省（市）依据国家发展战略、区域经济和社会发展需求，推动国家重大创新基地和平台建设。

长江经济带各省（市）依据国家发展战略、区域经济和社会发展需求，结合区域特色和优势科技资源，在关键产业技术领域建设了一批国家工程（技术）研究中心、工程实验室，并加强考核评估，调整优化建设布局。同时加强国家大型科学仪器中心、国家级分析测试中心、国家科技图书文献中心、国家实验动物种子中心、国家计量科技创新基地等综合实验服务基地建设。

2015年长江经济带各省（市）共有国家重点实验室104个（占全国比重约为40%），国家工程中心149个（占全国比重约为43%）（表3-8）。研究领域涵盖制造业、电子与信息通信、新材料、能源与交通、现代农业、食品产业、农业装备、建设与环境保护、资源开发、公共安全、轻纺与医药卫生等。数据表明，长江经济带是我国基础研究和应用研究力量的集中地带。

表 3-8 2015 年国家重点实验室和国家工程中心分布表 （单位：个）

地区	国家重点实验室	国家工程中心
上海	32	21
江苏	20	29
浙江	9	14
安徽	1	9
江西	0	8
湖北	18	19
湖南	6	14
重庆	5	10
四川	9	16
贵州	2	5
云南	2	4
长江经济带	104	149
全国	258	346

资料来源：《国家工程技术研究中心 2015 年度报告》和《国家重点实验室 2014 年度报告》

长江经济带各省（市）结合自身优势和特色，积极破解制约研发合作的桎梏，搭建各类服务创新和协同创新平台。

上海研发公共服务平台（图 3-2）自 2004 年 7 月 14 日正式启动试运行以来，在四方面起到重要作用：盘活资源存量，提高共享服务意愿与能力；降低研发成本，提高企业自主创新积极性；避免重复购置，提高政府财政资金投入

图 3-2 上海研发公共服务平台资源示意图

效益；协同推进格局，打破部门壁垒与条块分割。上海17个区县都建立了研发平台服务分中心，27个行业协会及32个各类高新园区建立了服务站，加上2012年启动建设的“企业集团服务站”，形成了立体式的研发平台服务体系。

国家科技创新资源上海数据中心也正在积极建设，为企业等各类创新主体提供科技服务。国家科技创新资源上海数据中心将反映研发资金资源投入分布、共享和闲置程度、研发贡献存量及动态信息，用大数据技术为科技主管部门提供精准的科技预测和产业升级预测，提升科技资源宏观管控效能。

2016年，平安创·中科创客学院正式落地浙江乌镇。乌镇的平安创·中科创客学院是一个包含了创客空间、创业孵化器和创投基金功能的一体化创新生态服务体系，提供从创意孵化、创新投资、金融、培训辅导、招聘到辅助运营、政策申请、法律顾问乃至住宿等全链条的创业服务。该平台定位在“互联网＋”领域，第一期主要聚焦“互联网＋大健康”、“互联网＋旅游”和“互联网＋文创”这3个方面。中国科学院深圳先进技术研究院有很多技术资源、导师资源，还有自己的基金，可以为创业者提供资金上的支持。同时，该平台与入驻创业的团队是合伙人的关系，很多服务都是个性化的，可以通过全方位的服务，实现创业者无忧创业。目前，平安创·中科创客学院已确定有十余家意向入驻企业，而这些企业集聚了来自全国各地的高端人才，其中包含了国家千人计划、嘉兴精英引领计划、桐乡创新创业领军计划等各级人才。

在创新服务平台体系中，第三方检验检测认证、工程实验室、工程（技术）研究中心也是重要的构成元素。不少科研院校和企事业单位已着手构建开放共享互动的创新网络，建立向企业特别是中小企业有效开放的机制，旨在加大国家重大科研基础设施、大型科研仪器和专利基础信息资源等向社会开放力度。

以北斗产业为例，目前从事北斗研发的仪器设备、数据、人才等资源主要集中在科研院所和大企业手中，难以共享，这在很大程度上制约了北斗产业的持续创新能力。为了解决这些难题，国防科技大学机电工程与自动化学院牵头，联合中国航天科技集团公司第九研究院、中国仪器仪表学会空间仪器分会、西安民用航天基地和中国电子科技集团公司第四十一研究所等单位及清华大学等高等院校，共同建立了国内首个全球卫星导航系统（GNSS）仿真测试开放共享平台——天衡·GNSS仿真与测试开放实验室，服务于卫星导航基础研究、终端调试、预认证测试、试验验证等应用，为我国导航产业发展与应用提供有力的人才、技术与产品支撑。

《中共江苏省委江苏省人民政府关于加快企业为主体市场为导向产学研相结合技术创新体系建设的意见》（2012年10月10日）要求，要推动大中型工业企业、规模以上高新技术企业全面建设研发机构，着力提升企业研发机构发展水平和支撑企业转型升级的能力。探索在龙头骨干企业建设省级企业重点实验室，组织有实力的企业创建国家级重点实验室、工程实验室、工程技术类研究中心、企业技术中心。鼓励企业联合高等院校、科研院所共建研发机构。加快建设企业研究院，开展前沿先导技术研发和重大战略产品开发。建立政府层面的统筹协调机构，完善企业研发机构建设的支持政策和推进措施，建立健全统一的企业研发机构建设发展评价体系。

为推动创新载体建设，四川省在如下方面进行了尝试：加快成都国家自主创新示范区等国家级和省级高新区建设，优化高新区布局；支持省级开发区升级；打造各具特色的高新技术产业基地；加快建设国家级重大科技创新平台、国家级和省级重点实验室、国家重大科技基础设施、国家级和省级工程技术研究中心（院）；布局科技创新转化平台；争取建设西部国家科学中心、国家制造业创新中心和国家技术标准创新基地；打造具有示范效应和国际影响力的合作发展平台；将推动军民深度融合发展作为全面创新改革试验的核心主题。

（四）创新成果产出

1. *每万人发表科技论文数和每万人有效发明专利数*

每万人发表科技论文数和每万人有效发明专利数反映相关省（市）科技知识的生产能力。从每万人发表科技论文数来看（表 3-9），在 2015 年，位居首位的是上海（36.6 篇），江苏位居第 2 位（15.6 篇），湖北位居第 3 位（13.5 篇）；从每万人有效发明专利数来看（表 3-10），位居首位的是浙江（42.4 件），江苏位居第 2 位（31.4 件），上海位居第 3 位（25.1 件）。值得注意的是位于长江中游的湖北每万人有效发明专利数（6.6 件）并不高，而位于长江上游的重庆这一指标达到了 12.9 件。

表 3-9 每万人发表科技论文数 （单位：篇）

省（市）	2000 年	2005 年	2010 年	2011 年	2012 年	2013 年	2014 年	2015 年
上海	—	—	34.0	34.1	33.9	33.9	34.6	36.6
江苏	—	—	12.5	13.3	14.1	15.7	15.0	15.6
浙江	—	—	9.2	9.1	9.1	8.7	8.0	8.7
安徽	—	—	5.1	7.3	6.5	6.7	6.9	6.9
江西	—	—	5.4	5.6	5.6	5.7	5.9	4.9
湖北	—	—	12.6	15.4	13.2	13.1	13.5	13.5
湖南	—	—	7.1	7.5	7.1	7.2	7.2	7.5
重庆	—	—	10.0	10.3	10.9	10.6	11.1	10.7

续表

省（市）	2000年	2005年	2010年	2011年	2012年	2013年	2014年	2015年
四川	—	—	7.2	7.5	7.6	7.7	8.1	9.0
贵州	—	—	4.1	4.8	4.4	5.1	4.9	5.2
云南	—	—	4.6	4.8	4.7	5.3	5.7	6.0

资料来源：根据相应年份《中国统计年鉴》“人口”之“分地区年末人口数”数据、相应年份《中国科技统计年鉴》“研究与开发机构”之“各地区研究与开发机构科技产出”数据及“高等学校”之“各地区高等学校科技产出”数据计算而得。由于《中国科技统计年鉴》从2010年开始统计“各地区研究与开发机构科技产出”和“各地区高等学校科技产出”数据，故2000年和2005年无法获取数据

表3-10　每万人有效发明专利数　（单位：件）

省（市）	2000年	2005年	2010年	2011年	2012年	2013年	2014年	2015年
上海	2.4	7.1	20.9	20.4	21.6	20.2	20.8	25.1
江苏	0.9	1.8	17.6	25.3	34.1	30.2	25.1	31.4
浙江	1.5	3.9	21.0	23.8	34.4	36.8	34.2	42.4
安徽	0.2	0.3	2.3	5.5	7.2	8.1	8.0	9.6
江西	0.3	0.3	1.0	1.2	1.8	2.2	3.0	5.3
湖北	0.4	0.7	3.0	3.3	4.2	5.0	4.9	6.6
湖南	0.4	0.6	2.0	2.4	3.5	3.6	4.0	5.0
重庆	0.4	1.3	4.2	5.3	6.9	8.4	8.1	12.9
四川	0.4	0.6	4.0	3.5	5.2	5.7	5.8	7.9
贵州	0.2	0.2	0.0	1.0	1.7	2.3	2.9	4.0
云南	0.3	0.3	0.8	0.9	1.3	1.5	1.7	2.5

资料来源：根据相应年份《中国统计年鉴》“人口”之“分地区年末人口数”数据与相应年份《中国科技统计年鉴》“科技活动成果”之“国内三种专利有效数按地区分布”数据计算而得

2. 科技成果转化与技术市场份额分布

对于科技成果转化与技术市场交易额及其分布情况，我们用长江经济带各省（市）规模以上工业企业新产品销售收入、规模以上工业企业新产品销售收入在长江经济带占比、技术市场交易额和技术市场交易额在长江经济带占比4个相互关联的指标加以表征。

从长江经济带各省（市）规模以上工业企业新产品销售收入（表3-11）的情况看，在2015年，占据前4位的省（市）分别是江苏（24 463.3亿元）、浙江（18 839.1亿元）、上海（7470.9亿元）和湖南（7349.8亿元）。相应地，在2015年，它们在长江经济带各省（市）规模以上工业企业新产品销售收入占比（表3-12）也较高，分别占到30.5%、23.5%、9.3%和9.2%；长江经济带各省（市）规模以上工业企业新产品销售收入和长江经济带各省（市）规模以上工业企业新产品销

售收入占比最低的均是贵州。

表 3-11　分年长江经济带各省（市）规模以上工业企业新产品销售收入　（单位：亿元）

省（市）	2000 年	2005 年	2010 年	2011 年	2012 年	2013 年	2014 年	2015 年
上海	1 351.6	3 148.7	6 180.8	7 772.2	7 399.9	7 688.4	8 447.0	7 470.9
江苏	973.3	2 679.7	9 387.2	14 842.1	17 845.4	19 714.2	23 540.9	24 463.3
浙江	511.0	2 149.8	6 282.6	10 049.4	11 284.0	14 882.1	16 507.9	18 839.1
安徽	103.5	407.5	1 997.1	3 182.6	3 731.9	4 379.1	5 280.9	5 882.2
江西	63.4	236.0	762.0	941.9	1 287.1	1 682.9	1 756.4	2 058.6
湖北	242.8	590.6	2 330.2	3 099.4	3 698.4	4 654.5	5 274.6	5 676.9
湖南	100.0	457.5	2 350.1	3 759.5	4 769.0	5 724.6	6 310.4	7 349.8
重庆	166.1	600.1	2 478.0	3 028.0	2 429.9	2 696.1	3 610.8	4 535.1
四川	203.1	555.8	1 435.8	2 100.3	2 096.0	2 475.9	2 711.3	2 892.5
贵州	22.4	80.7	310.6	444.2	383.3	368.3	408.4	394.5
云南	24.5	60.4	232.9	380.8	446.8	443.4	518.3	513.2

资料来源：相应年份《中国科技统计年鉴》“工业”之“各地区规上工业企业新产品开发和生产”

表 3-12　分年长江经济带各省（市）规模以上工业企业新产品销售收入在长江经济带占比
（单位：%）

省（市）	2000 年	2005 年	2010 年	2011 年	2012 年	2013 年	2014 年	2015 年
上海	35.9	28.7	18.3	15.7	13.4	11.9	11.4	9.3
江苏	25.9	24.4	27.8	29.9	32.2	30.5	31.7	30.5
浙江	13.6	19.6	18.6	20.3	20.4	23.0	22.2	23.5
安徽	2.8	3.7	5.9	6.4	6.7	6.8	7.1	7.3
江西	1.7	2.2	2.3	1.9	2.3	2.6	2.4	2.6
湖北	6.5	5.4	6.9	6.2	6.7	7.2	7.1	7.1
湖南	2.7	4.2	7.0	7.6	8.6	8.8	8.5	9.2
重庆	4.4	5.5	7.3	6.1	4.4	4.2	4.9	5.7
四川	5.4	5.1	4.3	4.2	3.8	3.8	3.6	3.6
贵州	0.6	0.7	0.9	0.9	0.7	0.6	0.5	0.5
云南	0.7	0.6	0.7	0.8	0.8	0.7	0.7	0.6

资料来源：根据相应年份《中国科技统计年鉴》“工业”（或“工业企业”篇）之“各地区规上工业企业新产品开发和生产”数据计算而得

总体上，长江经济带各省（市）规模以上工业企业新产品销售收入占比，2000～2015年提高了32.4%，2015年达到53.1%。这说明一方面长江经济带制造业的整体能力快速提升，另一方面也明显存在着下游强、中游弱、上游更弱的实力格局。

2000～2015年，虽然长江经济带技术市场交易额（表3-13）在全国所占的份额有大幅降低，但长江经济带显然已经初步形成下游和中游两个技术交易中心，下游以上海和江苏为核心，中游以湖北为核心（表3-14）。值得注意的是位于上游的四川占比达到了9.7%，明显高于周边其他省（市）。

表3-13 技术市场交易额 （单位：亿元）

省（市）	2000年	2005年	2010年	2011年	2012年	2013年	2014年	2015年
上海	73.9	231.7	431.4	480.7	518.7	531.7	592.4	663.8
江苏	45.0	100.8	249.3	333.4	400.9	527.5	543.2	572.9
浙江	27.6	38.7	60.3	71.9	81.3	81.5	87.3	98.1
安徽	6.1	14.3	46.1	65.0	86.2	130.8	169.8	190.5
江西	6.9	11.1	23.0	34.2	39.8	43.1	50.8	64.8
湖北	27.6	50.2	90.7	125.7	196.4	397.6	580.7	789.3
湖南	28.7	41.7	40.1	35.4	42.2	77.2	97.9	105.1
重庆	29.7	35.7	79.4	68.1	54.0	90.3	156.2	57.2
四川	10.4	19.1	54.7	67.8	111.2	148.6	199.1	282.3
贵州	0.1	1.0	7.7	13.6	9.7	18.4	20.0	26.0
云南	18.8	15.9	10.9	11.7	45.5	42.0	47.9	51.8
合计	274.7	560.3	1093.9	1307.7	1586.0	2088.6	2545.3	2901.9
全国	650.8	1551.4	3906.6	4763.6	6437.1	7469.1	8577.2	9835.8

资料来源：来自相应年份《中国科技统计年鉴》“科技成果”之“技术市场技术输出地域（合同金额）”

表3-14 技术市场交易额在长江经济带占比 （单位：%）

省（市）	2000年	2005年	2010年	2011年	2012年	2013年	2014年	2015年
上海	26.9	41.4	39.4	36.8	32.7	25.5	23.3	22.9
江苏	16.4	18.0	22.8	25.5	25.3	25.3	21.3	19.7
浙江	10.1	6.9	5.5	5.5	5.1	3.9	3.4	3.4
安徽	2.2	2.5	4.2	5.0	5.4	6.3	6.7	6.6
江西	2.5	2.0	2.1	2.6	2.5	2.1	2.0	2.2
湖北	10.0	9.0	8.3	9.6	12.4	19.0	22.8	27.2
湖南	10.4	7.4	3.7	2.7	2.7	3.7	3.8	3.6
重庆	10.8	6.4	7.3	5.2	3.4	4.3	6.1	2.0
四川	3.8	3.4	5.0	5.2	7.0	7.1	7.8	9.7

续表

省（市）	2000年	2005年	2010年	2011年	2012年	2013年	2014年	2015年
贵州	0.0	0.2	0.7	1.0	0.6	0.9	0.8	0.9
云南	6.8	2.8	1.0	0.9	2.9	2.0	1.9	1.8

资料来源：根据长江经济带各省区相应年份《中国科技统计年鉴》“科技成果”之“技术市场技术输出地域（合同金额）”数据计算而得

第四节 产业创新

一、总体态势

长江经济带产业优势相对突出。从20世纪90年代开始，依托靠海沿江开发开放政策优势，长江流域各省（市）加快推进工业化进程，依托长江黄金水道，优化沿江空间布局、产业布局，电子信息、装备制造、有色金属、纺织服装等产业规模占全国比重均超过50%。随着生产要素的跨区域流动和中西部加速承接产业转移，以武汉、成渝为代表的城市群、城市密集区形成。上海、南京、武汉、重庆、成都作为长江经济带上重要节点城市，集聚了一大批具有竞争力的优势企业。近年来，长江经济带培育了一批战略性新兴产业基地和特色产业链，节能环保、新一代信息技术、集成电路、先进轨道交通装备、船舶和海洋工程装备、汽车、电子商务、生物医药、航空航天等产业已具备较强国际竞争力。初步构建了沿江创新产业走廊。但也必须清醒地看到，长江经济带产业存在趋同趋势，产业同构、重复建设现象突出，各地区行业之间缺乏有效的分工协作，缺乏龙头企业带动的完整产业链和产业生态圈，要素资源开放共享与新兴产业、新兴技术领域协同创新仍有不足。

二、具体举措

（一）积极推进战略性新兴产业发展

长江经济带各省（市）要紧盯世界科技变革新趋势，坚持以市场需求为导向，发挥战略性新兴产业对推进产业结构升级、加快经济发展方式转变乃至推动经济社会全面创新的引领作用，并瞄准突破一批支撑战略性新兴产业发展的关键共性技术作为科技发展的优先任务推进主导产业和战略性新兴产业布局，积极培育新技术、新产品、新业态、新商业模式。以沿江国家级、省级开发区为载体，以大型企业为骨干，打造电子信息、高端装备、汽车、家电、纺织服装等世界级制造业集群，建设具有国际先进水平的长江口造船基地，长江中游轨道交通装备、工程机械制造基地。依托长江有利资源，打造沿江绿色能源产业带、提升现代农业和特色农业发展水平。

（二）发挥比较优势，探索产业区域合作

长江经济带各省（市）以多种形式，探索开展基于生产链条的产业合作，包括跨省共建产业园区、资源与平台的共享、供应链的分工合作、政府间联席会议、劳动力与人才的流动。2007 年 6 月浙江、江苏、上海两省一市召开“长三角区域创新体系建设联席会议”，开启了长三角科技资源共享服务平台共建序幕。2016 年 8 月，首届长江经济带科技资源共享论坛讨论了“长江经济带科技资源共享论坛章程”，探索和尝试 11 省（市）科技资源的跨区域互动合作。

长三角地区作为我国参与全球产业分工竞争的前沿，不断致力于价值链分工合作，产业链配套协同和创新链流域耦合，不断提升产业层次，培育相关产业链，并着力推进产业集群体系、科技创新体系、金融支持体系、人才保障体系和市场推广运用体系等体系建设。

长江经济带中上游以国家级实验室、技术研究中心等科技创新平台为载体，加强了带内产业共性技术的研发和转移，以区域产业合作和园区合作为载体，完善区域内资源共建共享和利益平衡机制。在产业发展从制造经济向制造与服务经济融合发展转变进程中，正借力长江经济带国家战略，科学承接下游地区的产业转移，实现产业转型升级。目前，已经设立安徽皖江、湖南湘南、湖北荆州、重庆沿江等四个国家级的承接产业转移示范区，促进跨区域产业发展互惠互利、合作共赢。

三、产业创新发展的空间布局与典型案例

（一）创新产业的空间布局

长江经济带产业布局以长三角城市群、长江中游城市群和成渝城市群中的核心城市为增长极。长三角城市群以上海、南京、杭州等为极核，长江中游城

市群以武汉、长沙、南昌为极核，成渝城市群中以重庆、成都为极核，通过产业集聚和主导产业链向周边城市辐射。

从长江经济带各省（市）国内生产总值（GDP）占首位的城市GDP首位度来看（表3-15），长江经济带各省会城市的首位度均超过1（除上海），毋庸置疑，首位城市的首位度越高，该省（市）的区域产业发展越不平衡，区域协调发展的任务越重。

表3-15　长江经济带各省（市）GDP占首位的城市GDP首位度变化表

省（市）	2000年	2005年	2010年	2011年	2012年	2013年	2014年	2015年
上海	—	—	—	—	—	—	—	—
江苏	1.28	1.44	1.59	1.56	1.67	1.61	1.56	1.49
浙江	1.18	1.20	1.15	1.16	1.20	1.17	1.21	1.26
安徽	1.27	1.99	2.44	2.19	2.22	2.23	2.24	2.30
江西	2.04	2.01	2.14	2.14	2.11	2.29	2.06	2.10
湖北	3.18	3.68	3.60	3.16	3.19	3.21	3.21	3.22
湖南	1.80	2.39	2.95	2.96	2.91	2.94	2.93	2.95
重庆	1.14	1.12	1.03	1.11	1.13	1.25	1.22	1.19
四川	4.13	4.91	5.78	5.85	6.04	6.26	6.37	6.35
贵州	1.12	1.29	1.23	1.23	1.26	1.32	1.33	1.33
云南	2.13	2.41	2.11	2.07	2.15	2.16	2.40	2.43

资料来源：根据各省（市）相应年份统计年鉴“国民经济核算”数据并结合各省区统计局官网发布数据综合计算而得

（二）工业支柱产业识别

按照工业总产值排名居前8位界定（2015年值），长江经济带各省（市）工业支柱产业清单如表3-16列示。

表3-16　长江经济带各省（市）工业支柱产业清单（2015年）

省（市）	支柱产业
上海	交通运输设备制造业、通信设备计算机及其他电子设备制造业、化学原料及化学制品制造业、通用设备制造业、电器机械及器材制造业、黑色金属冶炼及压延加工业、石油加工及炼焦加工业、专用设备制造业
江苏	通信设备计算机及其他电子设备制造业、化学原料及化学制品制造业、电器机械及器材制造业、交通运输设备制造业、黑色金属冶炼及压延加工业、通用设备制造业、纺织工业、金属制品业
浙江	纺织工业、电器机械及器材制造业、化学原料及化学制品制造业、电力热力的生产和供应业、通用设备制造业、交通运输、仓储和邮政业、黑色金属冶炼及压延加工业

续表

省（市）	支柱产业
安徽	交通运输设备制造业、农副食品加工业、非金属矿物制品业、黑色金属冶炼及压延加工业、化学原料及化学制品制造业、有色金属冶炼及压延加工业、电力热力的生产和供应业、通用设备制造业
江西	有色金属冶炼及压延加工业、非金属矿物制品业、电器机械及器材制造业、化学原料及化学制品制造业、农副食品加工业、纺织服装鞋帽制造业、黑色金属冶炼及压延加工业、交通运输设备制造业
湖北	交通运输设备制造业、农副食品加工业、化学原料及化学制品制造业、非金属矿物制品业、黑色金属冶炼及压延加工业、纺织工业、电力热力的生产和供应业、电器机械及器材制造业
湖南	化学原料及化学制品制造业、有色金属冶炼及压延加工业、专用设备制造业、非金属矿物制品业、交通运输设备制造业、通信设备计算机及其他电子设备制造业、黑色金属冶炼及压延加工业、电力热力的生产和供应业
重庆	通信设备计算机及其他电子设备制造业、交通运输设备制造业、非金属矿物制品业、电器机械及器材制造业、电力热力的生产和供应业、化学原料及化学制品制造业、黑色金属冶炼及压延加工业、有色金属冶炼及压延加工业
四川	通信设备计算机及其他电子设备制造业、交通运输设备制造业、非金属矿物制品业、黑色金属冶炼及压延加工、化学原料及化学制品制造业、电力热力的生产和供应业、通用设备制造业、专用设备制造业
贵州	煤炭开采和洗选业、电力热力的生产和供应业、非金属矿物制品业、化学原料及化学制品制造业、饮料制造业、黑色金属冶炼及压延加工业、有色金属冶炼及压延加工业、烟草制造业
云南	烟草制造业、有色金属冶炼及压延加工业、电力热力的生产和供应业、黑色金属冶炼及压延加工业、化学原料及化学制品制造业、农副食品加工业、非金属矿物制品业、煤炭开采和洗选业

资料来源：数据来自《长江经济带创新驱动产业转型升级方案》

由表3-16可见，一方面，长江经济带各省（市）的工业支柱产业具有一定的相似性和同构性，经济相对发达省（市），普遍都把通信设备计算机及其他电子设备制造业、交通运输设备制造业、通用设备制造业等产业，作为工业支柱产业在培育，而且已经分别显现出了优势和特色，从这个角度看，长江经济带各省（市）具备在工业支柱产业和先进制造业推进和实现协同创新的条件。

另一方面，长江经济带各省（市）的工业支柱产业中，形形色色的材料及基础制成品产业均占有较大的比重，经济社会发展相对靠后的省，这些产业占比更高。

（三）创新成果和典型案例

上海努力实现自贸区和张江国家自主创新示范区“双自联动”，坚持创新引领，聚焦转型升级，提振实体经济，攻坚高端制造，大力推进创新成果的集成应用和商业模式创新，加快推进战略性新兴产业成为经济发展的先导性产业和支柱性产业的步伐，重点加强重大科技创新前瞻布局，持续推进新一代信息技术、高端装备与智能制造、新材料、生物医药等领域科技创新布局和融合式创新应用示范，并取得了一批重要成果。

据《上海科技进步报告 2016》，上海高新技术产业新动能有如下几种。

加快推进新一代信息技术的开发与应用：成功研制 4.5 代 TFT 光刻机，并实现销售；300 毫米硅片项目完成建设，并成功试制 300 毫米直径晶棒和外延片；拟态防御理论研究取得突破性进展，工程样机完成权威测评；和辉光电二期项目 6 代 AM-OLED 生产线开工建设，计划 2019 年初试生产；成功研制 i70 北斗接收机；推进大数据在旅游个性化服务、民航空管战术流量管理及机场协同决策等行业的应用。

突破一批高端智能装备和产品关键技术：成功研制半速大容量核电汽轮机 1905 毫米末三级长叶片；开展基于北斗导航的低速智能汽车关键技术研究，研制出第一辆智能驾驶清扫车功能样车；总抓及参与研制的量子卫星“墨子号”、气象卫星“风云四号”及国内首颗碳卫星成功发射。

新材料制备关键技术和产业化能级显著提升：成功建立国内首条自主设计并制造的高温超导带材生产线；成功生长出 900 微米厚 4 英寸[①] 自支撑 GaN 晶圆片；开发了 600 伏 8 英寸硅基 GaN 外延材料；推进石墨烯水性防腐涂料的产业化应用；研发出液体成型用高性能环氧树脂，制作了大飞机碳纤维复合材料升降舵壁板样件，并在汽车、电缆等领域实现产业化应用。

江苏重点发展新能源、新材料、生物技术和新医药、节能环保、新一代信息技术和软件、物联网和云计算、高端装备制造、新能源汽车、智能电网和海洋工程装备等十大战略性新兴产业。在产业规模不断壮大的同时，新兴产业领域创新能力持续提升，前沿关键技术取得突破，人力资源结构配套完善，产业集约集聚效应逐步放大，竞争力不断增强。江苏战略性新兴产业的发展，有力促进了经济转型升级和发展方式转变。

通过设立省级高新区的办法，在具有一定产业基础和优势的地方布局高新技术产业，东海的硅材料、扬州的新能源、张家港的高端装备制造、西太湖的石墨烯等，在全国都具有较强的优势。上述区域实行省级高新技术产业开发区政策，加快建成自主创新的战略高地、培育发展战略性新兴产业的核心载体、抢占高新技术产业制高点的前沿阵地。

① 1 英寸 =0.0254 米。

浙江从 2012 年开始，围绕新兴产业的发展，探索以企业为主体，以市场为导向，产学研相结合的技术创新体系。试点工作以突出企业创新主体地位为主线，以重点企业研究院建设、重大专项技术攻关和青年科学家培养为抓手，优势叠加，强强联手。围绕纯电动汽车、现代医药、船舶装备、智能纺织印染装备、氟硅新材料、光伏发电装备、智慧城市大型专用软件、现代物流装备、现代农业装备等新兴特色产业领域建设省级重点企业研究院 91 家。

重庆打造机器人产业全产业链。我国工业机器人运用最为广泛的行业集中在汽车工业和电子制造业，而这两个行业恰恰是重庆近年来发展最为强劲的行业。重庆目前已建成“5+6+800”全球最大笔记本电脑产业集群和“1+10+1000”全国最大汽车生产基地，电子和汽车两大产业对工业增长贡献率达 60%。同时，其他工业支柱产业不断壮大，也激发了重庆工业企业对机器人及智能装备的旺盛需求。近年来，重庆瞄准全球新一轮产业和科技革命浪潮，将机器人智能装备等列为战略性新兴产业发展重点，并在两江新区、永川等地布局发展工业机器人生产基地。

为了支持机器人产业发展，重庆出台了《关于推进机器人产业发展的指导意见》、《重庆市机器人及智能装备产业集群发展规划（2015—2020 年）》并着力推进产业集群体系、科技创新体系、金融支持体系、人才保障体系和市场推广运用体系等五大体系建设，按照全产业链发展思路，重庆坚持“政、产、学、研、资、用”相结合，着力构建协同创新及研发公共服务平台、创业孵化及应用推广服务平台、金融及资本服务平台等三大平台，加快培育机器人及智能装备产业集群。

湖北创新驱动成效显著。得益于中部地区崛起、长江中游城市群等多重国家战略及东湖国家自主创新示范区、“两型社会”建设综合改革发展试验区、全面创新改革试验区等多重政策的叠加，湖北主动融入长江经济带建设，将“创新湖北”建设作为省域发展核心战略，科技体制改革为创新创业定向开路，关键技术突破引领产业转型升级，开展国家创新型省份试点建设，进一步将湖北创新优势转变为经济发展强大动力，战略性新兴产业的发展基础和后发优势得到进一步凸显，多个领域取得创新性突破，新的增长动力加快孕育生成。其中，装备制造和信息技术产业链发展逐渐完备，产生了一大批创新能力强、技术水平高的企业和产品，在全球产业分工中占有一席之地。湖北在光电子设计与制造、光纤光缆、超大容量光传输、下一代光通信等领域掌握了一批具有自主知识产权的核心技术，创造了光通信领域的一系列“中国第一”，使我国光纤通信成为高技术及产业发展中与发达国家差距最小的领域之一。“武汉 · 中国光谷”

是全球最大的光纤光缆生产基地，全国最大的光电器件生产基地、激光技术产业化基地，已成为中国在光电子信息领域参与国际竞争的知名品牌，创新驱动战略取得突出成就。

第四章

长江经济带创新绩效的定量分析与预测

第一节　长江经济带创新效果及协同创新的调查统计分析

本书对长江经济带5个典型省（市）进行了创新效果及协同创新的问卷调查，调查内容涉及：①创新人才集聚、创新平台建设、创新企业发展；②培育创新能力（人才培养、平台打造、研究开发）；③动员、配置和协调创新资源（如金融、财税、人才、信息、设施设备）；④促进新经济（新技术、新产品、新产业、新业态）发展；⑤鼓励和扶持创新企业跨区域和行业扩张、渗透；⑥鼓励和扶持传统产业和相关企业创新改造、转型升级；⑦促进创新成果转化、交易、扩散；⑧全社会创新意识培育、创新文化打造、创新法制建设；⑨促进绿色发展（生态屏障、污染防治、节能减排）9个方面。笔者在5个典型省（市）的子课题组对公务员（16.7%）、科研机构研究人员（30.8%）、高校教师（26.7%）、企业主管（9.2%）和其他（16.7%）共5类人群进行问卷调查，每个省（市）发出问卷30份，抽样对象要求要对被调查问题相对比较熟悉。

通过对近150份有效回收问卷的数据整理和分析，得出下文的评价结果。

一、长江经济带各省（市）创新效果评价

（一）长江经济带各省（市）创新效果总体评价

从图4-1可见，调查者对于长江经济带各省（市）创新效果的总体评价与第三章通过统计指标测算得到的评价结果总体一致，长江下游地区的上海、浙江

和江苏总体创新效果得到普遍认同，江西、贵州和云南创新效果与之相比差距较大。

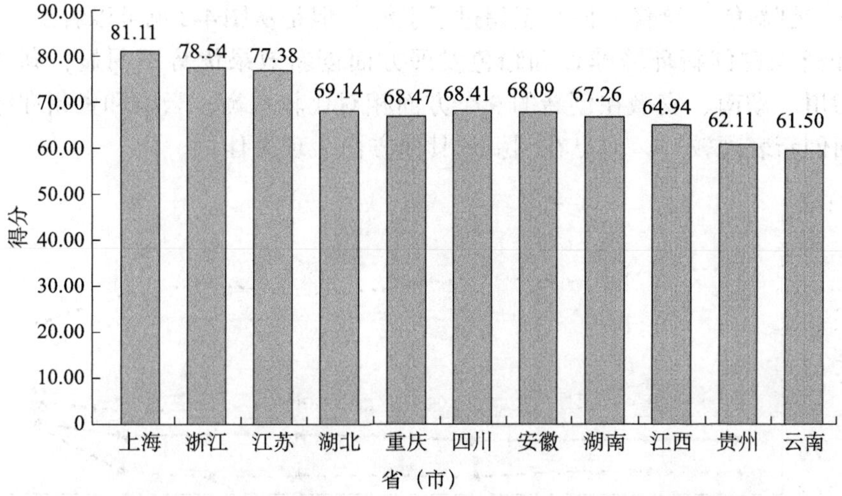

图 4-1 长江经济带各省（市）创新效果总体评价（按得分排序）

（二）创新效果各项指标的比较

长江经济带各省（市）创新要素平台、创新能力培育、创新资源配置、创新经济发展、跨区域行业发展、转型升级、创新成果转化、创新环境建设、绿色发展 9 个方面的评价情况如图 4-2 所示，上海、浙江、江苏在上述 9 个方面均远远超过其他省（市），湖北、四川、重庆属于第二梯队，在上述 9 个方面差距较小，江西、云南、贵州整体偏弱。

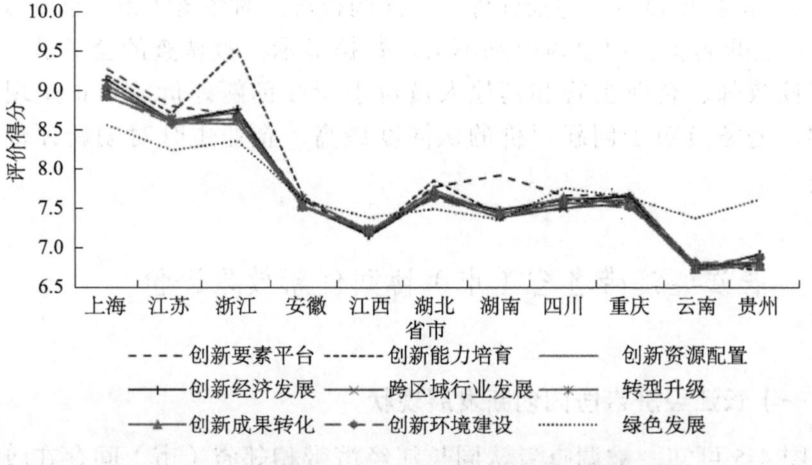

图 4-2 长江经济带各省（市）创新效果各项指标比较

（三）长江经济带各省（市）在创新效果评价各指标差距的比较

上海、江苏、浙江在创新要素平台和创新能力培育方面绩效非常突出，其中浙江在创新能力培育方面甚至超过了上海。但是从图4-3也可以看出，上海、江苏和浙江在创新环境建设和绿色发展方面创新效果优势不明显；湖北、重庆、四川、湖南、安徽在创新的9个方面相对比较均衡；云南和贵州在绿色发展方面创新表现较好，但是在创新的其他方面表现欠佳。

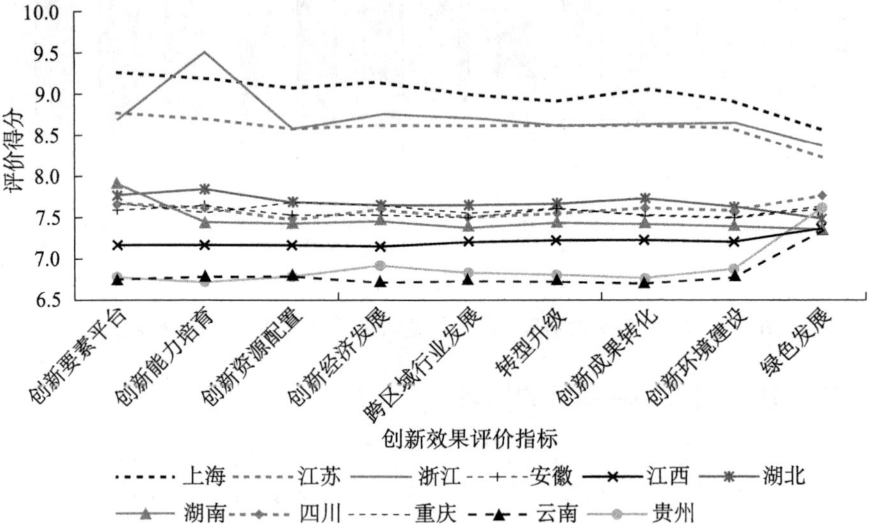

图4-3 长江经济带各省（市）在创新效果差距方面的比较

（四）不同类别调查对象对长江经济带各省（市）创新效果评价比较

图4-4的数据显示，除浙江外，不同调查对象对各省（市）创新效果的评价虽有一定的起伏，但总体差别不大。数据显示，被调查的公务员、科研人员、高校教师、企业主管和其他人员对于浙江创新评价的认识呈现出较大的差别，公务员对于创新评价的认同度最高，企业主管对创新评价的认同度最低。

二、长江经济带各省（市）协同创新效果评价

（一）长江经济带协同创新发展现状

由图4-5可知，被调查者认同长江经济带相邻省（市）间存在较频繁协

同创新的比例较大，多数省（市）创新主体间自发的创新协同较为常见，被调查者普遍认为只有极少省（市）与长江经济带各省（市）均建立了协同创新的机制。

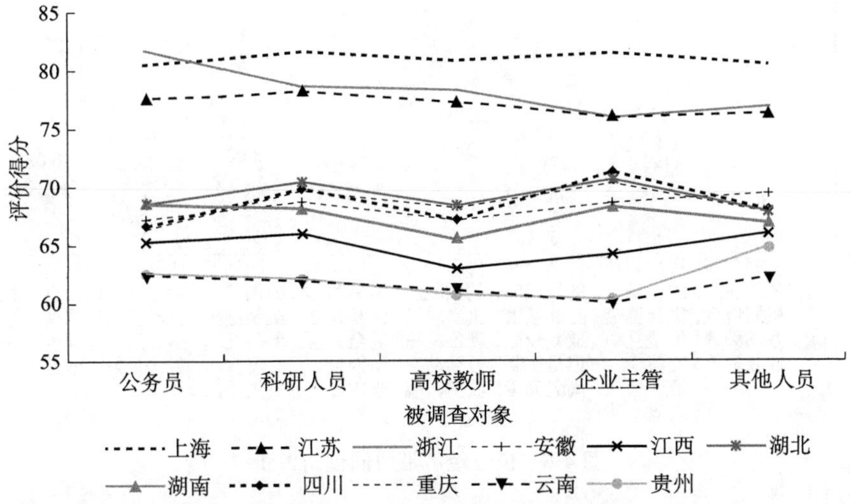

图 4-4　不同调查对象对长江经济带各省（市）创新效果评价比较

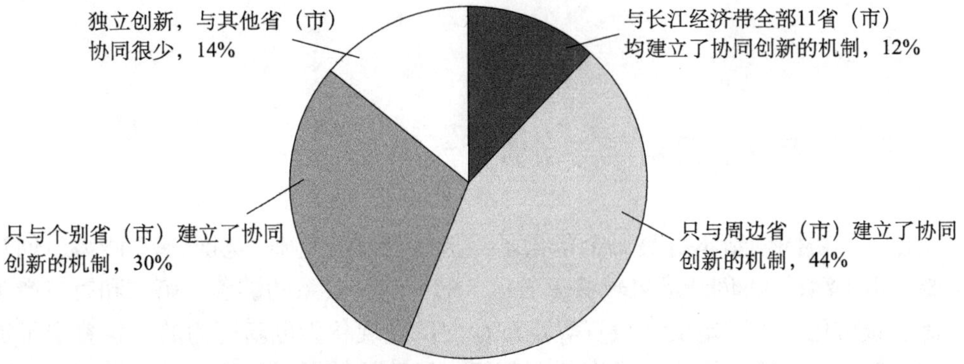

图 4-5　长江经济带协同创新发展现状

（二）协同创新的总体评价

图 4-6 表明，11.11% 的受访者认为协同创新成效显著，其中，4.04% 认为协同创新机制健全且领域广，而 7.07% 认为机制健全但领域少；50.50% 的受访者认为协同机制不健全，尚欠完善；52.52% 的受访者认为各省（市）互动交流少，协同创新成效不佳。

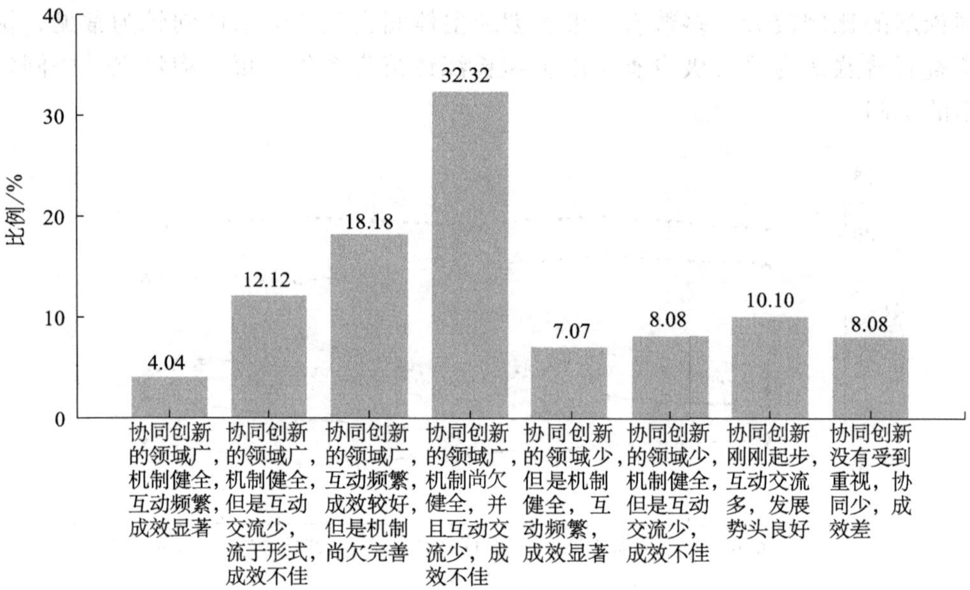

图 4-6 长江经济带协同创新评价

第二节 长江经济带创新绩效评价的指标体系设计

一、创新、协同创新与创新行为链

创新和协同创新本身是一个包含了经济社会发展基础、创新基本能力、创新主要产出（活动）、创新成果转移（溢出）的行为和关系的链条。第二和第三产业占比、城市化率、固定资产投资等经济社会发展现状为创新行为的产生奠定了良好的基础，也可能是历史上已有的创新行为导致的结果；经济社会的发展在不同层次培育了不同地区的城市群增长极及支柱产业，这种经济社会结构水平又为地区创新和协同创新能力的培育提供了强有力的支撑；以企业、高等院校、研究院所等为主的创新主体将潜在的创新能力通过日益活跃的研发活动和技术开发活动，催生了科技论文、研究项目、技术开发、发明专利等各种知识和技术创新成果。通过技术市场交易、产业融合渗透、生产性试验（中试），各种技术工艺的组合及新材料新设备的开发利用，人们得以把知识技术创新的成果转化成现实生产力，从而实现了创新成果转移（溢出）。研发活动成果直接解决了企业的生产技术问题，并最终通过工业化生产创造了新商品，创造了新的需求，也创造了新的价值，而这种价值创造的活动反过来又进一步助推了知识增值的过程，如此反复。因此，创新与协同创新应是一个知识不断增值、新技术不断开发与应用的过程，对于长江经济带创新绩效的评价也理应遵循这一规律。因此，本部分试图区分创新行为链条的不同环节来设计长江经济带创新绩效评价的指标体系。

二、长江经济带创新绩效评价指标体系设计的原则

通过对创新行为链的分析，我们认为创新绩效评价指标体系设计应该遵循以下 3 个原则。

（一）系统性原则

各指标之间要有一定的逻辑关系，它们不但要从不同的侧面反映出创新绩效的关系，而且还要反映创新行为链之间的内在联系。每一个评价子系统由一组指标构成，各指标之间既要尽可能地相互独立，又需要彼此关联，共同构成一个有机统一体。指标体系的构建具有层次性，自上而下，从宏观到微观层层深入，形成一个不可分割的评价体系。

（二）科学性原则

各评价指标应该能全面反映创新绩效，且具有典型代表性，指标体系完整，无重要方面遗漏，能客观全面反映出各指标之间的真实关系。

（三）可获得性原则

要保证所有指标的数据有统一的权威来源，有全国统一口径来源的不用地方来源，部分没有全国来源的用各省（市）统计年鉴。主要数据来源有：《中国统计年鉴》、《中国科技统计年鉴》、《中国工业统计年鉴》、《中国贸易外经统计年鉴》、《中国区域经济统计年鉴》、《中国交通年鉴》、长江经济带各省（市）统计年鉴。

三、长江经济带创新绩效评价指标体系设计

（一）长江经济带创新绩效评价指标体系总体框架

根据上述原则，经多轮论证，将指标体系设计为经济社会发展现状评价指

标、经济社会结构水平评价指标、创新基本能力评价指标、创新产出评价指标、创新成果转化与绩效评价指标五类共 29 个指标，各个指标之间相对独立又保持了创新行为链的逻辑连贯性。具体如图 4-7 所示。

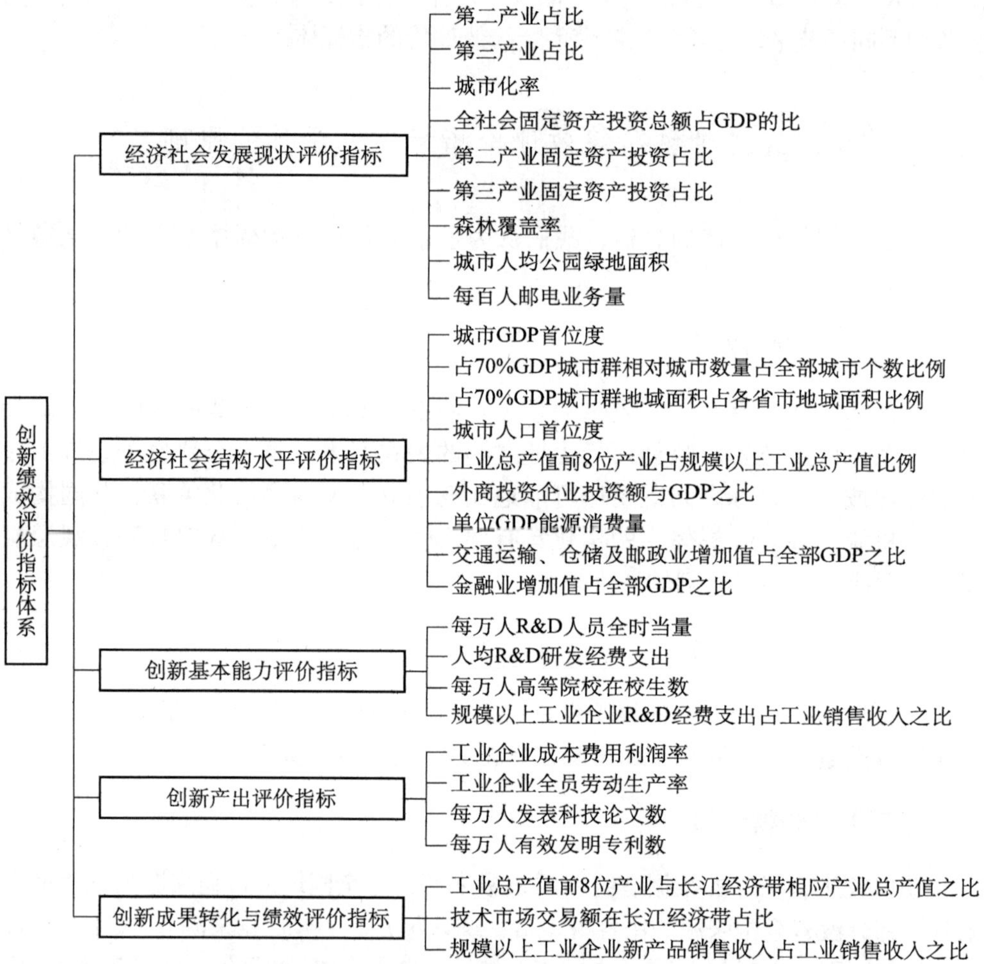

图 4-7 长江经济带创新绩效评价指标体系结构图

（二）各类指标意义及数据来源

1. 第一类：经济社会发展现状评价指标（共 6 个）

（1）第二产业占比、第三产业占比

指标获取：第二产业增加值、第三产业增加值占 GDP 的比重。

指标意义：评价该省（市）产业结构的先进性。

数据来源：历年《中国统计年鉴》。

（2）城市化率

指标获取：城镇常住人口占总常住人口的比重。

指标意义：评价长江经济带各省（市）社会发展水平。

数据来源：各年数据均来自历年《中国统计年鉴》，2010 年数据参考各省（市）统计年鉴，其中，安徽该项数据为城乡户籍人口数。

（3）全社会固定资产投资总额占 GDP 的比

指标获取：长江经济带各省（市）全社会固定资产投资总额与各省（市）GDP 之比。

指标意义：评价长江经济带各省（市）经济社会发展潜力。

数据来源：历年《中国统计年鉴》。

（4）第二产业固定资产投资占比、第三产业固定资产投资占比

指标获取：第二产业固定资产投资额、第三产业固定资产投资额占全社会固定资产投资总额的比重。

指标意义：评价长江经济带各省（市）实体经济发展潜力。

数据来源：除 2000 年外，其余各年数据均来源于历年《中国统计年鉴》。由于《中国统计年鉴 2001》无三次产业数据，2000 年数据由各省（市）统计年鉴补充。

（5）森林覆盖率和城市人均公园绿地面积

指标获取：森林覆盖率（以行政区域为单位的森林面积占区域土地总面积的百分比）、人均公园绿地面积（城市公园绿地面积除以地区常住人口）。

指标意义：评价长江经济带各省（市）生态发展水平。

数据来源：两项指标均来源于历年《中国统计年鉴》。其中，《中国统计年鉴 2001》无分地区森林覆盖率，2000 年数据由各省（市）统计年鉴补充。

（6）每百人邮电业务量

指标获取：邮电业务总量除以地区常住人口。

指标意义：反映长江经济带各省（市）社会信息化水平。

数据来源：历年《中国统计年鉴》。

2. 第二类：经济社会结构水平评价指标（共 9 个）

（1）城市 GDP 首位度

指标获取：长江经济带各省（市）GDP 最大城市 GDP 与该省（市）GDP 第二大城市 GDP 之比。

指标意义：评价长江经济带各省（市）经济社会发展集约度。

数据来源：2000 ～ 2013 年数据均来源于《中国区域经济统计年鉴》，

2014～2015年数据在《中国区域经济统计年鉴》中无对应数据，由各省（市）统计年鉴补充。

（2）占70%GDP城市群相邻城市数量占全部城市个数比例

指标获取：占长江经济带各省（市）70%GDP的相邻城市数与该省（市）全部城市数。

指标意义：评价长江经济带各省（市）的城市群集聚程度。

数据来源：根据2015年各省（市）统计年鉴统计长江经济带各省（市）城市GDP。结合地图，按照从大到小的顺序依相邻原则对长江经济带各省（市）城市GDP加总，直至达到该省（市）GDP的70%，由此确定长江经济带各省（市）70%GDP城市群相邻城市及其数量。根据个别省（市）行政区划的调整，对相应省（市）70%GDP城市群内相邻城市及其数量相应也进行了调整。

（3）占70%GDP城市群地域面积占各省（市）地域面积比例

指标获取：占长江经济带各省（市）70%GDP的相邻城市群地域面积与该省（市）全部地域面积之比。

指标意义：评价长江经济带各省（市）的城市群集聚程度。

数据来源：考虑到长江经济带各省（市）地域面积和城市群地域面积相对稳定，根据《中国区域经济统计年鉴2014》提取占70%GDP城市群中各城市地域面积并加总；长江经济带各省（市）地域面积数据来源于各省（市）统计年鉴。

（4）城市人口首位度

指标获取：长江经济带各省（市）常住人口最大城市常住人口数与该省（市）常住人口第二大城市常住人口之比。

指标意义：评价长江经济带各省（市）的人口集聚度。

数据来源：2000～2013年数据均来源于历年《中国区域经济统计年鉴》，2014～2015年数据在《中国区域经济统计年鉴》无对应的数据，由各省（市）统计年鉴补充。

以上4个指标，上海市未统计，重庆则以38个行政区域为基础进行统计。

（5）工业总产值前8位产业占规模以上工业总产值之比

指标获取：长江经济带各省（市）工业总产值前8位产业工业总产值之和与该省（市）规模以上工业总产值之比。

指标意义：评价长江经济带各省（市）优势产业的产业集聚程度。

数据来源：工业各细分产业总产值和规模以上工业总产值数据均来源于历年《中国工业统计年鉴》，即根据历年《中国工业统计年鉴》的所有工业细分门类计算工业总产值统计数据。对长江经济带各省（市）各细分工业产业进行排序，加总前8位产业的工业总产值。自《中国工业统计年鉴2013》始，《中国工业统计年鉴》均无各细分工业产业的工业总产值，只体现了销售产值，故 2012 年以后各年的数据以工业销售产值替代工业总产值。

（6）外商投资企业投资额与 GDP 之比

指标获取：长江经济带各省（市）外商投资企业投资额与该省（市）GDP 之比。

指标意义：评价长江经济带各省（市）经济对外开放度。

数据来源：外商投资企业投资额 2000 ～ 2014 年数据来源于历年《中国贸易外经统计年鉴》，2015 年《中国贸易外经统计年鉴》无对应数据，由当年《中国统计年鉴》相应指标替代；GDP 指标数据来源于历年《中国统计年鉴》。

（7）单位 GDP 能源消费量

指标获取：长江经济带各省（市）能源消费总量与该省（市）万元 GDP 之比。

指标意义：评价长江经济带各省（市）低碳发展水平。

数据来源：来源于历年《中国统计年鉴》的“万元地区生产总值能耗”，2000 年、2012 ～ 2015 年由于对应《中国统计年鉴》无分地区数据，参考各省（市）统计年鉴，由能源消耗总量（吨标准煤）/ 万元 GDP 计算得出。

（8）交通运输、仓储及邮政业增加值占全部 GDP 之比

指标获取：长江经济带各省（市）交通运输、仓储及邮政业增加值与该省（市）GDP 之比。

指标意义：评价长江经济带各省（市）物流业水平。

数据来源：历年《中国统计年鉴》。

（9）金融业增加值占全部 GDP 之比

指标获取：长江经济带各省（市）金融业增加值与该省（市）GDP 之比。

指标意义：评价长江经济带各省（市）金融对经济社会发展的支撑能力。

数据来源：历年《中国统计年鉴》。

3. 第三类：创新基本能力评价指标（共 4 个）

（1）每万人 R&D 人员全时当量

指标获取：长江经济带各省（市）R&D 人员全时当量与该省（市）常住人口之比。

指标意义：评价长江经济带各省（市）科技创新的人力资源投入能力（总量视角）。

数据来源：“R&D 人员全时当量”指标数据来源于历年《中国科技统计年鉴》，“常住人口”指标数据来源于历年《中国统计年鉴》。

（2）人均 R&D 研发经费支出

指标获取：长江经济带各省（市）R&D 研发经费支出与该省（市）常住人口之比。

指标意义：评价长江经济带各省（市）科技创新的经费投入能力。

数据来源：“人均 R&D 研发经费支出”指标数据来源于历年《中国科技统计年鉴》；“常住人口”指标数据来源于历年《中国统计年鉴》。

（3）每万人高等学校在校生数

指标获取：长江经济带各省（市）高等学校在校学生数与该省（市）常住人口之比。

指标意义：评价长江经济带各省（市）科技创新基础人才的培养能力（总量视角）。

数据来源：“高等学校在校生数”和“地区常住人口”两项指标数据均来源于历年《中国统计年鉴》。

（4）规模以上工业企业 R&D 经费支出占工业销售收入之比

指标获取：长江经济带各省（市）规模以上工业企业 R&D 经费内部支出与该省（市）规模以上工业企业销售收入（主营业务收入）之比。

指标意义：评价长江经济带各省（市）工业企业自身的创新研发能力。

数据来源：规模以上工业企业 R&D 经费支出指标均来自历年《中国科技统计年鉴》。其中，2000 年数据为大中型工业企业技术开发经费内部支出，2005 年数据为大中型工业企业科技经费内部支出，2010 年数据为大中型工业企业技术 R&D 经费内部支出；工业销售收入指标数据 2000 ～ 2014 年来源于当年《中国工业统计年鉴》的“规模以上工业企业主营业务收入”，2015 年数据来源于《中国统计年鉴》。

4. 第四类：创新产出评价指标（共 4 个）

（1）工业企业成本费用利润率

指标获取：工业企业利润总额与成本费用总额之比。

指标意义：评价长江经济带各省（市）工业企业的资本效率。

数据来源：2005 年、2010 ～ 2013 年数据来源于各年《中国区域经济统计年鉴》，2000 年、2014 年数据由于对应年份《中国区域经济统计年鉴》无相关数据，改从《中国工业统计年鉴》获取，2015 年数据来源各省（市）统计年鉴。

（2）工业企业全员劳动生产率

指标获取：长江经济带各省（市）工业总产值与该省（市）工业企业从业人数之比。

指标意义：评价长江经济带各省（市）工业企业的人力效率。

数据来源：各省（市）历年统计年鉴。

（3）每万人发表科技论文数

指标获取：长江经济带各省（市）发表科技论文数与该省（市）常住人口之比。

指标意义：评价长江经济带各省（市）基础理论与应用基础研究领域的创新产出和水平。

数据来源："发表科技论文数"指标数据来源于历年《中国科技统计年鉴》，由"研究与开发机构发表科技论文数"和"高等学校发表科技论文数"两项加总得来；"常住人口"指标数据来源于各年《中国统计年鉴》。

（4）每万人有效发明专利数

指标获取：长江经济带各省（市）有效发明专利数与该省（市）常住人口之比。

指标意义：评价长江经济带各省（市）自主科技创新水平与实绩。

数据来源："有效发明专利数"指标数据来源于历年《中国科技统计年鉴》"专利申请授权量"；"常住人口"指标数据来源于历年《中国统计年鉴》。

5. 第五类：创新成果转化与绩效评价指标（共3个）

（1）工业总产值前8位产业与长江经济带相应产业总产值之比

指标获取：长江经济带各省（市）工业总产值前8位产业工业总产值之和与长江经济带相应的对应产业总产值之比。

指标意义：评价长江经济带各省（市）支柱产业（主导产业）在长江经济带的地位。

数据来源：根据《中国工业统计年鉴》的工业细分门类工业总产值统计数据，对长江经济带各省（市）各细分工业产业进行排序，加总前8位产业的工业总产值和长江经济带各个细分行业的总产值。自《中国工业统计年鉴2013》始，《中国工业统计年鉴》均无各细分工业产业的工业总产值，只体现了销售产值，故2012年及其以后的数据统计以工业销售产值替代。

（2）技术市场交易额在长江经济带占比

指标获取：长江经济带各省（市）技术市场交易额与全国技术市场交易额之比。

指标意义：评价长江经济带各省（市）科技创新成果的扩散情况。

数据来源：历年《中国统计年鉴》。

（3）规模以上工业企业新产品销售收入占工业销售收入之比

指标获取：长江经济带各省（市）规模以上工业企业新产品销售收入与该省（市）规模以上工业销售收入（主营业务收入）之比。

指标意义：评价长江经济带各省（市）工业企业的创新效益。

数据来源：规模以上工业企业新产品销售收入指标数据来源于历年《中国科技统计年鉴》。其中，2000 年、2005 年、2010 年数据为大中型工业企业新产品销售收入；2000 ～ 2014 年工业销售收入指标数据来源于历年《中国工业统计年鉴》规模以上工业企业主营业务收入，2015 年数据来源于《中国统计年鉴》。

第三节　基于新型广义灰色面积关联度模型的长江经济带创新绩效评价

一、长江经济带创新绩效评价模型的选择

科学合理地对长江经济带各省（市）创新绩效情况进行综合评价，进而准确地比较和分析长江经济带创新绩效的整体水平及各省（市）创新绩效的现状，可以为进一步研究长江经济带协同创新机制和体制提供数据支撑与理论依据。

目前的主要评价方法包括层次分析法、模糊综合评判法、数据包络分析法、TOPSIS 评价法、主次分析法、费用效益法、人工神经网络评价方法、回归分析及方差分析法、主成分分析法等。这些方法通常要求有大样本数据，计算量较大，一般要靠计算机帮助，同时可能出现因大数据短缺导致的量化结果与定性分析结果不符的现象。

受到行政机构调整（如 1997 年重庆成为直辖市）、统计口径不一致及区域跨度大等多种因素的影响，项目组很难采集到用于评价长江经济带创新绩效相关指标的大样本数据。因此，传统以大样本数据为建模条件的评价模型无法应用于长江经济带创新绩效的评价。而灰色关联度评价方法具有小样本建模的优点，正好弥补了采用数理统计方法作系统评价所导致的缺憾。因此，本小节拟应用广义灰色面积关联度模型来实现对长江经济带创新绩效的评价。

二、广义灰色面积关联度模型

基于灰色关联度的评价模型主要根据备选方案与最优方案之间的灰色关联度大小，来对各个备选方案的优劣进行比较和排序，进而从诸多备选方案中选择相对最优的方案。灰色关联度主要根据曲线之间的相似程度来判断因素之间关系的紧密程度，该方法对样本量大小没有特殊要求，也不需要样本数据服从何种典型的概率分布规律，因此具有广泛的适用范围。

在构建灰色关联评价模型的时候，为了实现对具有不同物理含义的指标进行计算、比较和排序，需要对所有指标进行无量纲化（初值化、均值化、区间值化、逆化、倒数化等）处理。这些无量纲化处理方法使得不同指标数据之间的代数运算变成了可能，但同时也破坏了建模数据的本身所蕴含的物理属性、数据特征与信息内涵，有时候可能导致评价结果与实际情况相悖的情况出现。

针对某一问题的若干备选方案，通常具有若干不同量纲的评价指标，而同一评价指标显然具有完全相同的物理属性。因此，基于同一指标的灰色关联度模型，其计算过程完全可以规避"无量纲化"处理这一可能导致评价结果与实际情况相悖的操作，最后加权综合所有指标的评价结果即可实现对备选方案优劣的比较和排序。因此，在灰色关联评价模型中，若规避"无量纲化"这一处理过程，不仅可以简化计算，而且保留了指标数据的原始特征，避免了数据失真与信息破坏，进而确保评价结果与实际情况相一致。

基于上述思想，本小节提出了"广义灰色面积关联度模型"。该模型直接基于原始序列计算图形面积，不存在始点零化算子及始点零化像；与经典的邓氏关联度相比，广义灰色面积关联度不存在"无量纲化"处理过程，可以确保原始序列的物理属性、数据特征与信息内涵不被破坏或歪曲。由于该模型是根据序列面积之间的差异性来定义序列之间关联性强弱，相对于传统的灰色面积关联度模型，本书称之为广义灰色面积关联度模型，以示区别。关于广义灰色面积关联度模型的计算与推导，可参考相关文献。

三、基于广义灰色面积关联度模型的长江经济带各省（市）创新绩效评价

本书拟应用广义灰色面积关联度模型，分别对长江经济带各省（市）的

5 个指标进行评价：①经济社会发展现状评价指标；②经济社会结构水平评价指标；③创新基本能力评价指标；④创新产出评价指标；⑤创新成果转化与绩效评价指标。在此基础上实现对长江经济带各省（市）创新绩效的综合评价。

为了提高建模效率、简化计算过程，本节开发了“新型灰色面积关联度模型”建模软件。该软件通过 Excel 导入建模数据，能够比较方便快捷地实现上一小节的整个建模过程。

“新型灰色面积关联度模型”软件建模过程，如图 4-8 所示。

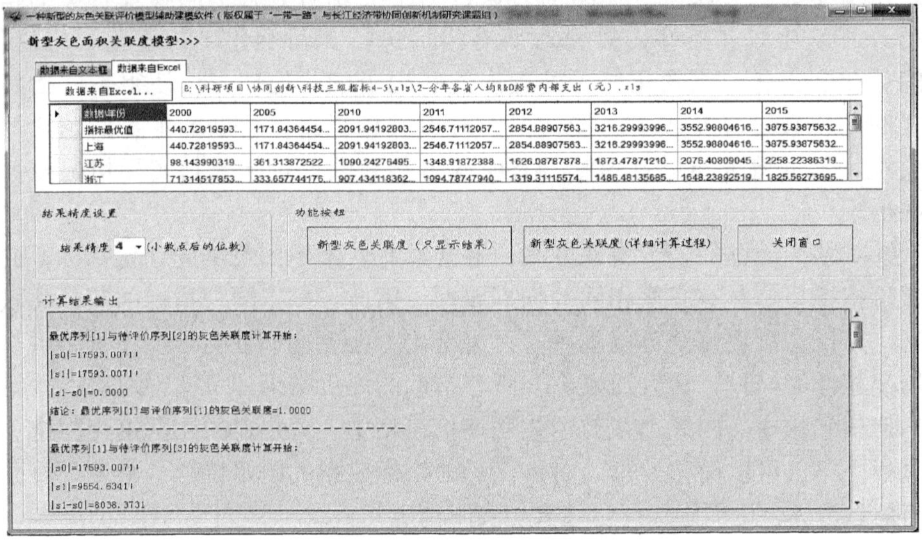

图 4-8 “新型灰色面积关联度模型”建模软件

（一）经济社会发展现状评价

经济社会发展现状评价指标一共包括如下 9 个二级指标。

A1：第二产业占比

A2：第三产业占比

A3：城市化率

A4：全社会固定资产投资总额占 GDP 的比

A5：第二产业固定资产投资占比

A6：第三产业固定资产投资占比

A7：森林覆盖率

A8：城市人均公园绿地面积

A9：每百人邮电业务量

根据上述 9 个指标的原始数据，运用“新型灰色面积关联度模型”软件分别对 A1 ～ A9 每一个指标进行评价，汇总后的综合评价结果及排序如表 4-1 所示。

表 4-1　长江经济带各省（市）经济社会发展现状评价指标综合评价结果

指标	上海	江苏	浙江	安徽	江西	湖北	湖南	重庆	四川	贵州	云南
A1	0.8858	0.9710	0.9659	0.9715	0.9741	0.9482	0.9028	0.9563	0.9528	0.8856	0.9015
A2	1.0000	0.8750	0.8902	0.8184	0.8222	0.8468	0.8590	0.8658	0.8291	0.8396	0.8645
A3	0.9945	0.8634	0.8662	0.7656	0.7813	0.8154	0.7817	0.8295	0.7610	0.7243	0.7371
A4	0.6960	0.8276	0.8043	0.9819	0.9632	0.8925	0.8704	0.9457	0.9039	0.9456	0.9320
A5	0.7423	0.9554	0.8287	0.9144	0.9916	0.9072	0.8905	0.8248	0.8383	0.7897	0.8032
A6	1.0000	0.8379	0.9287	0.8594	0.7993	0.8625	0.8716	0.9200	0.9157	0.9587	0.9381
A7	0.5826	0.6137	0.9931	0.7273	0.9989	0.7973	0.8918	0.8047	0.7930	0.7900	0.9108
A8	0.7248	0.9195	0.8733	0.8585	0.9020	0.8207	0.7782	0.9596	0.8278	0.7996	0.8225
A9	1.0000	0.7642	0.8696	0.6260	0.6325	0.6588	0.6366	0.6791	0.6563	0.6342	0.6500
综合评价结果	0.8726	0.8644	0.8899	0.8044	0.8137	0.8212	0.8038	0.8408	0.8072	0.7888	0.8029
排序	2	3	1	8	6	5	9	4	7	11	10

（二）经济社会结构水平评价指标

经济社会结构水平评价指标一共包括两类指标。

1. 城市集聚发展指标

B1：城市 GDP 首位度

B2：占 70%GDP 城市群相对城市数量占全部城市个数比例

B3：占 70%GDP 城市群地域面积占各省（市）地域面积比例

B4：城市人口首位度

根据上述 4 个指标的原始数据，运用“新型灰色面积关联度模型”软件分别对 B1 ～ B4 每一个指标进行评价，汇总后的综合评价结果及排序如表 4-2 所示。

表 4-2　长江经济带各省（市）城市集聚发展指标综合评价结果

指标	上海	江苏	浙江	安徽	江西	湖北	湖南	重庆	四川	贵州	云南
B1	—	0.6382	0.6075	0.6904	0.6872	0.7900	0.7437	0.6042	1.0000	0.6146	0.6963
B2	—	0.8660	0.9244	0.8836	0.8154	0.9118	0.8906	0.8968	0.9464	0.9327	1.0000
B3	—	0.7723	0.7352	0.6912	0.6690	0.7443	0.7631	0.8483	1.0000	0.8204	0.7833
B4	—	0.7594	0.7103	0.8334	0.6922	0.9183	0.7062	0.7265	0.9948	0.6273	0.7151

续表

指标	上海	江苏	浙江	安徽	江西	湖北	湖南	重庆	四川	贵州	云南
综合评价结果	—	0.7518	0.7341	0.7731	0.7128	0.8427	0.7698	0.7565	0.9868	0.7334	0.7875
排序		7	8	4	10	2	5	6	1	9	3

总体来看，长江经济带各省（市）（除上海）占70%GDP城市群地域面积占比均低于70%，西部产业集中度较高，除江西、安徽外，东中部省（市）均在40%～48%，长江经济带各省（市）城市群基本形成并开始发挥出集聚效应。其中，四川和湖北城市集聚效果明显优于长江经济带其他各省（市）；江西和贵州城市集聚整体偏弱。

2. 经济社会结构发展水平指标

B5：工业总产值前8位产业占规模以上工业总产值比例

B6：外商投资企业投资额与GDP之比

B7：单位GDP能源消费量

B8：交通运输、仓储及邮政业增加值占全部GDP之比

B9：金融业增加值占全部GDP之比

根据上述5个指标的原始数据，运用“新型灰色面积关联度模型”软件分别对B5～B9每一个指标进行评价，汇总后的综合评价结果及排序如表4-3所示。

表4-3 长江经济带各省（市）经济社会结构发展水平指标综合评价结果

指标	上海	江苏	浙江	安徽	江西	湖北	湖南	重庆	四川	贵州	云南
B5	0.9436	0.9299	0.8550	0.8308	0.8604	0.8963	0.8328	0.9325	0.8303	0.9919	0.9812
B6	0.9999	0.7869	0.6688	0.5820	0.6186	0.5913	0.5663	0.6182	0.5844	0.5520	0.5745
B7	0.9838	0.9923	0.9953	0.8951	0.9504	0.8543	0.8550	0.8389	0.8152	0.6983	0.7804
B8	0.8647	0.8465	0.8363	0.8480	0.8777	0.8543	0.8625	0.8712	0.8285	0.9863	0.8055
B9	1.0000	0.8274	0.8660	0.7764	0.7715	0.7858	0.7631	0.8604	0.8132	0.8105	0.8214
综合评价结果	0.9683	0.8648	0.8319	0.7661	0.7932	0.7744	0.7538	0.8060	0.7589	0.7767	0.7714
排序	1	2	3	9	5	7	11	4	10	6	8

评价结果显示，优势产业的产业集聚在长江东部地区和西部地区较好，中部地区（除湖北外）整体偏弱；经济对外开放度整体上呈现出东部—中部—西部梯度发展的格局，但西部地区的重庆和四川已经表现出与中部相当的开放水平；长江经济带各省（市）低碳发展水平表现出明显的东部—中

部—西部 3 个发展层次，西部地区的贵州和云南在低碳方面面临的压力最大；长江经济带各省（市）物流业水平差距不明显，但金融对经济社会发展的支撑能力差异大，整体上，中部地区金融对经济社会发展的支撑相对偏弱，长江东部地区和西部地区金融对经济社会发展的支撑较为明显，重庆表现尤其突出，仅次于上海。

（三）创新基本能力评价指标

创新基本能力评价指标一共包括如下 4 个二级指标。

C1：每万人 R&D 人员全时当量

C2：人均 R&D 研发经费支出

C3：每万人高等学校在校生数

C4：规模以上工业企业 R&D 经费占工业销售收入之比

根据上述 3 个指标的原始数据，运用“新型灰色面积关联度模型”软件分别对 C1 ～ C4 每一个指标进行评价，汇总后的综合评价结果及排序如表 4-4 所示。

表 4-4 长江经济带各省（市）创新基本能力评价指标综合评价结果

指标	上海	江苏	浙江	安徽	江西	湖北	湖南	重庆	四川	贵州	云南
C1	1.0000	0.8736	0.8712	0.6195	0.5682	0.6585	0.6046	0.6224	0.5966	0.5428	0.5459
C2	1.0000	0.7716	0.7199	0.5780	0.5445	0.6130	0.5703	0.5892	0.5746	0.5221	0.5253
C3	0.9599	0.9151	0.8366	0.8172	0.8767	0.9663	0.8178	0.8996	0.7898	0.7126	0.7103
C4	0.9967	0.9823	0.9834	0.9805	0.9603	0.9825	0.9793	0.9899	0.9686	0.9648	0.9566
综合评价结果	0.9912	0.8785	0.8469	0.7368	0.7208	0.7874	0.7306	0.7598	0.7216	0.6760	0.6753
排序	1	2	3	6	9	4	7	5	8	10	11

评价结果显示，创新基本能力总体呈现东部地区—中部—西部梯度格局，长江东部地区（上海、江苏、浙江）整体优势明显，西部地区整体创新基本能力偏弱，但长江经济带各省（市）工业企业创新研发能力差距在缩小，重庆、四川工业企业的创新研发能力已经达到或接近长江东部地区水平。

（四）创新产出评价指标

创新产出评价指标一共包括如下 4 个二级指标。

D1：工业企业成本费用利润率

D2：工业企业全员劳动生产率

D3：每万人发表科技论文数

D4：每万人有效发明专利数

根据上述 4 个指标的原始数据，运用“新型灰色面积关联度模型”软件分别对 D1 ～ D4 每一个指标进行评价，汇总后的综合评价结果及排序如表 4-5 所示。

表 4-5 长江经济带各省（市）创新产出评价指标综合评价结果

指标	上海	江苏	浙江	安徽	江西	湖北	湖南	重庆	四川	贵州	云南
D1	0.8505	0.8047	0.7958	0.8096	0.8050	0.8336	0.8092	0.7724	0.8434	0.9071	0.9323
D2	0.9993	0.9371	0.8373	0.8813	0.9032	0.9029	0.8613	0.8385	0.8363	0.7965	0.8607
D3	1.0000	0.7108	0.6287	0.5984	0.5828	0.6999	0.6065	0.6556	0.6146	0.5706	0.5762
D4	0.8447	0.9145	0.9859	0.6014	0.5353	0.5690	0.5530	0.6137	0.5810	0.5296	0.5230
综合评价结果	0.9247	0.8293	0.8067	0.6784	0.6539	0.7106	0.6620	0.6897	0.6756	0.6471	0.6611
排序	1	2	3	6	10	4	8	5	7	11	9

数据显示，长江东部的上海、江苏和浙江创新产出总体较好。此外，有国家中心城市的省（市）（湖北、四川、重庆）和湖南、安徽相对较好，云南、江西、贵州整体偏弱。西部地区除重庆外，工业企业资本效率明显高于其他大多数省（市）。

（五）创新成果转化与绩效评价指标

创新成果转化与绩效评价指标一共包括如下 3 个二级指标。

E1：工业总产值前 8 位产业与长江经济带相应产业工业总产值之比

E2：技术市场交易额在长江经济带占比

E3：规模以上工业企业新产品销售收入占工业销售收入之比

根据上述 3 个指标的原始数据，运用“新型灰色面积关联评价模型”软件分别对 E1 ～ E3 每一个指标进行评价，汇总后的综合评价结果及排序如表 4-6 所示。

表 4-6 长江经济带各省（市）创新成果转化与绩效评价指标综合评价结果

指标	上海	江苏	浙江	安徽	江西	湖北	湖南	重庆	四川	贵州	云南
E1	0.7476	1.0000	0.7719	0.6686	0.6577	0.6985	0.6650	0.6359	0.6738	0.6329	0.6461
E2	0.9961	0.8735	0.6578	0.6530	0.6189	0.7712	0.6468	0.6614	0.6672	0.5990	0.6192
E3	0.9518	0.8239	0.9114	0.8068	0.7077	0.7969	0.8560	0.9549	0.7284	0.7127	0.6847
综合评价结果	0.8958	0.9029	0.7738	0.7046	0.6591	0.7535	0.7159	0.7405	0.6879	0.6450	0.6483
排序	2	1	3	7	9	4	6	5	8	11	10

数据显示，长江东部的上海、江苏和浙江创新产出总体较好，有国家中心城市的省（市）（湖北、四川、重庆）和湖南、安徽相对较好，云南、江西、贵州整体偏弱。其中，西部地区除四川外，支柱产业在长江经济带的地位均不够突出，但重庆和四川在科技创新成果的扩散方面表现较好，此外，重庆在工业企业创新效益方面也有较好表现。

（六）长江经济带各省（市）创新活动综合评价

上一小节已应用广义灰色面积关联度模型，分别对长江经济带各省（市）的5个指标进行了评价：①经济社会发展现状评价指标；②经济社会结构水平评价指标；③创新基本能力评价指标；④创新产出评价指标；⑤创新成果转化与绩效评价指标。本小节将在此基础上，对长江经济带各省（市）创新绩效进行综合评价，结果如表4-7所示。

表4-7 长江经济带各省（市）创新绩效综合评价结果

指标	经济社会发展现状	经济社会结构水平		创新基本能力	创新产出	创新成果转化与绩效	总体评价结果	排序
		城市集聚水平	经济社会结构水平					
上海	0.8726	—	0.9683	0.9912	0.9247	0.8958	0.9305	1
江苏	0.8644	0.7518	0.8648	0.8785	0.8293	0.9029	0.8486	2
浙江	0.8899	0.7341	0.8319	0.8469	0.8067	0.7738	0.8139	3
安徽	0.8044	0.7731	0.7661	0.7368	0.6784	0.7046	0.7439	7
江西	0.8137	0.7128	0.7932	0.7208	0.6539	0.6591	0.7256	9
湖北	0.8212	0.8427	0.7744	0.7874	0.7106	0.7535	0.7816	4
湖南	0.8038	0.7698	0.7538	0.7306	0.6620	0.7159	0.7393	8
重庆	0.8408	0.7565	0.8060	0.7598	0.6897	0.7405	0.7656	6
四川	0.8072	0.9868	0.7589	0.7216	0.6756	0.6879	0.7730	5
贵州	0.7888	0.7334	0.7767	0.6760	0.6471	0.6450	0.7112	11
云南	0.8029	0.7875	0.7714	0.6753	0.6611	0.6483	0.7244	10

根据长江经济带各省（市）创新绩效综合评价结果（表4-7），上海、江苏及浙江排名前3位，而江西、云南及贵州排名后3位，湖北、安徽、重庆与四川的创新绩效总体水平比较接近。这个评价结果与长江经济带各省（市）的实际情况是基本相符的。

第四节 基于灰色系统模型的长江经济带各省（市）协同创新水平趋势预测分析

定量预测长江经济带各省（市）的协同创新水平，争取能比较准确地比较和分析长江经济带各省（市）协同创新水平在未来一段时间的发展趋势，从而为进一步研究长江经济带协同创新机制和体制提供数据支撑与理论依据。长江经济带各省（市）“技术市场交易额在长江经济带占比”及“工业总产值前8位产业与长江经济带相应产业总产值之比”是表征长江经济带各省（市）协同创新水平与能力的两个重要指标。因此，本书拟通过对该指标建立数学模型，来实现对长江经济带各省（市）协同创新水平与能力的模拟与预测。

“技术市场交易额在长江经济带占比”及“工业总产值前8位产业与长江经济带相应产业总产值之比”，这两个指标受到产业结构、区域位置、资源禀赋、人才结构等许多复杂因素的影响，难以穷尽（影响因素不确定）；同时，目前已采集到的该指标统计数据仅8组样本，无法满足建立计量经济模型所需的大样本要求（通常认为样本量不小于30组）。对于这类具有“灰因白果”特征的小样本预测问题，灰色系统模型提供了1套行之有效的建模方法与预测手段（4个数据即可建模）。本书拟应用GM（1，1）模型来实现对长江经济带各省（市）协同创新水平发展趋势的模拟、预测和分析。

一、GM（1，1）模型

灰色系统模型是研究和解决“小数据、贫信息”不确定性预测问题的一种常用数学建模方法，其主要思想是通过小样本数据序列的累加生成处理，挖掘灰量过程的发展态势，从而使得离乱的原始数据中所蕴含的积分特性或规律充分显露出来。例如，一个家庭的支出，若按年日计算，可能没有什么明显的规律，若按月计算，支出的规律性就可能体现出来，它大体上与月工资收入成某种数量关系。

GM（1，1）模型是灰色系统理论中最先被创立的灰色预测模型，该模型含1个变量及一阶导数，是目前灰色系统理论领域历史最悠久、应用最广泛、成果最丰硕的单变量灰色预测模型，主要用于近似齐次指数增长序列的建模及预测，具有建模过程简单、所需数据量小、易学易用等优点。GM（1，1）模型的最大特点是单序列（变量）建模，不用考虑系统发展受到哪些因素的影响及其影响程度。灰色系统理论认为，1个不确定性系统的发展与演化，受到诸多复杂外部环境与内部因素的影响（灰因），在这样的情况下，我们很难建立1个确定的因变量和自变量之间的函数关系去分析和预测系统的未来发展趋势。但是，系统在诸多因素的影响和制约下，其运行结果是确定的（白果）。换言之，系统运行结果即是该系统在诸多因素影响和作用下的最终表现形式，能综合体现这些因素共同作用下系统的演变趋势与发展规律。举例来说，某城市的GDP受到生产因素、消费因素、投资因素、进出口因素及价格因素等多种因素的影响（灰因）难以穷尽；但是该城市每年GDP所体现出的则是一个确定的数值（白果）。因此，我们完全可以通过分析该城市GDP的数据特征与演化趋势去预测该城市未来GDP的发展情况。这是一种对不确定性问题“就数据找数据”的研究方法，而灰色系统理论则通过“灰色序列生成”为该方法提供了一套科学的实施途径。

关于GM（1，1）模型的详细信息，可参考相关文献。

二、基于GM（1，1）模型的长江经济带各省（市）协同创新水平模拟与趋势预测

（一）协同创新指标1：技术市场交易额在长江经济带占比

根据前面的分析，长江经济带各省（市）“技术市场交易额在长江经济带占比”是表征长江经济带各省（市）协同创新水平的重要指标之一。因此，本小节拟通过建立该指标的GM（1，1）模型群，来实现对长江经济带各省（市）协同创新水平的模拟与趋势预测。长江经济带各省（市）2011～2015年技术市场交易额在长江经济带占比统计数据，如表4-8所示。

表4-8 长江经济带各省（市）技术市场交易额在长江经济带占比情况

省（市）	2011年	2012年	2013年	2014年	2015年
上海	0.3676	0.3271	0.2546	0.2328	0.2287
江苏	0.2550	0.2528	0.2526	0.2134	0.1974
浙江	0.0550	0.0513	0.0390	0.0343	0.0338
安徽	0.0497	0.0543	0.0626	0.0667	0.0656
江西	0.0261	0.0251	0.0206	0.0199	0.0223
湖北	0.0961	0.1238	0.1904	0.2281	0.2720
湖南	0.0271	0.0266	0.0370	0.0385	0.0362

续表

省（市）	2011 年	2012 年	2013 年	2014 年	2015 年
重庆	0.0521	0.0341	0.0432	0.0614	0.0197
四川	0.0519	0.0701	0.0711	0.0782	0.0973
贵州	0.0104	0.0061	0.0088	0.0079	0.0089
云南	0.0090	0.0287	0.0201	0.0188	0.0179

为了参数计算与建模方便，本书开发了构建 GM（1，1）模型的“灰色预测模型智能计算软件”，该软件包括参数计算、数据模拟、误差计算、数据预测、数据导出、图形模拟等功能。因此，根据表 3-8 中的数据，应用该软件即可比较方便快捷地预测长江经济带各省（市）技术市场交易额在长江经济带占比在未来 4 年的发展趋势。该软件的建模过程截面图，如图 4-9 所示。

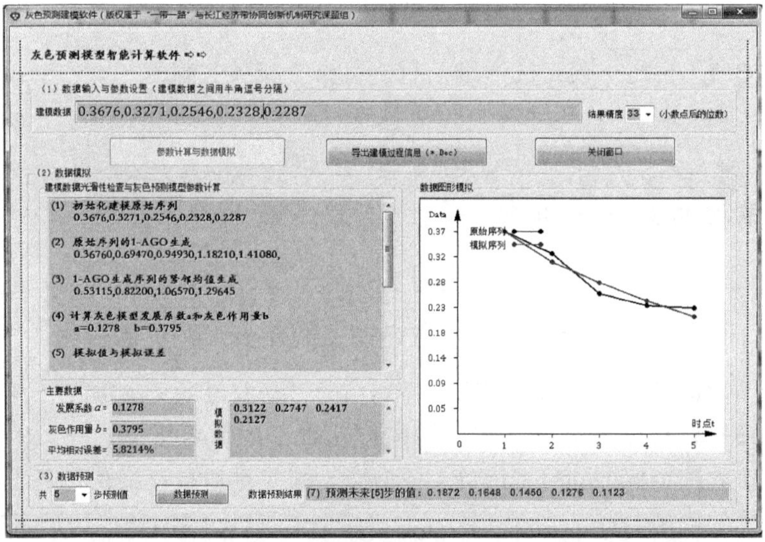

图 4-9 灰色预测模型智能计算软件（以上海市为例）

因此，根据表 4-9 中的数据，可建立长江经济带各省（市）GM（1，1）模型，其建模参数如表 4-9 所示。

表 4-9 长江经济带各省（市）技术市场交易额在长江经济带占比的 GM（1，1）模型参数与模拟误差

参数	上海	江苏	浙江	安徽	江西	湖北	湖南	重庆	四川	贵州	云南
a	0.1278	0.0883	0.1528	−0.0591	0.0441	−0.2294	−0.0814	0.1589	−0.1170	−0.0906	0.1689
b	0.3795	0.2943	0.0612	0.0523	0.0251	0.1020	0.0270	0.0461	0.0559	0.0056	0.0308
$\bar{\Delta}$/%	5.8214	2.9724	6.4690	3.9769	7.8132	6.4520	9.8854	9.8417	5.1013	8.2648	7.7269

根据表 4-9 中的参数 a，b，建立长江经济带各省（市）技术市场交易额在长江经济带占比的 GM（1，1）模型群，如下：

$$
\begin{cases}
\hat{x}_1^{(1)}(k+1)=\left(0.3676-\dfrac{0.3795}{0.1278}\right)e^{-0.1278k}+\dfrac{0.3795}{0.1278}\\
\hat{x}_2^{(1)}(k+1)=\left(0.255-\dfrac{0.2943}{0.0883}\right)e^{-0.0883k}+\dfrac{0.2943}{0.0883}\\
\hat{x}_3^{(1)}(k+1)=\left(0.0556-\dfrac{0.0612}{0.1528}\right)e^{-0.1528k}+\dfrac{0.0612}{0.1528}\\
\hat{x}_4^{(1)}(k+1)=\left(0.0497+\dfrac{0.0523}{0.0591}\right)e^{-0.0591k}+\dfrac{0.0523}{0.0591}\\
\hat{x}_5^{(1)}(k+1)=\left(0.0261-\dfrac{0.0251}{0.0441}\right)e^{-0.0441k}+\dfrac{0.0251}{0.0441}\\
\hat{x}_6^{(1)}(k+1)=\left(0.0961+\dfrac{0.102}{0.2294}\right)e^{-0.2294k}+\dfrac{0.102}{0.2294}\\
\hat{x}_7^{(1)}(k+1)=\left(0.0271+\dfrac{0.027}{0.0814}\right)e^{-0.0814k}+\dfrac{0.027}{0.0814}\\
\hat{x}_8^{(1)}(k+1)=\left(0.0367+\dfrac{0.0461}{0.1589}\right)e^{-0.1589k}+\dfrac{0.0461}{0.1589}\\
\hat{x}_9^{(1)}(k+1)=\left(0.0519+\dfrac{0.0559}{0.117}\right)e^{-0.117k}+\dfrac{0.0559}{0.117}\\
\hat{x}_{10}^{(1)}(k+1)=\left(0.0104+\dfrac{0.0056}{0.0906}\right)e^{-0.0906k}+\dfrac{0.0056}{0.0906}\\
\hat{x}_{11}^{(1)}(k+1)=\left(0.009-\dfrac{0.0308}{0.1689}\right)e^{-0.1689k}+\dfrac{0.0308}{0.1689}
\end{cases}
$$

根据表 4-9 可知，GM（1，1）模型群的模拟精度均在 90% 以上，可以用于短期预测。因此，根据“灰色预测模型智能计算软件”可预测 2017 ～ 2020 年长江经济带各省（市）技术市场交易额在长江经济带占比情况，如表 4-10 所示。

表 4-10　2017 ～ 2020 年长江经济带各省（市）技术市场交易额在长江经济带占比预测数据

年份	上海	江苏	浙江	安徽	江西	湖北	湖南	重庆	四川	贵州	云南
2017	0.1648	0.1673	0.0228	0.0764	0.0188	0.4388	0.0458	0.0168	0.1180	0.0108	0.0116
2018	0.1450	0.1532	0.0196	0.0811	0.0180	0.5520	0.0497	0.0143	0.1326	0.0119	0.0098
2019	0.1276	0.1402	0.0168	0.0860	0.0172	0.6943	0.0539	0.0122	0.1491	0.0130	0.0083
2020	0.1123	0.1284	0.0144	0.0913	0.0165	0.8733	0.0585	0.0104	0.1676	0.0142	0.0070

（二）协同创新指标 2：工业总产值前 8 位产业与长江经济带相应产业总产值之比

根据前面的分析，长江经济带各省（市）工业总产值前 8 位产业与长江经济带相应产业总产值之比是表征长江经济带各省（市）协同创新水平的另一重要指标。因此，本小节拟通过建立该指标的 GM（1，1）模型群，来实现对长江经济带各省（市）协同创新水平的模拟与趋势预测。长江经济带各省（市）2010 ～ 2014 年工业总产值前 8 位产业与长江经济带相应产业总产值之比统计数据，如表 4-11 所示。

表 4-11　长江经济带各省（市）工业总产值前 8 位产业与长江经济带相应产业总产值之比

省（市）	2010 年	2011 年	2012 年	2013 年	2014 年
上海	0.1431	0.1279	0.1155	0.1067	0.1004
江苏	0.3817	0.3748	0.3848	0.3822	0.3759
浙江	0.1731	0.1609	0.1536	0.1478	0.1465
安徽	0.0724	0.0799	0.0806	0.0816	0.0811
江西	0.0627	0.0666	0.0710	0.0747	0.0795
湖北	0.0950	0.0995	0.1074	0.1100	0.1109
湖南	0.0657	0.0759	0.0770	0.0788	0.0779
重庆	0.0381	0.0422	0.0432	0.0471	0.0530
四川	0.0751	0.0811	0.0778	0.0842	0.0831
贵州	0.0352	0.0341	0.0364	0.0388	0.0410
云南	0.0475	0.0461	0.0483	0.0476	0.0456

与长江经济带各省（市）技术市场交易额在长江经济带占比的建模过程类似，首先应用“灰色预测模型智能计算软件”计算模型参数，如表 4-12 所示。

表 4-12　长江经济带各省（市）工业总产值前 8 位产业与长江经济带相应产业总产值之比的 GM（1，1）模型参数与模拟误差

参数	上海	江苏	浙江	安徽	江西	湖北	湖南	重庆	四川	贵州	云南
a	0.0818	−0.0002	0.0324	−0.0057	−0.0581	−0.0340	−0.0100	−0.0799	−0.0153	−0.0614	0.0046
b	0.1437	0.3792	0.1679	0.0795	0.0611	0.0966	0.0752	0.0363	0.0779	0.0310	0.0476
$\bar{\Delta}$/%	1.0274	1.0736	0.9400	0.3715	0.2488	1.7063	0.6509	2.3629	2.1400	0.2529	2.2388

根据表 4-12 中的参数 a，b，建立长江经济带各省（市）工业总产值前 8 位产业与长江经济带相应产业工业总产值之比的 GM（1，1）模型群，如下：

$$\begin{cases}\hat{x}_1^{(1)}(k+1)=\left(0.1431-\dfrac{0.1437}{0.0818}\right)\mathrm{e}^{-0.0818k}+\dfrac{0.1437}{0.0818}\\ \hat{x}_2^{(1)}(k+1)=\left(0.3817+\dfrac{0.3792}{0.0002}\right)\mathrm{e}^{-0.0002k}-\dfrac{0.3792}{0.0002}\\ \hat{x}_3^{(1)}(k+1)=\left(0.1731-\dfrac{0.1679}{0.0324}\right)\mathrm{e}^{-0.0324k}+\dfrac{0.1679}{0.0324}\\ \hat{x}_4^{(1)}(k+1)=\left(0.0724+\dfrac{0.0795}{0.0057}\right)\mathrm{e}^{-0.0057k}-\dfrac{0.0795}{0.0057}\\ \hat{x}_5^{(1)}(k+1)=\left(0.0627+\dfrac{0.0611}{0.0581}\right)\mathrm{e}^{-0.0581k}-\dfrac{0.0611}{0.0581}\\ \hat{x}_6^{(1)}(k+1)=\left(0.095+\dfrac{0.0966}{0.034}\right)\mathrm{e}^{-0.034k}-\dfrac{0.0966}{0.034}\\ \hat{x}_7^{(1)}(k+1)=\left(0.0657+\dfrac{0.0752}{0.01}\right)\mathrm{e}^{-0.01k}-\dfrac{0.0752}{0.01}\\ \hat{x}_8^{(1)}(k+1)=\left(0.0381+\dfrac{0.0363}{0.0799}\right)\mathrm{e}^{-0.0799k}-\dfrac{0.0363}{0.0799}\\ \hat{x}_9^{(1)}(k+1)=\left(0.0751+\dfrac{0.0779}{0.0153}\right)\mathrm{e}^{-0.0153k}-\dfrac{0.0779}{0.0153}\\ \hat{x}_{10}^{(1)}(k+1)=\left(0.0352+\dfrac{0.031}{0.0614}\right)\mathrm{e}^{-0.0614k}-\dfrac{0.031}{0.0614}\\ \hat{x}_{11}^{(1)}(k+1)=\left(0.0475-\dfrac{0.0476}{0.0046}\right)\mathrm{e}^{-0.0046k}+\dfrac{0.0476}{0.0046}\end{cases}$$

根据表 4-12 可知，GM（1，1）模型群的模拟精度均在 97% 以上，可以用于中长期预测。因此，本书根据“灰色预测模型智能计算软件”，可预测 2017 ～ 2020 年长江经济带各省（市）工业总产值前 8 位产业与长江经济带相应产业总产值之比的发展趋势情况，如表 4-13 所示。

表 4-13　2017 ～ 2020 年长江经济带各省（市）工业总产值前 8 位产业与长江经济带相应产业总产值之比预测数据

年份	上海	江苏	浙江	安徽	江西	湖北	湖南	重庆	四川	贵州	云南
2017	0.0776	0.3797	0.1314	0.0829	0.0945	0.1245	0.0810	0.0661	0.0873	0.0494	0.0459
2018	0.0715	0.3798	0.1272	0.0834	0.1002	0.1288	0.0818	0.0716	0.0887	0.0525	0.0457
2019	0.0658	0.3799	0.1232	0.0838	0.1062	0.1333	0.0826	0.0776	0.0901	0.0559	0.0455
2020	0.0607	0.3799	0.1192	0.0843	0.1126	0.1379	0.0834	0.0840	0.0914	0.0594	0.0453

根据长江经济带各省（市）技术占比和产值占比发展趋势图，可以得到以下结论：湖北、四川、湖南、安徽、贵州两项指标呈现良好的增长趋势，重庆、

江西产值占比呈上升趋势，上海和江苏产值占比在波动后趋于平稳，总体上，长江经济带各省（市）支柱工业走势较好。但技术市场交易占比情况，湖北、湖南、四川等有长江经济带中心城市的省（市）发展态势更好。数据说明在工业产业集聚和协同发展方面，长江经济带有一定的协同发展基础，通过技术扩散实现协同尚有较大空间。

第五章

长江经济带协同创新面临的挑战及其应对策略

第一节 长江经济带协同创新面临的突出问题和挑战

我们将根据广义灰色面积关联度模型的评价和预测结果，对长江经济带 5 个典型省（市）120 份问卷的统计分析，以及本书项目组江苏、湖北、四川、贵州和重庆 5 个子项目组较为深入的调查研究，来归纳和梳理长江经济带创新与协同创新面临的问题和挑战。

一、关于突出问题和挑战的问卷调查

通过对长江经济带江苏、湖北、重庆、四川、贵州的党政干部、科教专业人才、企业经营管理者等各类专门人士的 120 份有效问卷调查，了解被调查者对长江经济带在创新与协同创新中存在问题有何感受。根据对回收问卷的统计分析，可概括出以下结果。

有 14% 的被调查者认为很少有跨省级行政区域的协同创新。44% 的被调查者认为长江经济带各省（市）只有在相邻省（市）间有协同创新机制存在，被调查者注意到了相邻省（市）的毗邻城市间可能存在经济合作，因而存在创新合作。另有 30% 的被调查者认为自己所在省（市）只与个别其他省（市）有创新协同。只有 12% 的人认为长江经济带各省（市）向协同创新情况良好。

图 5-1 给出了被调查者对给出的 14 个可能的协同创新领域的认可程度的排序，这里所谓的“认可程度”，实际是指被调查者认为是已经在长江经济带各省（市）间现实存在的协同创新领域。从排序情况看，由市场配置资源（如产业分工），或是已长期存在合作（如跨省招生）的领域，认可程度偏高，共同谋划未来的新兴产业及新兴发展领域，协同创新与合作则偏少。

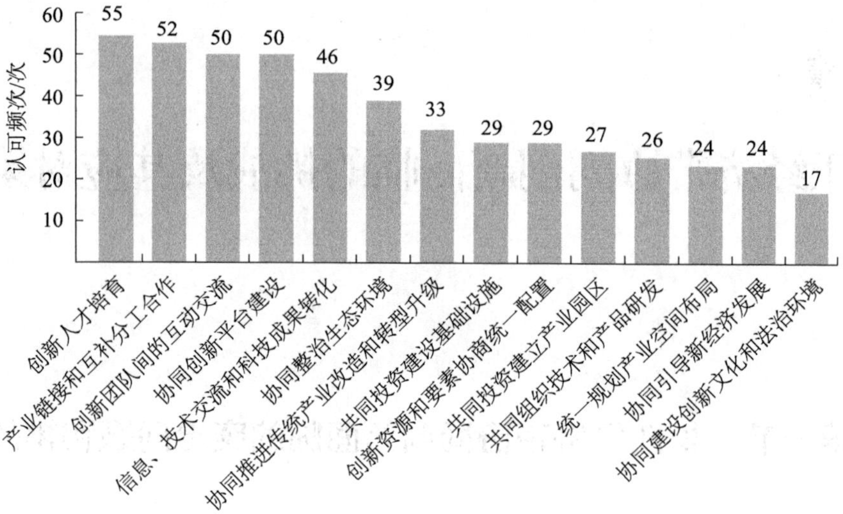

图 5-1　长江经济带目前协同创新的主要领域

二、关于创新意识和创新社会氛围

地方政府和企业普遍开始建立这样的理念，即创新是自己在“新常态”下，应对市场、资源、成本和环境等制约强度不断加大，实现可持续发展的主要法宝。但是，这种初步形成的理念缺乏有效率行动的支撑，创新企业、机构和平台，主动的创新投入少，社会资本和其他资源对创新活动的主动关注和帮扶也少的现象在长江经济带的多数区域仍普遍存在。

市民和企业法人对知识产权的敬畏精神和保护意识偏差，各级政府对知识产权保护的法律法规体系建设不健全，执行力度差，甚至出现对侵犯知识产权行为宽容庇护的事件。对知识产权的保护不力直接导致了原发性的创新动力不足和肆意窃取创新成果的活动猖獗，关联于创新及创新成果转移的市场秩序紊乱。

创新除了要有资金、设施、智力等要素资源的实物和货币成本投入外，还要有风险成本的评估及准备，社会未真正建立起创新容错的舆论氛围，企业会计准则在创新容错的实务设计方面存在不足。

三、关于创新主体的发现与培育

在广义创新概念下，创新主体可能是企业、高等院校、科研院所、政府部门、社会组织、甚至是自然人，但归根结底，创新主体是人。现行的教育体系，重视各学科专业既有知识体系的系统灌输与学习，缺乏能激发受教育者创新偏好、讲述创新思维模式和行为案例、阐述创新在促进经济社会优质发展方面的功能等系统性的创新教育的教学内容，缺乏结合本学科专业特色，进行创新活动的思维和技能培育的教育。未能面向广大受教育者创造创新基础条件，营造创新学习环境，使之难以在创新探索中不断培养提高受教育者创新项目发现和创新实现的能力。

在各个生产和工作岗位，对员工思想和行为的制度约束的规范性培训多、要求严、考核细，而对员工的创新知识技能获取、创新目标展望、创新行动组织和创新绩效考核，普遍不很重视，投入不够，实效较差。

与国际接轨，跟踪先进学科知识发展和技术进步，以各种形式引进和返流创新领军人才和优秀团队的努力和效果都有较大不足。

四、关于创新平台的市场化构建与运行

创新平台是企业、高等院校、科研院所组织创新活动的载体，研究揭示，各类企业、高等院校、科研院所的创新平台主要由各级政府和行政主管部门授予，各机构创新人才的组织和他们的创新活动大多也是通过各种经审批获得的项目和经费来实施。这些创新平台，大到国家级开发开放新区（如上海浦东新区、重庆两江新区、成都天府新区）、国家高新技术开发区，小到各省（市）重点实验室、工程中心，其平均创新投入不多、产出效率不高、产业化转化成果不显著，包括一些以产学研协同创新名义获批的协同创新中心，也没有活跃的创新活动和突出的创新成果产出。原因如下。

一是国家和各省（市）政府，一直没有完整的法规、政策明确产学研合作与协同创新各方的关联权利和义务，创新成果的共同享有及转化。有的省（市），近年来有一些好的政策出台，但缺乏配套政策和实施细则，因宣传贯彻不力，又常常“虎头蛇尾”，创新的市场化运行，仍然存在若干回避不开的制度羁绊。

二是在各类创新平台的设立、创新项目运行评价及创新价值实现过程的考量中存在五多五少的现象，即审批非公平竞争因素考量多，对民营机构和中小企业考量少；对理论、学术创新的考量多，对技术、产品创新的考量少；对创新者主观能力考量多，对创新的市场需求考量少；关门评审创新成果水平考量多，对成果的市场转化和实现经济效益考量少；对科研院所、企业各

自单一的创新项目分别考量多，对创新活动实现生产化成果转化的大系统、全流程考量少。

三是信息不对称，信息不畅导致众多创新平台在凝聚创新人才和创新项目方面作用和功能不能有效发挥。

世界经济一体化的进程导致产业分工呈现出一个重要特征，即复杂产品、先进产品的生产过程变成了一个复合过程。该产品被剖分为若干零部件、若干生产工序，这些零部件和生产工序因为要追求高质量和低成本，被安排到不同的企业生产，这些企业分布于不同的行业、不同的省（市）、甚至不同的国家。这些复杂产品和先进产品总是不断在被改进和创新的，它们的改进和创新可能从某一个工序或某一个零部件开始，但一定需要其他工序及零部件的响应和配合，这就形成了最原始层面的协同创新。在某种程度上说，工业现代化进程中的专业化、精细化分工，是协同创新提出和推进的市场基础。

五、关于创新的组织、集成与协调

研究发现，长江经济带各省（市）的创新平台及创新人才个人或团队的创新活动的源起，大多属于以下 3 种情况：一是国家创新活动主管机构与部门的创新项目申报指南（如科技部、国家自然科学基金委员会、全国哲学社会科学规划办公室、教育部等）；二是研究者个人或所在机构的长项、优势及偏好；三是第三方企业或机构的委托。

这样的创新项目来源固然也能够部分满足社会与市场对创新活动的需求，但容易出现创新活动的社会激发和市场引导渠道偏窄。尤其是对相当多的自身缺乏创新平台、也难以有系统的创新人才、缺乏创新活动依赖的设备设施的储备的中小企业而言，他们的创新需求难以被发现，他们对社会创新活动真实开展及创新成果产出的情况难以知晓，他们在某些特定领域和技术工艺方面的创新特质，也难以被挖掘。

这样的创新项目来源还容易造成创新人才的创新活动“单打独斗”。在新知识、新技术、新工艺、新材料、新产业不断涌现，社会不断产生对物质和文化消费新需求的今天，很多新产品和新产业需要跨企业、跨学科专业、跨行业产业、甚至跨行政区域的协同合作。让潜在的创新贡献者知晓并参与创新活动，组织创新联盟，协调众多创新个体和团队的创新行为，还面临很多困难与挑战。

在协同创新的组织实施过程中，还有一种普遍存在的现象不容忽视，那就是高等院校、科研院所的创新人员与一线创新企业的创新偏好不太一样。在现行科研管理和考核体制下，高等院校和科研院所的科技人员，更注重科研项目的纵向（即政府项目）和层次，注重公开发表论文和刊物级别，他们不熟悉生产流程、不了解市场对创新技术、创新工艺和创新产品的现实需求，他们也就不太看重横向项目及科技成果转化。而一线创新企业则看重科技成果如何转化成现实生产力，科技成果具体产生的经济绩效，他们不熟悉高等院校和科研院所的已有成果、潜在成果和创新能力，不了解研发机构及个人的创新成果和企业现实创新需求之间的接口和结合路径。信息的不对称和偏好的不同使得产学研合作的协同性偏差，尤其是在成果转化的中试环节出现不协调。

六、关于创新信息的搜集与使用

创新信息包括创新需求信息、创新资源信息、创新支撑环境信息、创新活动过程信息和创新成果及转化信息。除了专利成果发布，规模不等、运行模式不同的区域性技术市场等少数创新成果发布的信息渠道外，长江经济带各省（市）没有建立跨流域和经济带的、具有特定技术属性、具有特定产业分类或综合性的创新供求信息市场，帮助企业沟通、促成创新供求双方及多方实现创新活动的市场化运作。科技中介和服务企业数量不多、知名度不高，跨行业和跨行政区域从事相关服务的专业服务机构及企业更是少之又少，难以形成对创新需求、资源、支撑环境和成果集聚、对接、协同的集约效应，也难以提高创新信息供给服务业的中介功能、市场规模、服务质量、社会价值与经济效益。

近年来，国家和长江经济带各省（市），在创新的法规完善、政策制定、行为治理、环境打造、风险防控、利益协调等方面的创新活动非常活跃。但是，长江经济带跨省（市）区域的各级政府间却缺乏这方面的信息共享、沟通和协调的平台建设，阻碍了这类创新及创新绩效的扩散。

七、关于创新的扶持鼓励政策和激励机制设计

科技创新活动和其他创新活动，最基本的是要调动创新人才的创造性和积极性。研究表明，长江经济带各省（市），在创新的激励扶持方面，各自都有不少卓有成效的举措和作为，但也都程度不同的面临一些急需排除的障碍、必须解决的问题。

我国的高等院校和科研院所对科学研究一直非常看重，但传统的评价方式，

更多的是集中在高规格项目（不同层级的政府支持项目，也称纵向项目）、高水平论文和高层次政府奖励上，这样的评价和鼓励，对基础性的创新研究作用尚可，但对应用性的创新研究则显然激励不够，这也就逐渐培育出前文所述的高等院校和科研院所科研人员的科研偏好。在这样的大环境下，为数不少的创新人才所在的行政单位（主要是高等院校和科研院所），过分看重科研项目申报、科研经费使用中的细节和程序性问题，建立了许多条条框框来对其加以限制和约束。这些限制和约束，在某些方面或者某种程度上看，可能是有道理的，但在项目调研中，大部分受访者感觉某些在原有科研管理制度基础上附加的特殊管理约束有因噎废食的副作用，各个科研经费报销科目的报销要求不是尊重经费预算，而是设计了让科研工作者不厌其烦的繁文缛节。

在各事业单位实施的工资体系和绩效津贴制度中，有一种向平均主义回归的倾向，对优秀创新人才的创新业绩的奖励，甚至国家项目预算中已安排的科研补贴，都要纳入单位绩效津贴的大盘子。换句话说，某个创新人才或团队高水平科研项目越多，它对其他人员所获绩效津贴数量的负面影响就越大，这就大大限制了激励政策的空间和激励力度。

国家为了充分发挥创新人才在创新体系中的基础性作用，提出要鼓励创新人才兼职从事创新工作，但在现实生活中，出于对高端创新人才的需求，基层单位对这类高水平创新人才离岗兼职的现象有很多非鼓励性的管控，这就使得事业单位创新人才向企业流动和共享的工作推进迟缓。

在产学研合作和协同创新的过程中，一个突出的问题是合作各方，尤其是其中参与合作的创新人才个人的责任和权益如何确定？因为参与合作的各方在很多情况下所有制属性都是国有，纳入合作的资源不便计价，创新者个人和团队在创新活动中的作用及地位很难事先评估。所以，产学研合作各方责、权、利的确定既十分重要，又有较大难度，需要有政府层面的高端政策设计。

八、关于创新的金融支持

创新本质上属于创业，而且是风险很高的创业。创新如果成功，可能带来新技术、新工艺、新材料、新产品、新产业、新业态，带来新的生产和新的市场需求、甚至新的生活和消费习惯，新的市场经济秩序。互联网时代的网上购物、租车和网上金融支付就是一例。正因为如此，虽然创新有很高的风险，但是政府和市民都对它表现出了极大的热忱，热情追捧。

创新需要资金支持，银行和资本是逐利的，在创新成功或即将成功之时，该项创新的价值，创新成果的市场空间，甚至该项创新的投入产出比，大体都可以进行测度，这个时候，风险投资、股份投资、金融机构融资，甚至首次公开募股（IPO）上市都会“接踵而至”。但创新最需要的，则是在它的创意刚刚提出、一些关键构想需要论证的时候，给予创新起步需要设施设备和其他物质材料供给及金融支持。而往往这个时候，资本和金融机构是比较犹疑。

根据本书的调查，长江经济带各省（市）的创新活动，尤其是新兴创新团队和纯粹来自民间的创新活动，得到天使投资支持和融资支持的，绝对数量和相对比例都很低，这似乎也是符合市场经济规律的。

我们面临的问题是，如何能够做好两方面的工作，使得对国家和地区存在巨大潜在价值的创新活动，能尽快进入政府、投资人及公众的视野，其价值能尽快被识别？这两方面的工作大体如下。

一是银行和股权投资基金，应尽可能提升风险投资意识，前置投资风险评估，委托有创新价值识别专业能力的专家团队帮助识别风险、防控风险和预测预判创新效益。以期对真正有重大创新价值，但早期投入巨大的创新活动，做到风险投资早期进入，真正实现创新主体和投资资本风险共担、利益共享。

二是政府应着眼于国家根本利益，着眼于高技术和新兴产业发展，承担起扶持高水平创新活动的责任。若干案例证明，只有国家的意志和国家的动员，才可能统筹各方创新力量和调度足够的资金支持，突破关键技术和重大技术的制约瓶颈。各级政府可使用诸如各种科技攻关项目立项，政府主导的种子资金、天使资金、风险投资资金和产业引导基金有条件地先期进入，利用土地、财政、税收、金融支持等政策杠杆，给予扶持。各级政府认真组织力量，编制好分领域、分区域的“科技创新规划”或“指南”，编撰项目库。

九、创新能力和水平沿经济带存在较大差距影响创新协同

在第五章，经认真研究并广泛征求专家学者意见，按照指标具有代表性、科学性、可说明性和可获得性的原则，本书设计了经济社会发展现状评价、经济社会结构水平评价、创新基本能力评价、创新产出评价和创新成果转化与绩效评价的5类共28个指标，采用灰色关联度模型和G（1、1）灰色预测模型。分阶段、有重点地分析和评价长江经济带各省（市）在创新能力、创新产出、成果转化、创新对经济社会发展的促进等方面的实绩和差异。

有趣的是，分板块评价和整体评价的评价和预测的结果在大的格局和总的趋势上都出奇的一致，即从创新能力、创新环境、创新过程、创新产出到创新

绩效，长江东部地区最好，长江中部地区其次，长江西部地区最差。而单就各省（市）而论，长江中部地区极核武汉市所在的湖北省、长江西部地区成渝经济区两极所在的重庆市和四川省处在创新能力和水平相对较高的层次，河南、安徽、江西、云南、贵州则相对弱一点；各省（市）的经济社会发展水平，也大体是这种分布。

长江经济带各省（市）在创新基础能力和创新实际水平和绩效方面，长期累积形成的这种差距，实际形成了阻碍省（市）向创新协同的层级障碍。要想在长江经济带推进协同创新，首先要正视这个现象，然后要根据这个现实，找出能应对它、改善它，能基于它的协同创新路径来。

第二节　长江经济带协同创新的可能作为

一、长江经济带协同创新现状分析

根据对取自 5 个省（市）的 120 份问卷的统计分析，归纳出被调查者对长江经济带协同创新可能作为空间和主要任务的认识。

由图 5-2 可见，70.94% 的被调查者认为长江经济带的协同创新很重要，23.93% 的被调查者认为长江经济带的协同创新比较重要，持这两种观点的被调查者占到总数的 94.87%，说明协同创新已经形成一种共识。

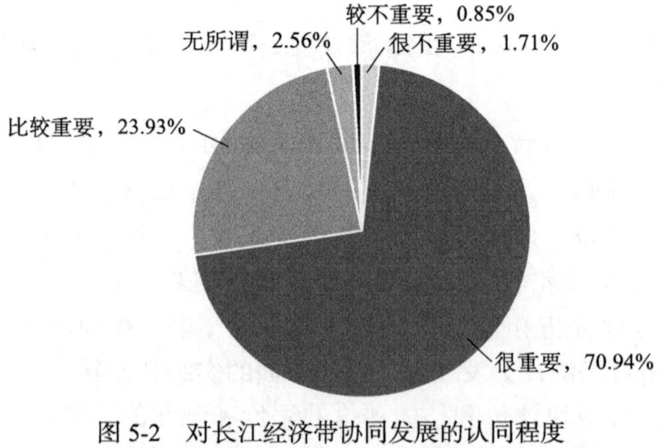

图 5-2　对长江经济带协同发展的认同程度

图 5-3 和图 5-4 的选项差不多，只是选择各个选项的被调查者比例有所不同而已。仔细分析不难发现，无论是政府公务人员、教科专业人士，还是企业实际经营管理人员，都把长江经济带各省（市）协同创新的主要任务和重点工作，放到了实体经济领域。这种判断非常朴素和实在，因为毕竟实体经济的协作发展，是长江经济带整体提升和和谐发展的最根本动力，被调查者当然会把对协同创新的重点关注放到实体经济上去。

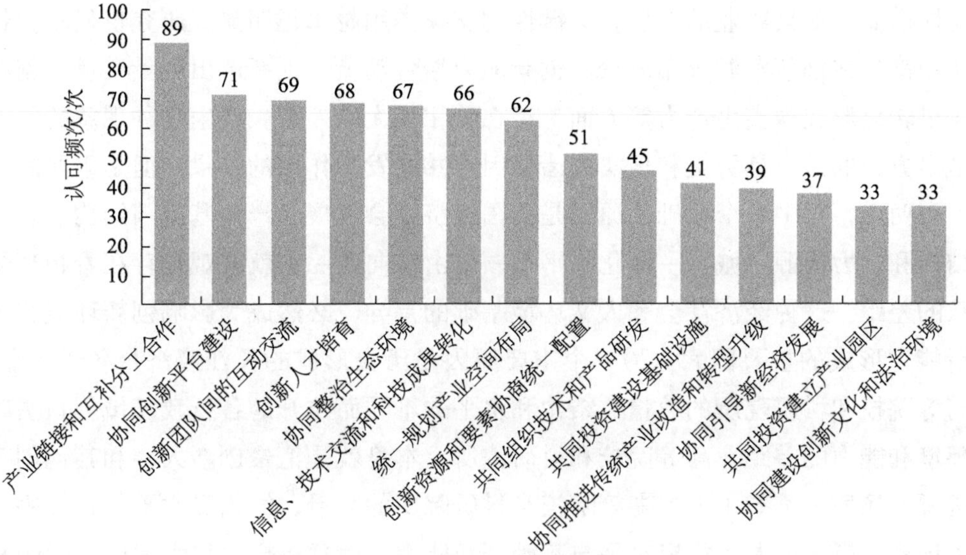

图 5-3　对长江经济带协同创新领域的理解和认知

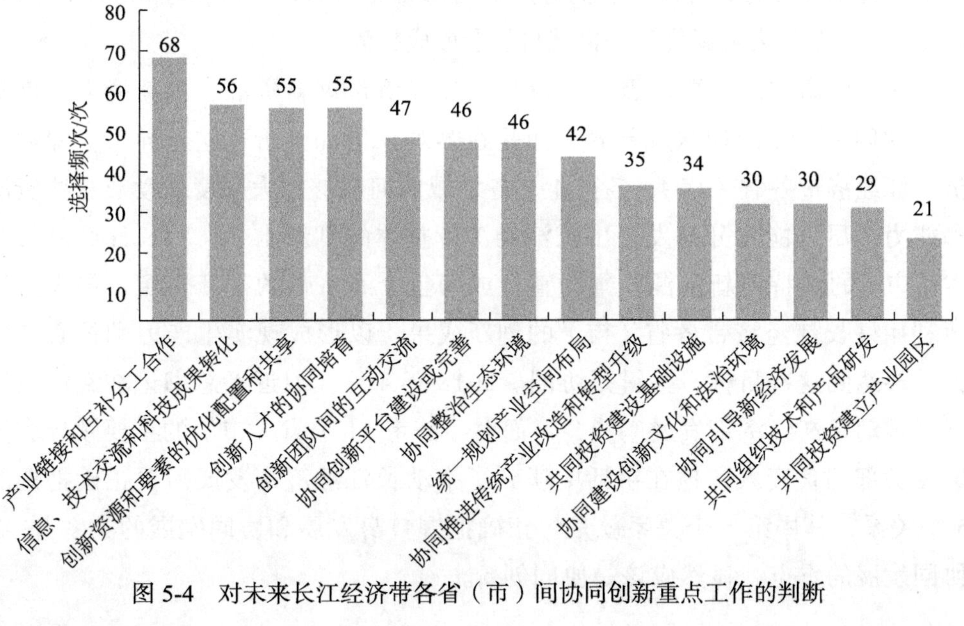

图 5-4　对未来长江经济带各省（市）间协同创新重点工作的判断

在问卷调查的基础上，经过本书的研究，还可以得到如下结论。

长江经济带各省（市）创新的基础性条件方面，与国内其他经济区域相比，在若干领域具有相对优势。长江经济带各省（市）创新能力（包括创新工作者、团队和各类平台）的培育和能力的发挥，均有若干各有特色、可圈可点的成功范例。长江经济带各省（市）创新活动对经济社会发展，尤其是对本省（市）支柱产业和新兴产业的发展，关键性的支撑作用越来越明显。研究也显示，长江经济带在创新资源分布凝聚、创新能力培育动员、创新产出数量质量、创新成果转化形成现实生产力等方面，存在着相当大的差距。产生这种现象的原因是多方面的，也是历史和现实的诸多因素共同发挥作用的结果。但是重要的原因有两个，其中一个基础性原因是我国经济社会发展、产业基础与结构、人口结构和人力资源、城乡一体化水平等领域由东向西一直就客观地存在着相当悬殊的差距，这种经济社会和人文环境基础的差异，必然成为影响创新环境和创新能力形成的重要因素。另一个重要原因是历史形成的长江经济带各省（市）高等院校和科研院所的数量、结构和水平的不同而拉开的各行政区域创新基础环境和能力的差距。高等院校和科研院所，本身就是汇聚创新人才和其他创新资源的场所，某省（市）高等院校和科研院所的数量、结构和水平，直接决定了该省（市）的人才集聚水平与基础创新能力，而且还会在很大程度上影响和决定该省（市）的经济规模、优势产业与市场竞争力，两者相辅相成，促成该省（市）不断扩大创新优势，也就自然会形成趋势。

本书要研究的主要问题，不仅是长江经济带创新资源、创新能力、创新水平和创新实绩的现状及差异，而是在客观评价和分析这些差异后，探索分析长江经济带各省（市）、各行业、各领域如何能够最大限度地动员这些资源和能力，尽可能充分地发挥出长江经济带整体的创新水平，将长江经济带各省（市）的独特创新资源，集约整合成为整个经济带的创新资源，最大限度地利用好长江经济带各省（市）的创新成果，以形成现实生产力和核心竞争力。要达到这些目标，关键是协同。2018 年 4 月，习近平总书记在武汉主持召开推动长江经济带发展座谈会，面对经济带 11 个省（市）的主要领导和国家相关部门负责人，他在讲话中谈到了推动长江经济带发展需要正确把握的 5 个关系，其中第 5 个关系就是“正确把握自身发展和协同发展的关系”。而协同发展的重点，显然应该是协同创新。

二、长江经济带可展开协同创新的领域分析

（一）创新法规政策的协同

市场经济是法制经济，创新是创造市场需求、激活市场活力的原动力，创新与协同创新最需要得到法律法规的保驾护航。长江经济带要推进协同创新，除了国家层面法律法规的完善和不折不扣的执行外，很重要的一点，就是长江经济带各省（市），要协同制定鼓励和保护协同创新的地方法规条例、法规条例的实施细则与司法解释。例如，如何在协同创新中确定各参与协同的创新主体和个人的贡献？如何在复杂的协同创新过程和成果中保护相关利益者的知识产权？如何保障协同创新中必不可少的人才、资本等要素的流动及权益？如何应对、仲裁协同创新中必然出现的跨省（市）、跨行政区域的经济纠纷和法律诉讼等。

科技创新和政策创新是创新驱动经济社会发展进步的两个轮子，研究表明，除国家层面外，长江经济带各省（市），长江经济带之外的创新大省、强市，在“五大发展理念”引导下，各自都制定了不少鼓励创新和协同创新的政策和办法。这些政策和办法针对性强、含金量高、对推进本行政区域的科技与产业创新活动及成果转化，普遍都发挥了非常积极的作用。但研究中也发现，这些创新政策和办法，很多都具有普适性，但囿于行政治理的“各自为政”与相互分割，这些好的政策和办法并没有在长江经济带内外进行推广，相当多的政策和办法还处于很少人知晓的状态。另外，在研究中还发现，由于长江经济带的经济社会发展在市场经济条件下已经互联互通，好的和不好的政策和办法都会有跨区域的实施和影响。基于上述判断，长江经济带的创新协同应该大力促进创新政策研发和制定的协同，实现创新政策在诱发、激励、保障、促进创新与创新成果转化的具体实施过程中的协同。

（二）创新环境打造的协同

协同创新需要良好的市场环境，长江经济带之所以能成为经济带，是因为该经济带有可以依托的长江黄金水道，有贯穿全流域的越来越便利高效的交通运输体系。推进协同创新，要在长江经济带协同制定、协同推进以水、铁、公、空、管等综合交通运输体系为核心的基础设施建设规划。

协同创新所需要的市场环境，还包括人文舆论、商事财税、融资信贷、社会保障、教育医疗、项目帮扶等商务服务和公共服务环境。推进协同创新，还

要在长江经济带协同打造有利于企业和人才跨行政区域流动和合作创新的经营环境，包括一视同仁的商事注册审核、财税金融支持、协同氛围营造、人员流动便利等方面全生态的创新环境。

（三）创新平台的协同

创新平台是长江经济带协同创新的主要载体，创新平台有广义和狭义之分。广义的创新平台包括高等院校、科研院所、产业园区、创新企业等；狭义的创新平台则特指经各级政府认证授权，或企业、机构专门设置，用于创新和协同创新，有相应政策支持，能集聚各种创新资源的组织形态。

创新协同是各级各类创新平台的协同，而创新平台的协同又必须要在承认资源差异、存在互补优势、设定共同目标、识别各自利益的基础上进行。要打造这样的基础，需要有长江经济带各省（市）、各级各类创新平台间的相互交流、沟通了解和管控改革。

在上述基础基本形成之后，创新平台实际的创新协同应针对长江经济带或某省（市）、某领域的特定产业、产品、技术、材料等，有计划组织或由创新主体自发组织多省（市）、多平台协同集成地实施创新攻关。在这个过程中会出现若干实际的需求和问题，比如协同的目标和内涵，协同的主导，协同各方的形成及责、权、利界定，协同的资源集约及配置。创新平台应该在解决这些具体问题与困扰方面实施协同，以最大限度调动能帮助实现某确定创新目标的各种要素的积极性、主动性，提高创新效率。

（四）产业创新协同

长江经济带的科技创新，无论是通过产品、技术、工艺，还是通过设备、材料，最后都会落实到某个具体产业上。科技创新，尤其是产业创新，常常是一个历经基础研究、应用研究、技术开发、材料开发、工艺实现、工程化、产业化等复杂阶段与过程的庞大系统工程。应该承认，改革开放 40 年来，尤其是最近 10 余年来，我国在若干重大和新兴产业领域，通过以各种科技创新活动为基础的开发活动，技术水平和产业水平实现了突飞猛进的进展，取得了举世瞩目的成就，站到了世界前沿。但同时也要承认，我国在一些尖端科学、核心技术和关键材料方面，与我国战略性新兴产业的发展需求相比，与世界发达国家、发达企业已达到的先进水平相比，还存在着显著的差异。研究显示，长江经济带各省（市），尤其是其中一些科技创新活跃、创新成果显著、战略性新兴产业发展在国内领先的先进省（市），目前在航空、航天、航海技术和军民两用产业发展，电子芯片、光电子元器件、电子终端设备技术和电子通信产业发展，机器人、人工智能、大型工程装备、现代汽车的技术和高端制造产业发展，化学化工、生物医药、合成纤维技术和生物与新材料产业发展，“互联网+”的流通贸易、信息集约传输、软件开发、智能终端运用的技术和创意产业发展等体现国家工业化发展水平和潜在市场空间的领域，发挥着引领发展的关键作用。

为了实现“中国梦”，长江经济带必须选择一些核心技术和战略性新兴产业，有针对性地组织协同攻关，争取实现从基础原理、核心材料、重要设备到关键技术、工艺的各个击破，在长江经济带崛起一批傲然屹立世界的最顶端产品、最顶端企业和最顶端新兴产业。因为协同创新的基础不断夯实、水平不断提升、成果不断推陈出新，这些高端产品、企业和产业，能不断保持和扩展自己在全世界的竞争优势。

长江经济带各省（市）、各行业在现代服务业领域的协同创新，也属于产业协同创新的范畴。例如，经济带内跨行政区域的各种基金、各个资本拥有者和不同的金融机构，在判断协同创新行为、识别协同创新进展和成效、提供风险投资等多种或组合资金服务、推进协同创新成果转化等方面，本身就可以设计和开展若干协同创新的运作。在跨区域和行业，多式联运的现代物流和供应链提供方面，在为协同创新提供中介、保障的不同属地、不同细分行业的专业服务机构群体之间，也都有很大的协同创新空间。

（五）信息交流共享协同

信息的完整和获取的便捷及时，是创新和协同创新得出推进的基础性条件。长江经济带的创新协同，要解决好长江经济带创新信息交流共享协同。创新信息交流共享协同要处理好 3 个关系，这恰好可以成为长江经济带信息交流共享协同的 3 个可作为空间。

一是创新信息的范畴、内容的界定；二是创新信息的获取、整理、储存和动态维护；三是创新信息内外有别的运用，这里的内外有别，是指既要让潜在的协同创新者都便于获取和交换信息，又要有相应的知识产权保护的必要措施和手段。

创新信息的获取、整理、储存和动态维护应该在整个长江经济带，或针对长江经济带内某特定行业、产业来考虑。

第三节 长江经济带协同创新的指导思想与重点任务

一、长江经济带协同创新的指导思想

深刻理解、全面落实“创新、协调、绿色、开放、共享”的“五大发展理念”。将创新作为推进“长江经济带战略”实施的核心战略，将协同创新作为实现创新目标的主要手段，培育企业作为协同创新的主体和“龙头”。针对国家需要和市场需求，依托长江经济带各省（市）的特色创新资源和优势新兴产业，通过大力营造全社会偏好协同创新的文化氛围，在整个长江经济带构建起能保障协同创新扎实推进的统一协调的体制机制，在长江经济带协同推进政策制度创新、科学技术创新、产品产业创新和市场环境创新。通过创新和协同创新引领，实现长江经济带以新兴产业快速扩张为核心的经济优质发展、社会持续进步、城乡和谐协调、生活绿色低碳。实现长江经济带创新和协同创新能力和水平的不断提升。实现长江经济带在一些新的关键技术、战略产业、重点产品的研发转化和规模生产上，满足国家意志、具有国际影响。

二、长江经济带推进协同创新的基本原则

（一）市场导向、政策支撑的原则

长江经济带能实现跨产业、跨区域、跨机构的协同创新，能发现创新的市场需求，能科学确定创新目标是关键，而创新的政策法规设计、制定和无障碍实施则是基础和支撑。这些政策法规要充分体现“五大发展理念”，充分体现国家关于创新驱动、协同推进“新常态”经济社会发展的一系列大政方针及深化改革举措。长江经济带推进协同创新的政策法规体系，要包容吸纳长江经济带各省（市）在推动创新和协同创新方面有较强创造性和操作性，而且行之有效的新法新规；要能有针对性地破解消除行政封锁、行业分割的樊篱；要具有长

江经济带特殊经济、社会、文化背景条件和产业结构条件下协同创新所需支撑法规政策环境的特征和个性。

（二）明确机制、扩大参与的原则

长江经济带的协同创新，机制的设计和实际发挥作用十分重要。协同创新的机制设计，所针对的问题是：既然是协同创新，显然创新的主体就不止一个，而且多个主体可能横跨区域，横跨行业，横跨产学研，只有恰当地设计好，处理好从目标产生、协同生成、相互分工、创新推进、矛盾化解，到成果转化、利益分配、产权保护的协同创新全流程中协同创新参与各方的相互关系和行为准则，协同创新才可能有效开展，也才可能有越来越多的创新主体共同参与。

（三）企业为主、政府帮扶的原则

身临市场、面对市场的企业是创新的原发性动力源。企业最了解产品、技术、工艺、材料、设备的现状、差距和创新变革的着力点及方向，企业也是创新成果转化和价值实现的主战场。当然，企业的创新活动需要理论支撑、关键突破和人力、资本支持，这也就提出了协同创新的实际需求。政府对协同创新的需求区别情况给予力所能及的引导帮扶，动员和组织创新资源，营造良好的政策环境，减少协同创新各方的后顾之忧，给予适当的表彰激励，非常重要和必要。

（四）设定目标、协同攻关的原则

创新的目标可能是一个特定技术、工艺或产品；也可能是涉及面很宽，创新目标点很多，涉及学科、技术和产业面很广，创新层次很复杂的一个庞大系统。协同创新一般应先设定一个明确的目标，这个目标可以由一个主体提出或多个主体共同提出，参与协同创新各方根据创新目标承担分解的创新任务，在创新过程中彼此呼应，协同攻关。

履行创新原则，还要求长江经济带各省（市）、各重点行业，要善于审时度势，不断发现和筛选协同创新目标，分解创新任务，寻找和组织相应的创新主体。

（五）突出重点、示范引领的原则

协同创新是可以区分层次和类别的，企业和科研院所内部不同团队、不同专业、不同工种之间的协同；特定产业内或某个行政区域内多个创新主体之间的协同；长江经济带内跨省（市）行政区域或跨行业、产业，针对较高端、较庞大创新目标的协同等。虽然各种层次和类别的协同创新可能你中有我，不能截然划分，但是本课题研究的主要还是跨省级行政区域的，针对较大创新目标的协同创新。更由于协同创新是一个新生事物，协同机制的形成、各方责权的明确和划分，都需要精细处置。所以，在当前和未来一段时间，可以先确定一些带有全局性、重要性的重大创新项目，精细组织、探寻规律、示范引领。

（六）产业引导、产学研合作的原则

长江经济带各省（市）的主导产业和优先发展的战略性新兴产业，虽然细分起来有不同，但同构性和相似性很强。要把长江经济带建设成为具有全球影响力的内河经济带，就必须要有一批新兴产业的核心技术和产品性能位居世界前列。因此，必须以未来要打造的世界一流产业的领先技术为目标，动员长江经济带产学研的精兵强将参与，实施大系统、全方位、多层次的协同创新。国家和长江经济带各省（市）政府，应该率先组织编制这样的协同创新规划。

（七）分工协作、权责分明的原则

创新就是从事从未承担过的开创性劳动，创新的工作过程和工作结果，其量和质都具有一定的不确定性，因而也具有一定的风险性，参与协同创新的各方，对此应有充分的认识和估计。协同创新的目标设定之后，参与各方应对各自在协同创新目标体系中的角色地位、任务责任有一个明确的分工，对可能收益和潜在风险有一个充分的估计，对相互间的工作衔接、任务接口及风险收益分摊有详尽的安排。最大限度地激发各方在协同创新过程中的创造性与积极性，确保协同创新顺利推进。

（八）以人为本、培育激励的原则

人是创新和协同创新中最基本的元素，人的知识、水平和能力，尤其是某个人的“不可记录”的知识和能力，在很大程度上决定着创新与协同创新的成败。研究表明，长江经济带各省（市）创新人才的数量、质量和他们参与创新活动的频率，与对应省（市）的创新产出数量及经济社会发展水平，存在很强的正相关关系。基于此，创新中的以人为本，需要有两方面的解读。一是要加强对创新人才的培养，含学历培养与终身教育，含教育的专业结构、人才培养模式、创新教育的内容和方法。二是要加强对人才参与创新活动的激励，激励的形式可以有政策鼓励、提倡表彰、项目支持、股份绩效等多种。

三、协同创新的重点任务

未来 5 ～ 10 年，长江经济带协同创新的主要任务是以下 13 条。

1）在整个长江经济带形成支持和鼓励协同创新的一体化的法律法规体系和政策体系。

2）在整个长江经济带形成支持和鼓励协同创新，积极参与协同创新的社会环境及文化氛围。

3）在整个长江经济带打造形成有利于协同创新的互联互通的公共基础设施网络及全流域兼容的公共服务平台。

4）在整个长江经济带建立起全社会分享的协同创新的大数据信息网络。

5）在整个长江经济带建立起能有效支持和激励协同创新的治理体系及运行机制。

6）实现若干有利于长江经济带形成有世界影响的内河经济带的重大协同创新成果，形成现实生产力并取得显著经济成效及社会成效。

7）协同创新帮助长江经济带各省（市）战略性新兴产业和支柱产业的发展取得重要进展。

8）协同创新进一步凝练和提升了长江经济带各省（市）的包括人才、资金、技术等创新资源的组合利用效率、基础创新能力和协同创新水平。

9）协同创新显著提高了长江经济带创新型企业的创新效率与治理水平，长江经济带崛起一批全国领先、有世界影响的创新型领军企业。

10）协同创新改善了长江经济带各级政府的创新管理，增强了经济带各省（市）的社会经济互惠融合。

11）协同创新增强了长江经济带各级城市群内城市间的相互依存、相互促进的合作关系，优化提升了各城市群的一体化功能。

12）长江经济带的协同创新的模式、运行过程、体制机制对“一带一路”沿线省区形成示范效应，其成功经验被复制推广。

13）长江经济带通过协同创新，绿色低碳发展引领全国，全流域建成生态环境共治共享的现代文明。

第六章

长江经济带协同创新的体制研究和机制设计

体制机制的研究具有中国特色。长江经济带协同创新体制主要是指由中央政府引导、长江经济带各省（市）政府共同制定的在长江经济带地域范畴内推动、鼓励、保护、规范、协调各政府部门、社会机构和生产企业与协同创新有关行为的制度规定。这些制度规定具有完整性、科学性、约束性和可操作性。长江经济带协同创新机制是指长江经济带内能够参与各种形式、各种内容的协同创新的所有机构和个人在协同创新过程中的工作方式、相互关系和作用机理。体制的形成受国家意志、国家法律的约束，机制从属于体制，在体制的安排下为解决制度运行所必须排除的障碍及挑战服务。长江经济带的协同创新机制，需要解决信息对称、驱动动力、法制保障、竞争秩序、风险防范、资金投入、成果转化、利益分配、社会支持等一系列挑战和问题。

第一节　长江经济带协同创新的体制研究

长江经济带是一个跨省（市），跨东、中、西部的流域经济体。在我国现有以省级政府管控为主的治理结构和各省（市）经济社会发展、创新能力和创新产出存在较大差距的背景条件下，推进长江经济带的协同创新，必须考虑能实际推进跨省域的协同创新组织管理的体制设计。本书经过认真研究，提出如下制度设计。

一、编制出台对长江经济带协同创新进行指引的规划

"长江经济带战略"是国家战略，在长江经济带实现一些领先世界，填补国内空白，对国家安全、群众民生有重大影响的战略性新兴产业核心技术相关的

重大突破，是国家根本利益所在。

长江经济带各省（市）创新的能力和技术优势各不相同，产业发展现状和未来目标也不相同。长江经济带各省（市）在创新基础能力、创新活动组织、创新产出和创新成果转化扩散等方面也存在较大差距。准确识别长江经济带各省（市）、各领域、各产业在创新资源、创新需求方面的现状与趋势、优势与劣势，准确描述国家对全国和长江经济带创新与协同创新成果的预期，对动员和组织长江经济带的各个领域、各种层次和各种形式的协同创新至关重要。

基于此，作为在全国推进协同创新的一个试点工作，国家有关部委应组织各方面专家及长江经济带各省（市）政府，编制“长江经济带中长期协同创新规划”（简称“规划”），配套编制“长江经济带协同创新重点产业和重点技术领域指南”，“推进长江经济带协同创新工作的指导意见”。“规划”作为“国家中长期科技发展规划”和“国家战略性新兴产业发展规划”的重要补充，将对协同创新整体和分省（市）的目标、任务、重点产业和技术领域，协同创新联盟的担纲企业，协同创新形式等，作出规划指引。“规划”可以按行业、产业或技术领域细分。明确长江经济带协同创新的重点范畴，协同创新联盟的组建原则及支持鼓励办法，鼓励长江经济带外的企业、机构及创新团队加入长江经济带的创新协同。

二、成立一个能对协同创新起组织和协调职能的机构

成立一个由国家牵头、相关部委参加、长江经济带各省（市）政府联合成立促进协同创新的服务协调、议事决策的联合行动机构（简称“协同创新协调机构”）。20 世纪 80 年代，在国家大力提倡区域合作的背景下，各省（市）及下级政府，均成立过诸如“经济协作办公室”之类协调和推动各省（市）及下级行政单位在经济运行和公共基础设施互联互通方面建设的机构，这些机构在改革开放的历史进程中也曾经发挥过积极作用。但是，由于缺乏对协作体共同利益的原创性努力，这种协作服务大多只能体现其表面黏合的功能。我们在这里建议的“协同创新协调机构”，既应该在长江经济带各省（市）是一个类似“经济协作办公室”的行政机构，但这个机构在该省（市）范畴内，应能动员、组织和协调包括创新规划（科技、发改）、创新成果转化与市场运行（经信）、创新资源（科技财政、人社、教育、国资、人行、金融办）、创新动员组织（科技、科协、社科联）等机构在内的行政和政策资源。我们建议的长江经济带各省（市）“协同创新协调机构”，还应该在整个长江经济带形成协同议事、协同

决策的功能，有一个工作范畴和决策办事形式和程序的共同规定。长江经济带的“协同创新协调机构”，应与中央政府的相关部、委、办、局，建立固定的和非固定的工作联系，中央政府对这个机构，既有指导、指令、协调之责权，又能通过这个机构，评价和考核长江经济带各省（市）对经济带协同创新的实际态度和贡献。

两级“协同创新协调机构”的主要工作内容（包括但不限于）如下：

1）编制“长江经济带中长期协同创新规划”和年度计划。

2）组织或协同组织长江经济带跨省（市）、跨行业、跨所有制结构、跨技术门类、跨产学研机构和平台的重大协同创新项目。

3）掌管由国家和长江经济带各省（市）财政出资设立的“长江经济带协同创新基金”，并运用其遴选和资助协同创新项目。

4）组织对长江经济带协同创新优秀项目和优秀成果的评审奖励。

5）研究和制定推动长江经济带跨省（市），跨行业协同创新的政策和办法。

6）接受委托研究可在长江经济带共同实施，能促进和保障协同创新及其产出成果的法律法规。

7）鼓励、协调和规范长江经济带各类创新和创新转移的专业服务机构，助推协同创新的行为。

8）协调各类社会主体对协同创新行为的支持和投入。

9）组织对各类优秀协同创新活动及成果的宣传、扩散，培育提倡和保护协同创新的文化氛围，协同保护协同创新成果的知识产权。

10）挖掘、集约并组织利用有利于促进长江经济带协同创新的信息资源，提高信息的利用效率。

在设想的长江经济带“协同创新协调机构”内，建立理事会制度和举办“协同创新高峰论坛”制度。该机构理事会，由国务院各部委代表和长江经济带各省（市）的分管领导代表、代表性创新企业代表、银行或重要创新基金代表、创新者代表参加。理事会应每年召开会议，交流长江经济带各省（市）年度内制度创新、科技创新、产业创新的进展，陈述各自的创新需求和创新资源，研究和部署长江经济带的协同创新计划，营造有利于协同创新的市场环境及有关协同创新的其他工作。

长江经济带“协同创新协调机构”内设立有各方代表常驻的秘书处，负责落实理事会决议，落实长江经济带“协同创新协调机构”的各项工作任务。

长江经济带“协同创新协调机构”可在全国、甚至世界范围内，在长江经济带潜在的创新与协同创新的重大产业方向和技术领域，聘请若干专家，成立“协同创新专家指导委员会”及需要成立的“指导专家分委员会”，以具体帮助和指导各协同创新联盟的创新工作。

长江经济带“协同创新协调机构”可在长江经济带各省（市）轮值，每年组织“长江经济带协同创新高峰论坛”，以活跃协同创新氛围，探寻协同创新领域，协调协同创新关系，宣传协同创新工作，搭建协同创新桥梁。

三、成立一类新型的协同创新联盟

除了设立两级或多级“协同创新协调机构”外，作为体制建设的组成部分，在长江经济带倡导设立跨省（市）的战略性新兴产业的产业联盟、有相同创新知识和技术目标的产学研合作联盟、各类创新和创新转移服务机构的协会或联盟。鼓励这些联盟和协会出台具体举措，组织、支持帮助和具体实施长江经济带跨省（市）的协同创新。

这类协同创新联盟要“新”在4个方面。这类联盟一般要有迫切需求和相应能力组织协同创新活动，由有能力和条件组织创新成果产业化转化的创新龙头企业担纲；这类联盟要有对该领域协同创新高度关注并愿意和有能力介入的基金或投资银行参与，作为参与联盟决策活动的重要成员；这类联盟最好要吸引在知识和技术上能弥补创新企业不足的高等院校和科研院所，以及在创新资源采集和创新成果市场扩散过程中作创新企业所不能为的工作的创新专业服务机构；这类联盟有制度化的股权设计、科学管理制度和能实际高效运行的机制，以保障联盟的生机和活力。

四、建立起有利于推进协同创新的考核评价体系

从整体上讲，协同创新是国家进入新时代之后，实施创新驱动战略所必须要有的推进改革和发展的重点举措，是创新之举。

要实现跨省（市）行政区域、跨行业与技术领域、跨不同所有制结构的协同创新并取得成功，一方面要依赖创新者和创新合作伙伴所掌握的新知识、新技术，与创新目标任务相关的尽可能完整的信息，创新的勇气及驾驭创新过程的能力。另一方面还要依赖创新者所在机构或企业的经营者的眼光、理念、魄力和能力，甚至还要依赖各省（市）的相关政府部门的管理者实际的理解、支持和帮助。

在当前各行各业反对不正之风，高压反腐的背景下，一些负有领导责任的官员，可能会东顾西盼，不思进取，停滞不前。一些创新者也可能畏首畏尾、

过分计较创新成败对自己的利弊得失。

因此，国家和长江经济带政府，应该努力探索建立一种鼓励跨行政隶属关系、跨部门和省（市），但有益于新兴技术和新兴产业发展的协同创新行为的考核评价机制。应该努力探索建立一种创新者争取主动创新、甘冒风险创新、以为国家和机构创新为荣，创新所得既能贡献国家，也能回馈自己的社会评价及创新收益分配制度。

这种有利于推进协同创新的考核评价体系的核心内容应该体现在 3 个方面。

一是对于各级官员，在对他们的工作绩效考核中，要明确考核是否，以及是以何种行为推进了自己分管领域的创新与协同创新？不同部门和不同岗位的工作绩效设定可有所区别，考核应尽可能量化，推动创新与协同创新应根据部门和岗位不同提供一些配套条件，还要设定容错空间。

二是对于各类企业和机构的经营管理者，尤其是对其中国有企业和国有机构的管理者，不要以国有资产保值增资为理由阻止他们推进协同创新。不要简单把创新是否有即时的经济绩效作为主要考核目标。相反，应把是否推进了创新与协同创新？如何具体推进的创新与协同创新？所推进的创新与协同创新的难度和意义等纳入年度和任期考核目标。

三是对于创新者和协同创新团队，除了按国家有关政策法令可享受创新与协同创新所得利益的现时和股权的分配权益、可获得财政补贴、投入和税收减免外，建议由国家和长江经济带各省（市）政府，联合设立对协同创新的先进人物和优秀项目的政府奖励。给予获奖者国家荣誉和相应的权益。

五、加强长江经济带协同创新服务与保障体系建设

（一）大力推动长江经济带协同创新的服务体系建设

一是将从事创新和协同创新服务的如科技咨询、项目中介、法律服务、专利代理、非创新核心业务服务外包等类型的专业服务机构定位为战略性新兴服务业加以扶持，给予优惠支持政策帮助，成立行业协会，引导它们提升专业服务水平，有条件的地方，可设立园区让它们集聚发展，以便于形成链条式服务和集聚效应。

二是充分发挥各级科协组织管理科技类行业协会，密切联系广大科技创新工作者的优势，动员、组织、协调，以及第三方评估各种跨行业技术领域和行政区域的协同创新活动。组织专家、机构，为协同创新排忧解难。

三是协调、组织好各级各类研发中心、工程中心、重点试验室、博士后工作站、协同创新中心等协同创新载体平台的服务工作，建立能为所有创新平台服务的公共信息平台，帮助它们实现重大设备设施的共享，协助它们进行各种募资和融资活动，助推它们的成果宣传扩散。尤其要注意借助优势企业、高等院校和科研院所，为中小企业的创新和协同创新，进行订单式的创新外包服务。

有条件的地方政府，可设立“协同创新促进中心”或“生产力发展促进中心”这样的机构，设立公共财政支持的协同创新科技服务专项基金，利用“创新券”或“基金券”的形式，通过简单透明的申领程序，支持和整合上述各类平台、机构和个人的第三方科技服务资源，为实质推进协同创新服务。

（二）加强长江经济带知识产权保障

实施长江经济带知识产权战略，其根本目的是要保护和鼓励原始自主创新，维护协同创新的基本秩序和参与协同创新各方的基本权益。实施长江经济带知识产权战略，要从两个方面入手。

一是要建立健全更加有效的长江经济带知识产权保护体系。按照激励与保护并重的原则，加强长江经济带知识产权的政策和法制环境建设，完善鼓励知识产权获取，实现知识产权有效保护的激励机制，提高知识产权创造、保护、管理和运用的水平，加大保护知识产权的执法力度，建立知识产权运用和保护的诚信档案制度，着力营造良好的知识产权法制环境，及时科学合理地解决科技成果及知识产权的法律纠纷。

二是要让知识产权创造者和拥有者，能真正享受到知识产权，尤其是发明专利能带给他们的权益。除了让知识产权拥有者能在该知识产权转让或生产化经营中以股权或其他形式的收益获取回报外（这方面从中央到长江经济带各省（市）均已有举措不一的各种规定，只待落实），更应该进一步拓展。例如，可在长江经济带全面推行知识产权债权融资制度，应出台具体的知识产权价值评估，创新引导基金为其进行担保或贴息的指导意见及办法。

第二节 长江经济带协同创新的机制设计

本节将着重研究能推进长江经济带协同创新能蓬勃和持续开展的几类机制的设计。

一、协同创新的形成机制

协同创新，是多个创新主体，为了一个共同的科技目标或产品目标的实现，而共同进行的开放式创新的全过程。协同创新的多个主体，一般是具有独立民事责任权的多个法人主体，这些法人主体，可以是多个企业，更多的还可能分别是企业、高等院校、科研院所、创新成果转移机构，有时还可能有政府机构参与。参与协同创新的各法人机构在空间上也常常是分散分布的，在本课题的研究中，这种空间上的分散分布，多是跨省域的。

要讨论协同创新的形成机制，必须先讨论协同创新的形成机理，即是什么原因把这些创新主体聚集到一起？形成的过程有无客观规律存在？谁在其中起主导作用？什么是协同创新群体的联系纽带？各法人主体在协同创新中的责、权、利如何界定？

要讨论协同创新的形成机理，需要有两个理论上的认定。

一个认定是，协同创新既然是创新，它就一定是以人的知识和创意为基础的创造性劳动，是一个知识复合、知识增长、知识扩散的过程。在协同创新过程中的知识可以分为两类，一类是可编码的知识，另一类是不可编码的知识。可编码的知识是可系统描述成因条件和知识的具体内涵、作用功能的知识，可编码的知识又可分为开放性知识和非开放知识，开放性知识如多在高等院校和科研院所产出的基础理论和应用性的基础原理，它们以科研论文或项目报告的形式示人，具有知识产权，可为任何人引用或采纳。而可编码知识中非开放知识常常是新产品、新装备、新材料，大多是可以用专利来表达的技术。不可编码的知识也称意会知识，是创新者个人或群体的经验或诀窍，它能解决很多创新成果形成和转化过程中的问题，创造经济效益，但又不一定能形成或短时间内不能形成可编码的知识，很难对其进行价值评估。

另一个理论问题涉及“博弈论”中的“囚徒困境”理论及“帕累托最优”的理论。协同创新是多个创新的法人主体的合作，合作从社会学和管理学的角度审视，也可看成是一种博弈。按照“博弈论”的理论，一般我们总是假定，参加协同创新的各主体，从争取自身利益最大化的角度出发，可能总是希望自己以较少的投入能换来别人较大的投入，从而有意无意地减弱了协同创新的合作力度和工作效率，陷入个体理性与群体理性相矛盾的“囚徒困境”。由于政府往往代表了社会的利益和国家的意志，它没有自己单独的利益，相反，还能较公平地协调各方利益，因此，政府在化解“囚徒困境”时的地位和作用值得我们高度重视。协同创新中的“帕累托最优”，则是协同创新各主体，在协同创新的初始协议和初始目标基础上，其中一方或多方，改进自己的投入，能使其他各方利益不受损失，同时，协同创新中的至少一方，利益有增加，这种改进一直进行到在大家利益均不受损失的情况下，不再有任何一方的利益有所增加，我们称这种场景为“帕累托最优”。从某种意义上说，协同创新各方应力争使协同创新的结果，达到“帕累托最优”。

要讲清楚协同创新的形成机理，还有一个概念，实际上是还有一种参与协同创新的社会组织及其功能需要我们辨识清楚，那就是创新和创新转移服务机构。创新和创新转移服务机构一般以中介咨询企业或平台（如工程中心、重点实验室、双创园区、孵化园等，也常为企业）的形式出现，为协同创新和协同创新成果转移服务，它们通常提供的服务类型有 3 种。提供符合协同创新伙伴的信息并协助达成协同创新的协议，在协同创新过程中提供咨询服务并帮助化解矛盾和风险；提供协助的技术、工艺、仪器、设备及中试等硬件服务和过程信息、税收金融、政府扶持等软件和中介服务；提供成果转移，新技术、新产品市场开拓的中介和咨询服务。创新和创新转移服务机构是协同创新得以形成、运行、产出和最终形成现实生产力的不可或缺的专业服务机构。

基于上面的讨论，协同创新的形成机制应该有以下的基本考虑和设计。

企业，尤其是处于新技术、新产品前沿的龙头企业是形成协同创新活动的核心和主体，应主要由这类核心企业来谋划和组建协同创新同盟。这些企业，除自己的研发外，应有协同创新的意识，在企业内部有相应的治理结构，以推进以市场为导向的协同创新工作。

为了便于在长江经济带范畴内集约创新的目标信息、分解协同创新目标的知识和技术构成，寻找和培育协同创新的伙伴团队或机构，应该鼓励和帮助长江经济带内，有相似产品和技术、有集约优势和互补优势的战略性新兴产业的创新型龙头企业组建企业联盟，各企业联盟将协同创新的谋划和组织作为自己的重要工作。

在长江经济带内，围绕特定产业、特定技术、特定系统创新目标，组建企业、高等院校、科研院所、创新和创新转移服务机构参加的行业协会、技术联盟和其他合作组织，以论坛、简报、刊物等形式活跃协同创新的信息集成、行为集成，便于发起和组织协同创新活动。中央政府和长江经济带各级政府大力支持这些行业协会和技术联盟的建设及它们对协同创新的组织活动。

鼓励长江经济带内对于创新创业的各种教育培训和培育活动，鼓励有条件的创新创业培训机构和个人，在长江经济带进行跨省（市）的创新创业教育培训和培育活动。

鼓励跨长江经济带，发展创新和创新转移服务机构，鼓励长江经济带有条件的创新和创新转移服务机构，在长江经济带范畴内设立分支机构，实现跨行政区域的合作。鼓励通过这些机构的合作，组建内外有别，有专门产业及技术指向性的大数据和云计算平台，多方为组织和协调长江经济带的协同创新活动提供“第三方”服务。

中央政府和长江经济带各省（市）政府，根据国家和各省（市）战略性新兴产业发展目标和关键产品、关键技术的攻关需求，结合各省（市）特有的及长江经济带整体的创新资源、创新能力与创新潜力，制定区分产业、产品和技术的“长江经济带中长期协同创新规划”（以下简称“协同创新规划”）。“协同创新规划”要大体明确需协同创新攻关的关键目标、实现目标需突破的关键知识与技术等。配合“协同创新规划”，国家可持续设置一些跨长江经济带的重大协同创新攻关项目，以图对长江经济带协同创新活动的示范和引领。

二、长江经济带协同创新的传导扩散机制

根据第五章，我们对长江经济带各省（市）经济社会发展现状、经济社会结构水平、创新基本能力、创新产出和创新成果转化与绩效等5类共28个指标进行的评价和预测。评价和预测无论是分板块进行还是整体进行，从创新能力、创新产出到创新绩效，长江东部地区3个省（市）都处在最好水平，长江中部地区4个省（市）又平均优于长江西部地区4个省（市）。而单就各省（市）而论，长江中部地区极核武汉所在的湖北，长江西部地区成渝经济区两极所在的重庆和四川，又处在创新能力和水平相对较高的层次，河南、安徽、江西、云南、贵州则相对弱一点，各省（市）的经济社会发展水平，也大体是这种分布。

通过对长江经济带5个典型省（市）、4类人群的120位被调查者的调查问卷的统计分析，我们发现，被调查者中的绝大多数对长江经济带各省（市）在创新能力、创新产出、创新成果转化为现实生产力等方面水平和差距的主观判识，与我们利用指标群和灰色系统模型推演出来的结果高度一致。

长江经济带推进协同创新的传导扩散机制大体可以分为以下三个层次。

第一个层次是长江经济带创新能力与水平相对发达省（市）向相对落后省（市）的传递扩散。可经由两类省（市）及创新主体沟通协商，在协同创新成果可互补受益（成果享用和效益分配）及产业相近、技术相通、产品存在上下游关系的主体间建立既有帮扶又有协约的市场化协同创新关系，建立协同创新联盟，实现创新的传导和扩散。

第二个层次是在长江经济带发达省（市）与相对落后省（市）存在技术落

差的关联行业和产业间，通过协同，实现发达省（市）先进技术和模式向相对落后省（市）的传导和扩散。

第三个层次是在创新人才培养、创新基础能力建设方面，在长江经济带相对发达省（市）面向相对落后省（市）定向扩招，后者急需人才，前者又具备相对优势的特色专业学生，前者帮助后者进行师资培训和创新平台建设，进行创新技术、创新管理和法规政策的沟通交流，在创新基础能力方面实现传导扩散。

鉴于长江经济带与“一带一路”西向通道各省（市）在产业结构、经济社会发展水平、创新资源、R&D 活动及其绩效等方面存在着系统性差距，长江经济带与“一带一路”之间的协同创新，至少在起步阶段应该更多考虑长江经济带向“一带一路”如何传导和扩散。

三、长江经济带协同创新的利益分配机制

协同创新作为一种创新行为，协同创新的过程也就一定是一个知识不断增值的过程。协同创新很可能是一个多技术、多专业，沿基础理论、基本应用技术、实际生产技术、工艺、材料，创新产品的市场认知和价值增值的长周期和全过程。在这个过程中，会出现很多可编码的知识，可编码的知识可以进行量化评估，因而它们的投入产出即增值，也才可能被量化评估。但是，在这个过程中不可编码的知识所创新增值的知识一般不太可能被量化。由于协同创新行为要经历一个漫长的过程，这个过程中知识在何处增值？增值多少往往是不可预测的。

而且，协同创新行为的所有过程增值只有在创新成果最后的市场价值实现时才能被具体评估，由于创新成果的首创性，即使已经市场实现，成果的全部增值潜力也可能要经过较长时间才能显现出来。

协同创新的组合方式也是多元化的，有的协同创新的组合方式可能是一次性的或单一性的，即参与协同创新的各创新主体为了一个单一的创新目标一次性地进行创新协同。也有的协同创新的组合方式可能是持续性的，即参与协同创新的各创新主体为了复合的创新目标长期持续性地进行创新协同。

基于上面的讨论，协同创新的利益分配机制应该有以下的基本考虑和设计。

协同创新的利益大小应该主要由市场来决定，由协同创新的知识、技术和产品最后形成或组合的创新主体，或发起本次协同创新的创新主体牵头，根据各创新主体的投入和对创新成果增值的贡献，各个创新主体协议进行创新产出及增值的分配。

由于创新投入、创新产出和创新知识增值存在的不可预见性，各创新主体应有在协同创新过程中，不断动态评价各创新主体投入、产出及对创新成果增值的贡献，完善和调整协同创新所增价值的分配方案。

除了一次性的单一的协同创新外，对持续性的协同创新，对产出专利等可编码知识或技术成果的协同创新，更适合参与协同创新的各方，以股权的形式约定大家对创新成果的增值和潜在增值的利益分配。

协同创新的利益分配，除了考虑直接经济收益的分配，还必须考虑专利、品牌、政府扶持奖励等社会荣誉及间接或长期经济收益的分配。协同创新的利益分配，还应考虑协同创新参与者在经验、管理、配套技术与工艺等不可编码的知识方面的贡献。

四、长江经济带协同创新的激励机制

对协同创新活动的成败得失，发挥核心作用的，是由自然人构成的创新团队，还要特别看到其中一定存在的创新领军人才和发挥关键作用的核心人才。

协同创新活动是在多个创新主体之间协同推进，由于不是同一个法人主体，各创新主体的活动可能会缺乏制度约束，组织权威和事业归属的影响。因此，如何充分调动每个创新者个人，尤其是创新领军人才和核心人才的积极性和主动性？需要有新的机制设计。

协同创新活动首先是一种创新活动，具有创新活动的劳动的不易观察、成果的不易度量、产出的不易评价的复杂智力劳动的特征。其次，它还是多个主体、分散空间的协同活动，这就更增加了对创新劳动及其效果进行评价的难度。

对于长江经济带而言，协同创新的知识与技术增值，或称绩效评价，除了要看它对于参与协同创新的各主体所拟定的协同创新目标的贡献，还要看它对实现国家和长江经济带战略产业及重大创新规划目标的贡献。

协同创新活动还需要其他社会资源的投入，其中最重要的有两种资源，一个是各参与协同创新的创新团队所在的企业、高等院校、科研院所等法人机构及创新平台的支撑性资源。另一个是社会金融资本，包括各种对创新投入的天使投资、风险投资、股权投资和金融机构的各种投融资。这些社会资源投入的数量、结构、形式、内容、时间、质量，都在很大程度上对协同创新活动发挥着非常重要的激励作用，但这些社会资源本身，也需要受到激励。

基于上面的讨论，协同创新的激励机制应该有以下的基本考虑和设计。

国家和长江经济带各省（市）政府，共同组建专门用于支持长江经济带协同创新的研发创投基金，按照前述“长江经济带中长期协同创新规划”所制定的目标，以竞争性招标和重点委托等方式，逐年资助一批长江经济带协同创新的重大项目及重点项目。长江经济带各省（市）可仿照上述模式，设立相应研发基金，鼓励资助本省（市）创新主体领衔协同创新项目，鼓励资助服务于本省（市）重大产业创新及技术创新目标的协同创新。

在长江经济带积极推广研发准备金制度。长江经济带各省（市），尤其是其中的中西部省（市），各行业企业，尤其是其中的中小企业，R&D 投入不高，产出效果不太好。产生这种现象两个原因比较普遍：一是缺乏创新开发的思维习惯和认为 R&D 可能加大即期成本的财务考量；二是缺乏创新人才和创新基础设施（平台与研发机构）。

研发准备金制度和创新券制度可以帮助解决这个问题。鼓励规模以上企业及新兴产业的创新型企业，每年从销售收入中提取 3% ～ 5% 作为研发准备金不进入税基，来年按实际支出额在税前进行加计扣除。对缺乏创新人才和研发机构的企业，可定向将研发准备金（创新券）委托公共创新服务平台或联盟进行委托研发，其成果用于本企业产品和技术升级。经济贸易和信息化委员会、科学技术委员会和科学技术协会等，对这个过程进行监督和指导，并持续帮助公共创新平台和创新联盟建设。各级政府可以以公共财政出资设立创新券，以支持和资助企业，尤其是科技型中小企业和高新技术企业的协同创新活动。

长江经济带各省（市）政府联合设立对长江经济带协同创新成果的专项政府奖励制度，对给国家重大关切的科技目标、战略性新兴产业关键技术突破、开放性知识和基础理论、公共应用技术等领域取得重要进展的长江经济带协同创新成果，给予政府奖励，奖励定期评定（如每年或每两年一评），国家认可奖励的政府属性。

设立对长江经济带协同创新有突出贡献的创新主体、协同创新联盟、协同创新的团队及个人、专业服务机构进行政府奖励的政策，在全社会营造协同创新光荣的时代文化，鼓励创新联盟、创新团队和个人充分发挥主观能动性，在创新协同中尽可能多地贡献自己的经验、诀窍等不可编码的知识。政府奖励可以是中央政府、也可以是长江经济带各省（市）政府联合授予。奖励主要针对已转化成现实生产力的协同创新成果、对协同创新起到良好示范和带动作用的协同创新联盟或牵头主体及个人。奖励可以分为若干种类，应专门制定“协同创新奖励管理办法”。

各协同创新活动群体应建立动态评价机制，客观公正地评价各创新团队和个人在协同创新活动中的业绩和贡献，并将其与创新成果的分配挂钩。各法人主体将团队和个人参与协同创新活动视同在本单位参与创新活动，除了正常的收入和绩效外，如果该协同创新团队获得协同创新成果股权及其他知识产权的，依据团队和个人的贡献大小，让其获得相应的份额。

各级政府对协同创新活动，依据其投入的大小、协同创新的目标意义、创新难度和时间周期，给予适当的财政补贴和税收减免。

长江经济带各级政府应当对与协同创新有关的社会资源投入，给予必要的鼓励和奖励。各级政府对各种创新支持基金在长江经济带之间的协同和流动给予支持。

在国家"营改增"的税制改革背景下，建立知识创新价值的科学评估制度，在协同创新成果的增值计税时，扣除各协同创新主体的R&D投入，将因为减免而减少的相应税收视为奖励，计付给各协同创新主体所在的省（市）。

五、长江经济带协同创新的风险防范机制

创新活动存在风险，协同创新活动则可能存在更多更大的风险。协同创新的风险可能来自5个方面。

1）创新失败的风险。既然是创新活动，就一定存在失败的概率，要充分估计创新不太可能一次成功，复杂创新需要系统集成，每个子系统创新成功与否对集成系统的成功的影响可能都很明显，必须要有创新失败的思想准备和财务准备。

2）创新伙伴失信的风险。协同创新一般是不存在隶属关系的各创新主体之间的协同合作关系，通过前述"囚徒理论"的描述，不难发现，某个甚至多个参与协同创新的主体在协同创新过程中发生行为失信的风险是客观存在的，一旦某个协同创新主体行为失信，很容易导致整个协同创新行动出现系统风险。

3）市场风险。根据对市场需求和市场供给的数量、价格的判断而进行的协同创新活动，可能因为市场对协同创新所需资源和产出成果的数量、质量和价格的变化，而对协同创新过程的可持续性产生影响，导致风险发生。

4）财务风险。一般情况下，协同创新活动需要大量资金，协同创新从纯粹知识、技术到产品的创新过程，必须要伴随大量资本金和流动资金投入，预期资金的不能及时和足额到位，可能诱发协同创新失败的风险。

5）政策风险。协同创新行为所针对的市场需求，所需各种投入的市场供给，协同创新依赖的创新环境，都可能被各种政策的调整左右，政策的变动，尤其是与协同创新活动密切相关的关键政策的变动，容易给协同创新行为造成风险。

基于上面的讨论，协同创新的风险防范机制应该有以下的基本考虑和设计：

建立和完善所有企业和个人的诚信档案和动态维护的征信系统。在征信系统建设中，注重征集和收纳企业和个人参与科技创新活动的声誉和信用，征信系统可有条件地向全社会开放。协同创新启动，各方寻觅协同创新伙伴时，应将合作方的诚信记录作为寻觅条件之一。

协同创新活动开始前，参与协同创新的各个主体，尤其是协同创新活动的牵头主体，应当共同对协同创新活动中可能出现的各种风险进行评估。作为协同创新协议的有机组成部分，参与协同创新的各创新主体，应当对协同创新可能出现的各种风险，做出有针对性的防范和应对方案。

协同创新各方的创新合作协议，应包含有各种可能的风险发生后，风险造成的损失如何分摊的内容。

长江经济带各级政府和创新及创新转移服务机构，应加强引导、规范创新和协同创新的法制建设，在法制建设中协同各级政府行为，尽可能减少针对创新和协同创新政策的波动，对各种协同创新行动中的风险进行防范与管理。平时千方百计防范风险，风险发生后协调各方行为，尽可能减少风险可能造成的损失。

协同创新群体和参与协同创新活动的各创新主体，可以用购买商业保险的办法，尽可能减少风险发生导致经济损失的不确定性。

政府和各个有关协同创新活动的社会主体，包括各个金融机构，应尽量减少政策波动，以保证协同创新活动有一个安定祥和的创新环境。

第七章

长江经济带创新及协同创新向“一带一路”西部通道区域的扩散

区域经济学和发展经济学的理论表明，随着一国经济发展水平不断提高，资本、人才、信息、科技、产业、管理经验等会不断地从处于“中心”地位的发展极辐射扩散到“外围”地区，从而带动落后地区发展。这种扩散效应的大小和强弱取决于发展极的“能量”积累状况，包括发展极的产业规模，代表性企业的能力、水平和市场偏好，取决于承接地的需求与接受能力，取决于发展极和承接地的创新能力、产业结构和人力资源方面的落差，以及两地的区域政策、市场环境、发展规划及不同的自然、人文环境等多种因素。本章将主要讨论长江经济带的创新和协同创新向“一带一路”西部通道区域，实际也就是西北地区的辐射、扩散和协同问题。

总体而言，长江经济带和“一带一路”西部通道区域分别处于经济发展的不同阶段，要素禀赋结构和产业结构差异较大，经济发展互补性较强，无论是从推进区域协调发展的国家战略需求来看，还是“一带一路”西部通道区域和长江经济带自身寻求快速发展的现实需求来看，长江经济带向“一带一路”西部通道区域的扩散发展，特别是以长江经济带的创新和协同创新为引导的高端生产力要素及新兴产业组合向“一带一路”西部通道区域的扩散，具有重大的战略意义和巨大的潜在空间。

第一节 长江经济带与“一带一路”西部通道区域的战略关系

一、发展战略实施层面：联动发展关系

长江经济带和“一带一路”陆上通道在全国的布局呈现出一轴一带构成的“L”形战略格局：长江经济带上游地区的：云南、贵州、四川、重庆，本身就构成了多条长江经济带沿西南方向经东南亚连接南亚、西亚、非洲的“一带一路”西南向通道；本书要讨论的则是从长江经济带的成都、重庆两地出发途经西北5个省区的欧亚大通道，也是最初意义上狭义的古丝绸之路。当前，“一带一路”倡议和“长江经济带战略”共同组成我国新时期深化对外开放合作、促进区域协调发展的重大战略决策。其中，长江经济带建设通过练好“内功”、提升能级、实现转型发展突破，更有力地支撑“一带一路”沿线建设和沿“一带一路”更好地实施新时代的对外开放；而“一带一路”建设可为长江经济带深化开放、优化资源配置、拓展国际市场创造有利条件。长江经济带和“一带一路”西部通道区域互为依托、相互促进，在发展战略实施层面具有统筹推进、联动发展的关系。

二、发展格局层面：“高地”与“洼地”关系

从整体的经济发展水平来看，长江经济带与“一带一路”西部通道区域具有明显的发展势能差。其中，长江经济带处于国家经济发展的重要地位，而“一带一路”西部通道区域尤其是丝绸之路经济带虽然是国家经济向西开放的桥梁和连接带，是长江经济带向西拓展的大纵深，但除陕西外，多数省区发展仍然相对落后。长江经济带和“一带一路”西部通道区域在短时期内存在发展的层级差，同时也急需建立两大地域空间之间的互联互通和协同合作关系，为这两大区域间创新的传递和协同提供了必要性、可能

性和紧迫性。

三、发展功能层面：生产基地、产业升级与商贸流通

长江经济带是我国最重要的工业走廊之一，汇聚了全国装备、汽车、电子、石化、医药等现代工业的精华和一批持有关键和核心技术的特大型企业，同时也是全国重要的农产品生产基地和现代服务业集中发展的产业中心。丝绸之路经济带作为我国新时代深化对外开放合作，联结中亚、中东、西欧的重要战略通道，和长江经济带的物流联系日趋快捷。但同时，丝绸之路西部通道各省区产业规模小，资源型产业比重大，先进制造业和现代服务业不发达，需要承接长江经济带的产业转移和新技术、新工艺、新模式的培育。两个区域之间也客观存在着资源和产品的互补需求与供给，有着拓展市场的较大的潜力和空间。

第二节　长江经济带向“一带一路”西部通道区域创新扩散的深层次意义

一、有助于深化东中西部均衡和协调发展

长江经济带发展对“一带一路”西部通道区域的创新扩散，将更深地促进我国东部、中部和西部区域的协调发展。本来，“长江经济带战略”的实施，就有一个依托长江黄金水道，均衡和协调东中西部发展的战略意图。但是，长江经济带中的4个西部省（市）（云南、贵州、四川、重庆）都地处西南，得长江经济带和地理气候之利，在西部大开发的近20年间，与丝绸之路经济带西北通道的各省区在经济社会发展的各方面都拉开了一些差距，而长江经济带东中部各省（市）与它们的差距就拉得更开。长江经济带发展对“一带一路”西部通道区域的创新扩散，将更广泛、更深刻地拉动西部地区，尤其是西北地区的发展，对实现国家“三步走”战略，无疑是一个具有实际意义的战略设计。

二、有助于深化“一带一路”倡议

“一带一路”倡议，是我国在当前国际形势纷繁复杂，世界主要国家、重点地区、国家联盟对我们对外开放态度出现巨大分化条件下，审时度势，认真研判，提出的一个重点向西的开放倡议。我们试图通过这个倡议的实施，在产能、资源、金融、投资、市场和基础设施建设等各个方面，与“一带一路”通道沿线的国家，开展多领域、多形式、互利互惠的开放合作。这个倡议对内，是对全国所有省（市）而言的，所以，将长江经济带与“一带一路”的西部通道通过辐射、扩散和协同联系起来，将会在全国形成一个具有走廊和通道意义的联结带，对动员全国各地区的企业和机构积极参与“一带一路”倡议，能起到现实的推动作用。这个倡议对外，主要是向西，“一带一路”国内西北通道，战略地位就尤其重要，通过“一带一路”倡议充实和发展这个区域，让昔日的相对落后之地搭上“一带一路”倡议带来的“快车”。在这个过程中，西北 5 个省区既面临向西开放的重大历史机遇，又有来自长江经济带和其他区域的扶持帮助，欧亚大陆桥和国内日益完善的高速公路和高铁网络会在其中发挥重要的作用。

三、有助于推进国家生态保护和民族和谐

“共抓大保护、不搞大开发”，是国家立足“创新、协调、绿色、开放、共享”的发展理念，越来越强势推进的一项基本国策。“一带一路”西部通道区域常年少雨缺水，地广人稀，荒漠占比大，生态基础脆弱。在这样一个地区，尤其要杜绝破坏环境生态的“大开发”。不搞大开发不等于不开发，在生产力水平相对较低的西北地区，搞什么样的开发呢？应该搞低消耗、低排放、高品位、高质量的产业发展和产品开发。这种发展和开发必须借助创新，长江经济带借助自己相对发达的人力资源、创新能力及产业基础，可以帮助西北地区实现“两低两高”的发展梦想，从而实现生态保护与高质量发展并举。

“一带一路”西部通道区域是少数民族聚居区，该区域相对落后的生态环境质量和生产力水平也影响到了众多少数民族同胞，使得他们生活中的获得感和幸福感偏差。长江经济带的创新和协同创新的向西北地区的辐射扩散，形同对口支援，可以较快地提升西北地区包括少数民族同胞在内的全体人民提升收入水平和生活及环境质量。

第三节 长江经济带向“一带一路”西部通道区域扩散发展的可行性分析

一、基于经济扩散发展的一般规律分析

经济发展理论表明，发达地区与欠发达地区处于经济发展的不同阶段，它们在地理空间上表现为“地理上的二元经济结构”。随着经济发展水平的不断提高，某些区域的空间集聚形成累积发展之势时，就会形成区域经济体系中的“中心”，但随着市场扩大、交通条件改善和城市化加快，“中心”与“外围”的界限将逐步消失，最终推动区域经济逐渐向一体化方向发展。另外，由于技术创新的非竞争性和部分非排他性特征，技术创新在经济发展中会不断扩散，进而产生溢出效应，具体表现为技术领先者的创新技术示范效应、人力资本流动增值效应和投入产出的效率扩散效应等3个方面。其中，不同区域之间存在技术差距是技术得以扩散的基本前提；技术扩散的关键原因是发达地区技术溢出和落后地区技术需求双方共同作用导致。长江经济带人口和生产总值均超过全国的40%，已发展成为我国综合实力最强、战略支撑作用最大的区域之一，在长江经济带和“一带一路”西部通道区域中居于“中心”地位。随着长江经济带经济发展水平和能力的不断积累，最终将会不断向外拓展发展空间，在市场机制和国家政策双重作用下，逐渐成为“一带一路”西部通道区域重要的增长辐射源。

二、基于区域经济协调发展的国家战略需求分析

当前，长江经济带和“一带一路”西部通道区域的经济发展差距较大，不利于全国区域经济协调发展。协调发展是“十三五”规划提出的五大发展理念之一。“十三五”时期，在区域发展战略上，要积极构建新的增长带和增长极，着力推动“一带一路”建设、京津冀协同发展、长江经济带发展三大战略的实施，培育区域发展新格局。其中，“一带一路”是产能合作、开放拓展和资本融

合的重要载体，有助于形成“东西双向、海陆联动”的开放格局；长江经济带依托承东启西、辐射南北的优势，引领带动广大西部内陆地区发展。作为新发展理念的重要组成部分，协调发展是“十三五”期间中央推进全国区域经济发展的核心理念之一。显然，从国家推进区域经济协调发展视角来看，加快长江经济带建设的同时，应该充分发挥它在科技、产业、体制、基建等方面的扩散带动效应，带动“一带一路”西部通道区域经济社会发展。

三、基于区域经济发展差距的扩散条件分析

（一）两大区域经济发展水平梯次明显

长江经济带与“一带一路”西部通道区域存在较大的经济发展水平差距，长江经济带的经济规模、经济结构和集聚程度都高于“一带一路”西部通道区域（表 7-1）。其中，“一带一路”西部通道和长江经济带 2015 年的人均 GDP 分别为 3.94 万元和 5.19 万元，前者仅为后者的 75.92%；三次产业产值比分别为 11.5 ∶ 45 ∶ 43.5 和 8.3 ∶ 44.3 ∶ 47.3，前者总体上处于工业化中期阶段（部分省份尚处于工业化初期阶段），而后者总体上已进入工业化中后期阶段［部分省（市）如上海已进入工业化后期阶段］；城市化率分别为 0.49 和 0.55，前者仅为后者的 89.09%；单位面积 GDP 分别为 127 万元 / 千米 ^{2} 和 148.3 万元 / 千米 ^{2}，前者仅为后者的 85.64%；外贸进出口占 GDP 比重分比为 3.51% 和 34.93%，前者仅为后者的 10.05%。

表 7-1　2015 年长江经济带与“一带一路”西部通道区域经济发展水平对比

类别	指标	“一带一路”西部通道区域	长江经济带	比值
经济规模	人均 GDP/ 万元	3.94	5.19	0.759 2
经济结构	三次产业产值比	11.5 ∶ 45 ∶ 43.5	8.3 ∶ 44.3 ∶ 47.3	—
	外贸进出口占 GDP 比重 /%	3.51	34.93	0.100 5
集聚水平	单位面积 GDP /（万元 / 千米 ^{2}）	127	148.3	0.856 4
	城市化率	0.49	0.55	0.890 9

资料来源：表中所有数据为课题组根据《中国统计年鉴 2016》及相关省份统计年鉴中的数据整理得出，后同

（二）两大区域要素禀赋结构差异较大

长江经济带与“一带一路”西部通道区域的要素禀赋结构差异大，其中“一带一路”西部通道区域在能源、矿产、土地等方面的自然资源相对丰富，而长江经济带在资本、劳动力方面的相对优势突出，两大区域在经济发展中具有较强的互补充性，具有扩散发展的潜在基础（表 7-2）。在 2015 年，从劳动力和资本等要素来看，长江经济带比“一带一路”西部通道区域更具有禀赋优势，其中，“一路一带”和长江经济带两大区域的劳动力人口密度分别为 0.0032 万人 / 千米 ^{2} 和 0.0286 万人 / 千米 ^{2}，前者仅为后者的 11.19%；人均金融机构存款总额分别为 7.5630 万元和 9.7322 万元，前者仅为后者的 77.71%。从自然资源禀赋来看，“一带一路”则具有明显的比较优势，其中人均煤矿储量、人均石油储量、人均天然气储量和人均土地面积分别是长江经济带的 6.3427 倍、146.6611 倍、7.5356 倍和 8.8857 倍。

表 7-2　2015 年长江经济带与“一带一路”西部通道区域要素禀赋结构对比

类别	指标	“一带一路”西部通道区域	长江经济带	比值
劳动力	劳动力人口密度 /（万人 / 千米 ^{2}）	0.003 2	0.028 6	0.111 9
资本	人均金融机构存款总额 / 万元	7.563 0	9.732 2	0.777 1
土地（含能源矿产）	人均煤矿储量 / 万吨	367.370 0	57.920 0	6.342 7
	人均石油储量 / 万吨	13.287 5	0.090 6	146.661 1
	人均天然气储量 / 万吨	19 713.160 0	2 616.020 0	7.535 6
	人均土地面积 / 千米 ^{2}	0.031 1	0.003 5	8.885 7

（三）两大区域的产业结构差异较大

长江经济带与“一带一路”西部通道区域的产业结构差异较大，为跨区域产业转移与产业协作提供了机会（表 7-3）。如前所述，“一带一路”西部通道区域仍处于第二产业占支配地位的工业化中期阶段，而长江经济带则总体上已进入第三产业占支配地位的工业化中后期阶段。2015 年，从行业发展结构来看，“一带一路”西部通道区域主要集中在矿产资源开采及加工、农副产品生产加工和加工贸易阶段，支柱产业基本上属于劳动密集型产业，前 5 位支柱产业分别为煤炭开采和洗选业、石油和天然气开采业、石油加工及焦炼加工业、有色金属冶炼及压延业、电力热力的生产和供应业；而长江经济带中的部分省份已进入“微笑曲线”的两端，支柱产业基本上属于资本、技术密集型产业，前 5 位支柱产业分别为化学原料及化学制品业、交通运输设备制造业、电器及器材制造业、通信设备制造业、黑色金属冶炼及压延业。另外，2015 年“一带一路”西部通道区域和长江经济带的战略性新兴产业占规模以上工业企业总产值比重分别为 3% 和 8%，前者远低于后者；两大区域的轻工业与重（化）工业产值比分别为 24.63 和 51.27，这也意味着“一带一路”西部通道区域尚处于工业化中期阶段，而长江经济带则已进入工业化后期阶段。

表 7-3 2015 年长江经济带与“一带一路”西部通道区域产业结构对比

类别	指标	“一带一路”西部通道区域	长江经济带
行业结构支柱产业	轻工业与重（化）工业产值比	24.63	51.27
	战略性新兴产业占规模以上工业企业总产值比重 /%	3	8
	前 5 位支柱产业	煤炭开采和洗选业、石油和天然气开采业、石油加工及焦炼加工业、有色金属冶炼及压延业、电力热力的生产和供应业	化学原料及化学制品业、交通运输设备制造业、电器及器材制造业、通信设备制造业、黑色金属冶炼及压延业

（四）两大区域的科技创新水平差距较大

长江经济带与“一带一路”西部通道区域在科技创新基础能力和创新实绩方面存在明显差距，尤其是在科技创新水平和科技创新潜力方面的差距明显，这为两大区域间的科技创新扩散发展创造了潜在空间（表 7-4）。在 2015 年统计数据中，衡量科技创新水平的指标，“一路一带”西部通道区域和长江经济带两大区域的大中型工业企业新产品销售收入占 GDP 比重分别为 6.12% 和 26.24%，前者仅为后者的 23.32%。值得一提的是，虽然技术市场成交合同金额占 GDP 比重在两大区域间的差距出现了逆转，但这未必意味着长江经济带的科技创新成果的扩散比“一带一路”西部通道区域要差。其原因可能在于前者的 GDP 远大于后者，从而掩盖了前者的技术市场成交合同绝对金额高于后者的实际情况，也说明了“一带一路”西部通道区域实际存在外部创新驱动的现实。2015 年“一带一路”西部通道区域和长江经济带两大区域技术市场交易合同金额分别为 906.0731 亿元和 3001.8677 亿元，前者仅为后者的 30.18%。

表 7-4 2015 年长江经济带和“一带一路”西部通道区域科技创新指标统计描述

类别	指标	“一带一路”西部通道区域	长江经济带	比值
科技创新水平	大中型工业企业新产品销售收入占 GDP 比重 /%	6.119 2	26.237 3	0.233 2
	每万人发表科技论文数 / 篇	10.865 3	10.354 6	1.049 3
	每万人专利申请授权量 / 件	5.206 1	14.150 4	0.367 9
	每万人 R&D 项目（课题）数 / 项	7.719 4	10.575 2	0.729 9
科技创新潜力	单位面积 R&D 人员全时当量 /（人年 / 千米 ^{2}）	148 680.100 0	1 653 305.000 0	0.089 9
	R&D 经费内部支出占 GDP 比重 /%	1.431 5	2.048 0	0.699 0
科技创新影响力	技术市场成交合同金额占 GDP 比重 /%	2.295 8	0.950 8	2.414 6
	技术市场成交合同金额 / 亿元	906.073 1	3 001.867 7	0.301 8

（五）两大区域的基础设施发展水平差距较大

长江经济带与“一带一路”西部通道区域的基础设施建设水平差距也很大（表 7-5）。在 2015 年统计数据中，衡量交通基础设施水平的指标中，单位面积客运总量、单位面积货运总量在“一带一路”西部通道区域和长江经济带两大区域间的比值分别为 0.24 和 0.27；衡量信息基础设施的指标中，单位面积邮电业务总量、单位面积移动用户交换机容量在西部通道区域和长江经济带两大区域间的比值分别为 0.21 和 0.29。然而，从教育设施、科研设施和医疗设施来看，两大区域间差距并不明显，甚至“一带一路”西部通道区域在数量上还略占优势，其原因可能在于长江经济带人口总量远大于“一带一路”西部通道区域，地域面积则低于“一带一路”西部通道区域，从而掩盖了它们在这些领域的基础设施数量实际存在的较大差距。但是，两个区域的各种基础设施，包括高铁、高速公路、航空、通信、网络、市政，以及医疗、教育、文化等设施，近年来都在以很快的速度提升和完善，这就为两个区域的合作交流创造了前提条件。

表 7-5 2015 年“长江经济带”和“一带一路”西部通道区域基础设施发展水平比较

类别	指标	“一带一路”西部通道区域	长江经济带	比值
交通设施	单位面积客运总量/（万人/万千米^2）	103.63	434.89	0.24
	单位面积货运总量/（万吨/万千米^2）	211.41	785.55	0.27
	单位面积港口货物吞吐量/（万吨/万千米^2）	—	229.85	—
信息设施	单位面积邮电业务总量/（万元/万千米^2）	1.14	5.49	0.21
	单位面积移动用户交换机容量/（万户/万千米^2）	10.87	37.86	0.29
教育设施	每万人拥有普通高校数/所	0.0189	0.0187	1.01
科研设施	每万人拥有科研机构数/所	0.037	0.021	1.76
医疗设施	每万人拥有医疗床位数/张	55.48	52.98	1.05

第四节 长江经济带向“一带一路”西部通道区域创新扩散的重点领域

新时期长江经济带将大力推进保护长江生态环境、构建综合立体交通走廊、创新驱动产业转型升级、推进新型城镇化、构建全方位开放新格局、创新区域协同发展体制机制等六大任务，这将进一步强化该区域在全国经济社会发展中的中心地位和作用。“一带一路”沿线省份无论是要素禀赋结构、基础设施状况，还是经济社会发展水平的历史积淀都相对较差。在国家推进“一带一路”倡议和“长江经济带战略”背景下，“一带一路”西部通道区域建设和发展速度明显加快，使该地区充分发挥后发优势，借势借力高位跨越，借助长江经济带在协同合作的体制机制、科技创新水平与能力、产业发展水平和基础设施等领域的相对优势，探索长江经济带与“一带一路”西部通道区域的协同发展之路，应该是现实和可行的选择。

一、体制机制

健全的体制机制是助推创新及协同创新的重要保障，其中不乏一些可复制、可推广的体制机制，它们在推动不同地区协同创新中具有重要意义。就长江经济带和“一带一路”西部通道区域而言，两大区域在创新及协同创新等领域的发展经验差距较大，这奠定了创新及协同创新体制机制跨区域扩散推广的客观基础。其中，长江经济带在区域合作、资源有效开发利用、经济运行与管理等领域形成了一些比较优势明显的体制机制，它们对“一带一路”西部通道区域协同创新具有极强的借鉴意义。

（一）区域合作的体制机制

完善的区域合作体制机制在区域合作中具有助推器作用。长江经济带区域协作经验相对丰富，尤其是长三角城市群、长江中游城市群和成渝城市群内部区域合作历史久远，它们在基础设施互联互通、产业协同发展、城镇化一体发展和生态环境联防联控等领域都积累了一些卓有成效的体制机制创新经验。目前，长三角城市群协作发展已经历规划协调、要素合作和机制合作阶段，成渝城市群处于要素合作阶段，而中游城市群的区域合作尚处于起步阶段。其中，长三角城市群涵盖联席会议、论坛、专题合作的“三级运作、统分结合、务实高效”的区域合作机制，长江中游城市群形成了市际联席会议制度，成渝城市群形成了川渝毗邻地区合作互动工作座谈会等，这些可推广、可复制的区域合作体制机制，都可为“一带一路”西部通道区域协同发展提供经验借鉴。

（二）资源有效开发利用的体制机制

“一带一路”西部通道沿线部分省份矿产资源相对丰富，资源依赖型产业在地区经济中占据了绝对主导地位，但受制于地理区位、技术水平、人力资本和开放合作等方面的不利条件，它们的资源开发利用有效性不高，提升空间比较大。而长江经济带相关省份在多年发展建设中，积累了不少资源有效利用的体制机制，它们对“一带一路”倡议实施也具有一定的借鉴意义。例如，江苏以滩涂资源综合开发为重点，大力发展各具特色的临海产业，形成了节约、高效的开发模式；浙江舟山群岛新区全方位的对外开放体制和机制，扩大了口岸开放范围，为探索口岸监管模式、优化开放环境等奠定了基础；安徽皖江城市带通过建立产业转移示范先行区，突破行政区划界限建立了跨区域合作共建的开发园区。

（三）经济运行与管理的体制机制

长江经济带尤其是长三角地区经济发展水平相对较高，在经济运行与管理方面的一些体制机制创新也可为“一带一路”西部通道区域的经济发展提供经验借鉴。比如，上海自贸试验区基本形成了以负面清单管理为核心的投资管理制度、以贸易便利化为重点的贸易监管制度、以资本可兑换和金融服务业开放为目标的金融创新制度、以政府职能转变为导向的事中事后监管制度等，它们可为“一带一路”西部通道区域尤其是陕西自贸区的投资管理制度创新、贸易监管制度创新、金融制度创新、综合监管制度创新和扩大服务业对外开放等领域提供很好的借鉴作用。

二、科技创新

创新创业社会环境下的科技创新包括知识创新、技术创新和现代科技引领的管理创新，三者相辅相成，共同构成经济社会发展的不竭动力。科技创新具有公共物品性质，它们在经济社会发展中具有正的外部性。一旦科技创新成果的推广没有障碍限制，发达地区的科技创新成果就会在区域间流动扩散，从而科技水平相对较低的地区就会从中获得正的溢出。目前，长江经济带与“一带一路”西部通道区域在科技创新的众多领域都存在较大差异，这为两大区域间的科技创新成果扩散奠定了必要条件。因此，两大区域在科技创新势能差客观存在的前提下，以“一带一路”西部通道区域产业发展需求为导向，着力畅通科技创新成果的区际流动渠道，促进科技创新成果在区域间的扩散发展。

（一）科技创新成果

长江经济带不仅高等院校和科研院所较多，而且拥有一大批研发实力较强的大中型企业，科技创新成果比较丰富，产出了一批与经济社会发展需求高度一致的产品创新、工艺创新成果。例如，2015 年长江经济带 11 个省份有效发明专利达 249 957 件，占全国 43.56%，上海、江苏、浙江、安徽的有效发明专利数分别为 30 815、85 485、31 642 和 28 568 件，分别占全国的 5.37%、14.90%、5.51% 和 4.98%。其中，尤其是电子信息技术、智能制造技术、能源化工技术、生物技术、新材料技术等领域的科技创新成果，在“一带一路”西部通道区域战略性新兴产业发展中具有广阔的应用前景。

（二）科技创新能力

科技创新能力是指企业、高等院校、科研院所或自然人等在某一科学技术领域具备发明创新的综合能力，包括科研人员的专业知识水平、知识结构、研发经验、研发经历、科研设备、经济势力、创新精神等多个方面。长江经济带尤其是长三角地区科技创新能力较强，而“一带一路”西部通道区域相关省份无论是从衡量研发投入的高等院校、科研院所、大中型研发企业、研发经费和人员等指标来看，还是从衡量研发产出的专利、论文、项目、高新技术产品等来看，它们的科技创新能力都较低。因此，就“一带一路”西部通道区域相关省份科技创新能力积累而言，它们既可通过借鉴长江经济带科技创新能力积累的成功经验，也可以通过跨区域协作等方式来实现科技创新能力提升。

（三）科技创新政策

科技创新政策包括科技政策和创新政策，其中前者是为实现一定历史时期的科技任务而规定的基本行为准则，后者是科技政策与产业政策融合而成的政策体系。良好的科技创新政策不仅有利于开发利用科技创新资源，而且有利于科技创新成果的广泛运用。作为科技创新中的一种制度设置，科技创新政策在不同地区是可以被引进和模仿的。其中，尤其是长江经济带的科技创新资源（主要包括研发人员、研发经费、研发平台）汇聚政策，以及它们在不同部门、不同行业、不同地区间的优化配置政策等，对于“一带一路”西部通道区域相关省份都具有很好的借鉴意义。

三、产业发展

创新活动由前端的科技知识发现、中端的技术发明和后端的技术运用 3 个环环相扣的环节构成。其中，技术运用环节的主要载体就是不同类型的产业。长江经济带和“一带一路”西部通道区域不仅产业发展水平差距较大，而且部分产业互补明显。长江经济带可以凭借其产业发展的龙头地位，辐射带动“一带一路”西部通道区域的三次产业发展，促进区域协调发展。

（一）先进制造业

长江经济带是我国最重要、也是最早发展起来的工业走廊之一，全国装备、汽车、电子、石化等现代产业在此汇聚，该经济带在近代产业史上也集中布局了一大批国家急需的材料和基础原料产业的特大型企业，通过多年的创新改造，这些企业大多也进入了技术先进企业的行列。而“一带一路”西部通道区域相关省份当前工业发展水平相对较低，若干产业的重点企业其技术水平还处在长江经济带多年前的水平。所以无论是先进制造业的追赶发展和配套发展，还是传统产业的改造提升，长江经济带与“一带一路”西部通道区域相关省份都存在协同创新的合作空间。近期内，长江经济带先进地区及先进企业，可借助自己先行获得的创新基础设施、创新人才、优势技术和创新经验，在“一带一路”西部通道区域扩散传导，带动“一带一路”西部通道区域相关产业升级和发展。

（二）现代服务业

现代服务业是相对于传统服务业而言的，它们是适应现代城市和产业发展的需求而产生和发展起来的具有高技术含量和高文化含量的服务业。现代服务业可分为 4 类：基础服务（包括通信服务和信息服务）；生产和市场服务（包括金融、物流、批发、电子商务、农业支撑服务及中介和咨询等专业服务）；个人消费服务（包括教育、医疗保健、住宿、餐饮、文化娱乐、旅游、房地产、商品零售等）；公共服务（包括政府的公共管理服务、基础教育、公共卫生、医疗及公益性信息服务等）。根据产业结构演变的一般规律，服务业在国民经济中占支配地位属于经济发展的高级阶段。长江经济带尤其是其东部地区省（市）和中部、西部地区中心城市，与“一带一路”西部通道区域各省区相比，它们的各类现代服务业都具有比较优势，不仅在前期发展中积累了一些成功经验，而且具有较大的产业规模和较高市场效率。而“一带一路”西部通道区域相关省份因受工业化进程影响，现代服务业发展水平相对较低，还具有巨大的潜在发展空间。因此，两大区域间可充分运用现代服务业发展的势能差，促进现代服务业的创新扩散和发展。

（三）现代农业

长江经济带是我国历史上重要的粮食产区，有 6 个省属于粮食主产区，农林牧渔业总产值占全国的 40%，水稻产量占全国的 65%。近年来，长江经济带在现代农业发展方面进行了一系列有益探索，它们对“一带一路”西部通道区域相关省份农业发展都具有一定借鉴意义。比如，长江西部地区因多山多草地林地，重点发展了以草食畜牧业为代表的特色生态农业，依托自然生态和少数民族风情发展休闲农业和乡村旅游；长江中部地区通过提高农业机械化水平和延长农业产业链，不断推进了农业产业化，提高了农产品附加值；长江东部地区依托资本、技术、人才资源密集，重点发展了一些高效精品农业和都市农业。长江经济带可以有条件的向“一带一路”西部通道区域省区进行现代农业品种、种养殖技术和深加工领域的创新传递、合作及扩散。

四、基础设施

（一）交通基础设施及其高效利用

长江经济带现有交通基础设施发展水平相对较好，不仅联通了中国东、中、西部地区，而且还通过陆路、航空与“一带一路”西部通道区域相连，具有辐射带动“一带一路”西部通道区域的现实基础。因此，应建立长江经济带、“一带一路”西部通道区域沿线省区的运输合作协调机制，促进跨地区、跨部门互联互通和信息共享，促进长江经济带对“一带一路”西部通道区域的扩散带动。一方面，应依托长江黄金水道，充分发挥重庆、武汉、南京、上海等长江黄金水道上的中心枢纽作用，增强对“一带一路”西部通道区域通江达海的战略支撑。另一方面，着眼长江经济带和“一带一路”西部通道区域在交通运输和现代物流设施的无障碍互联互通，可以整合国内“一带一路”大通道运力，提升和拓展“渝新欧”“蓉新欧”“汉新欧”等中欧班列国际运输功能，积极推进多式联运发展，更好地建设“一带一路”西部通道区域向西开放的陆路国际物流大通道。

（二）社会公共服务设施

社会公共服务设施不仅是关系到广大人民群众切身利益和保障社会民主、公平和稳定的重要手段和途径，而且也是推进创新及协同创新的重要政府公共财政支出形式。由于社会事业本身具有营造有利社会经济发展，特别是创新驱动的市场环境和一定程度的非排他性特点，这决定了它们在发展中具有一定程度的溢出效应。总体而言，几乎在教育、科技、医疗卫生、体育、文化等任意一项社会事业中，长江经济带现阶段都比“一带一路”西部通道区域的发展水平要高。因此，长江经济带可充分利用它们在这方面的相对优势，辐射带动“一带一路”西部通道区域教育、科技、医疗卫生、体育、文化等社会事业发展，为相关省区科技创新能力提升提供智力支撑。

第五节　长江经济带向“一带一路”西部通道区域扩散发展的主要方式

一、政策实验与推广

此部分所指的创新及协同创新政策泛指一切促进区域创新及协同创新的法律法规和公共政策体系。其中，有关创新及协同创新的法律法规在不同地区间的扩散遵循自上而下并具有“命令—服从”的特征，而有关创新及协同创新的公共政策扩散则往往表现为上级政府许可下的跨区域横向推广和一定程度的自愿性特征。国内外相关研究和改革开放以来中国的丰富实践经验表明，创新型政策扩散表现为一组公共政策创新方案从发源地向其他区域扩散的过程。其中以“先行先试—典型示范—以点促面—逐步推广”为特征的“政策试验—推广”，已成为国内最为典型和普遍的政策扩散形式。长江经济带，尤其是东部地区省（市）和中部、西部地区中心城市的创新驱动实施较早，其涉及创新能力培育、产学研创新资源整合、人力资源引进集聚和充分发挥作用、沿产业链和关键技术的创新协同、创新的支撑体系建设等领域，政策出台系统密集，经各地多年实践后又不断优化整合，已有若干较成功的范例。因此，在推动长江经济带协同创新政策向“一带一路”西部通道区域的扩散中，应充分运用“政策实验—推广”的政策扩散方式，即长江经济带创新和协同创新在实践中已取得较大成效的系列政策，在获得中央和相关地方政府认可后，结合各地区实际作适当调整，就可以及时向“一带一路”西部通道区域沿线省区推广复制，促进这些行之有效的公共政策体系由点到面、从局部到全局的逐步扩散。

二、要素流动

作为先进技术和管理经验的主要载体，劳动力和设备设施等生产要素的跨区域流动是推动先进技术、管理经验横向扩散的重要途径。目前，无论是人力资本还是科技创新，从发展水平来看长江经济带在当前都远远高于“一带一路”西部通道区域。这种巨大的生产要素势能差为两大区域间的要素流动创造了潜在的客观条件和巨大的现实需求，一旦经济发展中形成足够的激励约束要素流动的体制机制，就会有效推动各种先进生产要素从长江经济带向“一带一路”西部通道区域流动，从而推动先进技术和管理经验等向“一带一路”西部通道区域扩散。其中，我们至少可以采取下述一些方式来推动劳动力、物质资本和生产技术或工艺的跨区域流动。一是劳动力尤其是科技工作者和熟练劳动力的区际流动，可广泛采用机构和企业间合作、挂职锻炼、对口支援、交流学习和购买智力服务等多种方式。二是物质资本尤其是物化先进技术的机械设备的区际流动，这可直接通过产业扩散、转移或购买就能实现区际流动目的，而金融资本的区际流动则主要通过股权投资、资源互换、融资合作、区际定向贷款等多种方式。三是生产技术或工艺的区际流动，则应通过主动的技术引进、创新合作等来实现目的，如专利购买、技术合作、体现先进技术的成套设备购买及区际贸易、专利投资等。

三、产业转移和升级改造

20 世纪 50 年代以来，国际产业转移已成为发达国家或地区经济发展向落后国家或地区扩散的普遍方式，它们在推动产业承接方经济社会发展的同时，也促进了先进技术和管理经验的国际扩散，改革开放后的国内产业转移实践亦起到了同样的作用。一般认为，产业转移和升级改造的成功需要建立在一系列基础条件和动力之上。其中，产业转移的基础条件包括区域间的产业级差、产业利益差、生产要素流动和产业竞争等。产业转移和升级改造的动力包括企业逐利动机和区域经济结构、生产要素供给结构及产品市场需求结构的整体变迁。长江经济带与“一带一路”西部通道区域的比较分析表明，两大区域总体上分别处于相对发达和欠发达两个不同的发展阶段，它们在产业转移与承接的基础条件和动力方面都是客观存在差异的，也存在着很强的互补性。毋庸置疑，产业转移和帮助“一带一路”西部通道区域产业升级改造将成为长江经济带的创新和协同创新向“一带一路”西部通道区域扩散的重要方式。其中，两大区域间产业转移的潜在领域主要包括：电子信息产业（陕西）、机械装备制造业（陕西、甘肃）、生物技术产业（所有省份）、能源化工产业（新疆、宁夏）、金融和物流业等生产性服务业（所有省份）等；具体的产业转移方式包括整体兼并、直接设厂、股权投资、协作合作、贴牌代工生产、对外建立网点等。

四、产业协作

产业协作以不同区域产业协同发展的共同利益诉求为主要动力，表现为不同区域间产业发展的关联性和合作性，其本质是生产要素的跨区域优化组合。其中，微观层次上体现为区域内不同行业内企业之间的分工合作；中观层次上体现为区域内不同地区间或区域内不同行业间、甚至三次产业间的协作；宏观层次上体现为跨省级行政区域的同行业或不同行业企业的技术、产品、产业合作及制度和服务体系共建。“一带一路”西部通道区域与长江经济带的关联产业要么处于产业链的不同环节，要么具有共同的市场发展空间（如旅游业），这为它们之间的产业协作奠定了基础条件。因此，两大区域间可以通过多种方式来实现产业协作。一是共同搭建区际产业协作制度创新平台，通过共同签订一系列产业协作框架协议，借此完善产业协作的系列政策，确定产业协作的领域和具体方向，搭建产业招商或推广交流平台等。二是共同搭建产业协作实体运行平台，主要是通过共建产业园区和产业基地（如特色农业基地等）来实现。三是合力推进产业分工合作，主要是在市场需求导向下，遵循比较优势，协作双方或多方在产业链上进行深度分工合作，实现错位发展、优势互补、整体做大的目的。四是共建技术创新体系和产品开发平台，合力攻关核心领域关键技术研发和运用。五是推动协作双方或多方各级各类人才的互动交流，促进先进技术和管理经验的有效扩散。六是立足市场开拓共同需求，整合各方资源，联合开发市场前沿产品，提高产品品质，做大产品市场，旅游业协作发展就是典型范例。

主要参考文献

白俊红，蒋伏心，2015. 协同创新、空间关联与区域创新绩效［J］. 经济研究，（7）：174-187.

曹如中，史健勇，郭华，等，2015. 区域创意产业创新生态系统演进研究：动因、模型与功能划分［J］. 经济地理，35（2）：107-113.

柴国荣，宗胜亮，2009. 企业合作创新中知识共享的博弈分析［J］. 科学管理研究，27（5）：58-61.

陈光，王永杰，1999. 区域技术创新系统研究论纲——兼论中国西部地区的技术创新［J］. 中国软科学，21（1）：57-58.

陈昌兵，张平，2016. 突破“中等收入陷阱”的新要素供给理论、事实及政策选择［J］. 经济学动态，（3）：43-55.

陈劲，1994. 从技术引进到自主创新的学习模式［J］. 科研管理，（2）：32-34.

陈劲，陈钰芬，2006. 企业技术创新绩效评价指标体系研究［J］. 科学学与科学技术管理，27（3）：86-91.

陈劲，阳银娟，2012. 协同创新的理论基础与内涵［J］. 科学学研究，30（2）：161-164.

陈劲，陈钰芬，余芳珍，2007. FDI 对促进我国区域创新能力的影响［J］. 科研管理，28（1）：7-13.

陈劲，宋建元，葛朝阳，等，2004. 试论基础研究及其原始性创新［J］. 科学学研究，22（3）：317-321.

陈林，朱卫平，2008. 出口退税和创新补贴政策效应研究［J］. 经济研究，（11）：74-87.

陈琪，徐东，2007. 区域创新体系的系统结构研究［J］. 科技进步与对策，24（8）：45-47.

陈伟，冯志军，康鑫，等，2011. 区域创新系统的协调发展测度与评价研究——基于二象对偶理论的视角［J］. 科学学研究，29（2）：306-313.

陈凯华，余江，高霞，2012. 中国高技术产业创新与发展的规模增长关联诊断——兼论产业创新系统规模因子的构建与应用［J］. 数量经济技术经济研究，（12）：38-52.

陈力田，赵晓庆，魏致善，2012. 企业创新能力的内涵及其演变：一个系统化的文献综述［J］. 科技进步与对策，29（4）：154-160.

陈明森，1991. 我国产业重组与产业组织政策的创新［J］. 中国工业经济研究，（5）：30-36.

陈衍泰，孟媛媛，张露嘉，等，2015. 产业创新生态系统的价值创造和获取机制分析——基于中国电动汽车的跨案例分析［J］. 科研管理,（1）：68-75.
陈钰，宋卫国，2015. 中国创新绩效评价及启示——基于国际比较视角［J］. 科技进步与对策,（1）：133-137.
池仁勇，2003. 企业技术创新效率及其影响因素研究［J］. 数量经济技术经济研究，20（6）：105-108.
崔新健，郭子枫，刘轶芳，2013. 基于知识管理的区域创新能力评价研究［J］. 经济管理,（10）：38-47.
党兴华，王育晓，刘泽双，2004. 网络环境下企业技术创新绩效评价研究［J］. 中国管理科学，12（3）：130-135.
邓磊，杜爽，2016. 我国供给侧结构性改革：新动力与新挑战［J］. 价格理论与实践,（1）：18-20.
邓龙安，徐玖平，2008. 供应链整合下的企业网络创新绩效管理研究［J］. 科学学与科学技术管理，29（2）：86-90.
丁焕峰，2001. 论区域创新系统［J］. 科研管理，22（6）：1-8.
丁一兵，傅缨捷，曹野，2014. 融资约束、技术创新与跨越“中等收入陷阱”——基于产业结构升级视角的分析［J］. 产业经济研究,（3）：101-110.
董豪，曾剑秋，沈孟如，2016. 产业创新复合系统构建与协同度分析——以信息通信产业为例［J］. 科学学研究，34（8）：1152-1160.
董微微，2016. 创新模式演进过程的研究综述与展望［J］. 工业技术经济，35（5）：143-147.
范斐，杜德斌，游小珺，等，2014. 基于能力结构关系模型的区域协同创新研究［J］. 地理科学，35（1）：66-74.
冯鹏志，2001. 迈向知识经济的路径与力量———社会创新的含义、特征与范式［J］. 自然辩证法研究,（4）：46-51.
冯晓青，2013. 企业技术创新、合作创新过程中的知识产权风险管理研究［J］. 甘肃社会科学,（4）：205-208.
冯子标，侯会平，1989. 我国产业结构改造与创新的思路选择［J］. 中国人民大学学报，3（4）：44-49.
付丹，李柏洲，2009. 基于产业集群的区域创新系统的结构及要素分析［J］. 科技进步与对策，26（17）：34-36.
傅家骥，1998. 技术创新学［M］. 北京：清华大学出版社.
高波，2016. 新常态下中国经济增长的动力和逻辑［J］. 南京大学学报（哲学·人文科学·社会科学），53（5）：31-42.
高杰，何平，张锐，2012. “中等收入陷阱”理论述评［J］. 经济学动态,（3）：83-89.
高月姣，吴和成，2015. 创新主体及其交互作用对区域创新能力的影响研究［J］. 科研管理，36（10）：51-57.

高展军，李垣，雷宏振，2005，不同社会文化对企业技术创新方式选择的影响［J］. 科学学与科学技术管理，26（11）：69-73.
顾新，2001. 区域创新系统的内涵与特征［J］. 同济大学学报（社会科学版），12（6）：32-37.
关士续，1991. 强化企业技术创新的重要意义和紧迫问题［J］. 科学学与科学技术管理，（4）：2-7.
桂黄宝，2014. 我国高技术产业创新效率及其影响因素空间计量分析［J］. 经济地理，34（6）：100-107.
郭斌，陈劲，许庆瑞，1997. 企业创新管理的组合观及其理论溯源［J］. 浙江大学学报，（4）:86-91.
郭晓川，1998. 企业网络合作化技术创新及其模式比较［M］. 科学管理研究，（5）：16-20.
韩晶，2010. 中国高技术产业创新效率研究——基于 SFA 方法的实证分析［J］. 科学学研究，28（3）：467-472.
韩师光，李建柱，2013. 日韩跨越中等收入陷阱的做法及启示［J］. 经济纵横，（10）：103-106.
韩新严，吴添祖，2003. 影响我国企业技术创新总体绩效水平的因素和对策［J］. 科学学与科学技术管理，24（3）：19-23.
韩振海，李国平，2004. 国家创新系统理论的演变评述［J］. 科学管理研究，22（2）：24-26.
汉森 M，伯金肖 J，2008. 创新价值链［J］. 哈佛商业评论（中文版），（4）：36-49.
贺灵，单汨源，邱建华，2012. 创新网络要素及其协同对科技创新绩效的影响研究［J］. 管理评论，24（8）：58-68.
何亚琼，秦沛，2005. 一种新的区域创新能力评价视角——区域创新网络成熟度评价指标体系建设研究［J］. 哈尔滨工业大学学报（社会科学版），7（6）：88-92.
侯健敏，党兴华，2010. 研发合作及技术转移影响区域创新能力路径研究［J］. 科学学与科学技术管理，31（9）：56-61.
胡刚健，2007. 熊彼特创新理论及其对我国经济发展的启示［J］. 当代经济，（6x）：40-42.
黄剑，黄卫平，2015. 中国经济“新常态”下的创新驱动与转型调整［J］. 江淮论坛，（6）：40-47.
黄景贵，2000. 论创新理论的产生及其发展［J］. 中国海洋大学学报（社会科学版），（2）：32-37.
黄鲁成，2000. 关于区域创新系统研究内容的探讨［J］. 科研管理，21（2）：43-48.
黄擎明，蔡宁，1993. 中国企业家技术创新能力和方式与年龄的相关性研究［J］. 科学管理研究，（4）：1-10.
黄少安，1990. 论所有制深层结构改革与企业制度创新［J］. 经济研究，（3）：59-63.
黄攸立，陈如琳，2010. 企业创新绩效影响因素的研究综述［J］. 北京邮电大学学报（社会科学版)，12（4）：71-77.

纪光欣，刘小靖，2014. 社会创新国内研究述评［J］. 中国石油大学学报（社会科学版)，(6)：41-46.

贾康，苏京春，2016. 论供给侧改革［J］. 管理世界，270（3）：1-24.

简传红，任玉珑，罗艳蓓，2010. 组织文化、知识管理战略与创新方式选择的关系研究［J］. 管理世界，(2)：181-182.

江静，2011. 公共政策对企业创新支持的绩效——基于直接补贴与税收优惠的比较分析［J］. 科研管理，32（4）：1-8.

金碚，2015. 中国经济发展新常态研究［J］. 中国工业经济，(1)：5-18.

金民卿，2001. 社会创新的路径选择和人文社会科学在社会创新中的功能［J］. 新东方，10（4）：16-20.

金吾伦 .2001. 当代西方创新理论新词典［M］. 长春：吉林人民出版社：382.

赖永剑，2012. 集聚、空间动态外部性与企业创新绩效——基于中国制造业企业面板数据［J］. 产业经济研究，(2)：9-17.

黎苑楚，郑春白，王阿洁，等，2005. 中国区域主导产业创新系统选择与评价［J］. 科学学与科学技术管理，26（2）：48-50.

李春艳，刘力臻，2007. 产业创新系统生成机理与结构模型［J］. 科学学与科学技术管理，28（1）：50-55.

李翠娟，宣国良，2006. 知识供应链：企业合作知识创新的新方式［J］. 科研管理，27（3）：42-49.

李健，卫平，张玲玉，2017. 外商直接投资规模、进入速度与区域创新能力——基于中国省际动态面板模型的实证分析［J］. 经济问题探索，(2)：53-61.

李培楠，赵兰香，万劲波，2014. 创新要素对产业创新绩效的影响——基于中国制造业和高技术产业数据的实证分析［J］. 科学学研究，32（4）：604-612.

李锐，鞠晓峰，2009. 产业创新系统的自组织进化机制及动力模型［J］. 中国软科学，(9)：159-163.

李习保，2007. 中国区域创新能力变迁的实证分析：基于创新系统的观点［J］. 管理世界，(12)：18-30.

李新安，2005. 产业集群合作创新自增强机制的博弈分析［J］. 经济经纬，(5)：53-56.

李兴华，2011-09-22. 协同创新是提高自主创新能力和效率的最佳形式和途径［C］. 科技日报，10 版 .

李扬，张晓晶，2015. "新常态"：经济发展的逻辑与前景［J］. 经济研究，(5)：4-19.

李正卫，池仁勇，刘慧，2005. 集群网络学习与企业创新绩效：基于嵊州领带生产企业集群的实证分析［J］. 经济地理，25（5）：612-615.

李志刚，汤书昆，梁晓艳，等，2007. 产业集群网络结构与企业创新绩效关系研究 . 科学学研究，25（4）：777-782.
李子彪，胡宝民，于新凯，2005. 区域创新系统效能测度体系分析［J］. 科学学与科学技术管理，26（1）：48-52.
梁琦，雷建民，1997. 企业技术创新方式比较［J］. 管理工程师，（6）：20-21.
林迎星，2006. 区域创新优势［M］. 北京：经济管理出版社.
刘凤朝，潘雄锋，刘玉奎，2005. 东北老工业基地四大产业创新群建设研究［J］. 经济纵横，（4）：39-43.
刘景东，党兴华，杨敏利，2013. 组织柔性、信息能力和创新方式——基于中国工业企业的实证分析［J］. 科学学与科学技术管理，34（3）：69-79.
刘丽萍，2009. 复杂系统视域下的中国企业合作创新系统研究［J］. 兰州大学学报（社会科学版），37（4）：88-93.
刘荣，2010. 企业合作创新风险的识别、传导与评估研究［D］. 大连：大连理工大学.
刘顺忠，官建成，2002. 区域创新系统创新绩效的评价［J］. 中国管理科学，（2）：75-78.
刘思峰，杨英杰，吴立丰，2017. 灰色系统理论及其应用（第8版）［M］. 北京：科学出版社.
刘伟，2016. 经济新常态与供给侧结构性改革［J］. 管理世界，（7）：1-9.
刘学，庄乾志，1998. 合作创新的风险分摊与利益分配［J］. 科研管理，（5）：31-35.
刘懿锋，孙浩进，2015. 我国区域创新体系中的产学研合作模式构建［J］. 区域经济评论，（1）：86-90.
刘元芳，陈衍泰，余建星，2006. 中国企业技术联盟中创新网络与创新绩效的关系分析——来自江浙沪闽企业的实证研究［J］. 科学学与科学技术管理，27（8）：72-79.
柳卸林，胡志坚，2002. 中国区域创新能力的分布与成因［J］. 科学学研究，20（5）：550-556.
龙镇辉，楼润平，杨德锋，2014. 创新方式选择的影响因素分析［J］. 系统工程，（6）：85-90.
卢宁，李国平，刘光岭，2010. 中国自主创新与区域经济增长——基于1998～2007年省际面板数据的实证研究［J］. 数量经济技术经济研究，（1）：3-18.
卢现祥，2015-03-25. 创新主体：政府还是企业［N］. 光明日报，15版.
卢长利，常二鹏，2014. “中国制造”向“中国创造”演进：创新能力研究综述及对上海的启示［J］. 生产力研究，（8）：128-130.
陆国庆，2003. 产业创新：超越传统创新理论的新范式［J］. 江汉论坛，（1）：11-14.
陆国庆，2011. 中国中小板上市公司产业创新的绩效研究［J］. 经济研究，（2）：138-148.
伦德瓦尔 B-A，2016. 国家创新系统：建构创新和交互学习的理论［M］. 李正风，高璐，等译. 北京：知识产权出版社.
罗剑宏，李笑，2006. 基于联盟共享核心能力的高新技术企业技术创新方式. 系统工程，（6）：119-122.
罗守贵，甄峰，2000. 区域创新能力评价研究［J］. 南京经济学院学报，（3）：31-35.

罗斯托，2001. 经济增长的阶段：非共产党宣言［M］. 北京：中国社会科学出版社.
罗炜，唐元虎，2000. 国内外合作创新研究述评［J］. 科学管理研究，(4)：14-19.
马德，2007. 企业创新文化四要素模型研究［J］. 经济纵横，(11)：89-90.
马宁，官建成，2000. 影响我国工业企业技术创新绩效的关键因素［J］. 科学学与科学技术管理，22(3)：16-20.
马艳艳，刘凤朝，姜滨滨，等，2014. 企业跨组织研发合作广度和深度对创新绩效的影响——基于中国工业企业数据的实证［J］. 科研管理，35(6)：33-40.
马永红，刘晓静，2009. 区域创新系统知识共享能力评价模型［J］. 科技进步与对策，26(22)：137-139.
毛凯军，2005. 技术创新理论回顾与探讨［J］. 科学学与科学技术管理，26(10)：55-59.
聂继凯，危怀安，2015. 国外科技创新研究述评：理论与模式［J］. 科技与经济，(2)：16-20.
诺思 D，托马斯 R，1999. 西方世界的兴起［M］. 北京：华夏出版社.
庞瑞芝，周密，丁明磊，等，2013. 区域创新网络与产业发展研究［M］. 北京：经济科学出版社.
彭灿，2003. 区域创新系统内部知识转移的障碍分析与对策［J］. 科学学研究，21(1)：107-111.
彭灿，2003. 区域创新系统中的经济学习与模仿创新集群研究［J］. 科学学与科学技术管理，24(12)：43-46.
彭靖里，邓艺，李建平，2006. 国内外技术创新理论研究的进展及其发展趋势［J］. 科技与经济，19(4)：14-16.
戚汝庆，2007. 区域创新系统理论研究述评及展望［J］. 经济师，(3)：39-41.
邱国栋，马鹤丹，2011. 区域创新系统的结构与互动研究：一个基于系统动力视角的理论框架［J］. 管理现代化，(4)：47-50.
任理轩，2015-12-18. 坚持创新发展——"五大发展理念"解读之一［N］. 人民日报，7 版.
沈德忠，2006. 自主创新需要科学推进［J］. 新材料产业，(6)：5.
尚倩，赵晓庆，2010. 基于计量经济学的区域创新系统政策的定量评价［J］. 科学学与科学技术管理，31(12)：91-95.
邵云飞，范群林，唐小我，2011. 基于内生增长模型的区域创新能力影响因素研究［J］. 科研管理，32(9)：28-34.
沈静，蔡建峰，曾令炜，2009. 企业合作创新过程中知识转移影响因素及机制研究［J］. 科技进步与对策，26(8)：137-141.
石新泓，2006. 创新生态系统：IBM Inside［J］. 哈佛商业评论（中文版），(8)：60-65.
史宪睿，李兆友，2004. 企业技术创新能力研究综述［J］. 科技管理研究，24(2)：53-55.
水常青，许庆瑞，2005. 企业创新文化理论研究述评［J］. 科学学与科学技术管理，26(3)：138-142.

孙爱英，李垣，任峰，2006. 企业文化与组合创新的关系研究［J］. 科研管理，27（2）：15-21.
孙冰，尚青岩，2003. 适合我国企业的技术创新方式——二次创新［J］. 科学管理研究，21（2）：20-22.
孙启贵，徐飞，2008. 社会创新的内涵、意义与过程［J］. 国外社会科学，(3)：90-97.
孙玉涛，刘凤朝，2016. 中国企业技术创新主体地位确立——情境、内涵和政策. 科学学研究，34（11）：1716-1724.
谭小芬，郭强 .2011. 美联储货币政策的退出战略［J］. 宏观经济研究，(10)：77-85.
汤世国，1988. 技术创新——一个值得重视的研究领域［J］. 中国科技论坛，(5)：61-64.
唐华，2004. 高新技术产业集群创新系统的构建［J］. 财经科学，(6)：70-73.
田富俊，李兆友，2014. 企业技术创新柔性激励动因与机制设计［J］. 科技进步与对策，(22)：70-74.
汪良兵，洪进，赵定涛，等，2014. 中国高技术产业创新系统协同度［J］. 系统工程，(3)：1-7.
汪秀婷，杜海波，2012. 系统视角下战略性新兴产业创新系统架构与培育路径研究. 科学管理研究，30（1）：10-14.
王艾青，2005. 技术创新、制度创新与产业创新的关系分析［J］. 当代经济研究，(8)：31-34.
王柏轩，宋化民，李必祥，等，1998. 自主创新、加强合作——深圳市工业企业技术创新方式调查分析［J］. 科学学与科学技术管理，(8)：39-40.
王邦兆，王欢，郭本海，2014. 区域创新系统耦合度改进模型及实证研究［J］. 中国管理科学，(11)：566-573.
王斌，1999. 技术创新、经济增长与产业结构升级［J］. 北京机械工业学院学报，14（4）：64-67.
王海源，谢洪明，蓝海林，2004. 创新主体研究：整合的观点及中国的实践［J］. 科学管理研究，22（6）：15-18.
王洪，2002. 西方创新理论的新发展［J］. 天津师范大学学报（社会科学版），(6)：19-24.
王稼琼等，1999. 区域创新体系的功能和特征分析［J］. 中国软科学，(2)：53-55.
王建民，王艳涛，2015. 我国区域创新能力研究述评［J］. 经济问题探索，(12)：185-190.
王莉静，2010. 基于自组织理论的区域创新系统演进研究［J］. 科学学与科学技术管理，31（8）：128-132.
王利军，胡树华，解佳龙，等，2016. 基于“四三结构”的中国区域创新系统发展阶段识别研究［J］. 中国科技论坛，(6)：11-17.
王名，朱晓红，2009. 社会组织发展与社会创新［J］. 经济社会体制比较，(4)：121-127.
王明明，党志刚，钱坤，2009. 产业创新系统模型的构建研究——以中国石化产业创新系统模型为例［J］. 科学学研究，27（2）：295-301.

王青云，饶扬德，2004. 企业技术创新绩效的层次灰色综合评判模型［J］. 数量经济技术经济研究，21（5）：55-62.

王松，胡树华，牟仁艳，2013. 区域创新体系理论溯源与框架［J］. 科学学研究，31（3）：344-349.

王伟光，马胜利，姜博，2015. 高技术产业创新驱动中低技术产业增长的影响因素研究［J］. 中国工业经济，（3）：70-82.

王瑛，官建成，马宁，2003. 我国企业高层管理者、创新策略与企业绩效之间的关系研究［J］. 管理工程学报，17（1）：1-6.

危怀安，聂继凯，2013. 协同创新的内涵及机制研究述评［J］. 中共贵州省委党校学报，（1）：107-113.

魏进平，2008. 基于区域创新系统的经济发展阶段划分与定量判断——以河北省为例［J］. 科学学与科学技术管理，29（8）：198-200.

魏守华，姜宁，吴贵生，2009. 内生创新努力、本土技术溢出与长三角高技术产业创新绩效［J］. 中国工业经济，（2）：25-34.

魏守华，禚金吉，何嫄，2011. 区域创新能力的空间分布与变化趋势［J］. 科研管理，（2）：25-34.

文魁，徐则荣，2013. 制度创新理论的生成与发展［J］. 当代经济研究，（7）：53-56.

吴慈生，李洋，邢建军，2009. 区域创新系统研究述评［J］. 标准科学，（12）：84-89.

吴庆松，2016. 技术创新主体演进：从单一转向协同［J］. 湖南商学院学报，23（5）：92-96.

吴晓波，马如飞，毛茜敏，2009. 基于二次创新动态过程的组织学习模式演进——杭氧1996—2008 纵向案例研究［J］. 管理世界，（2）：152-164.

吴运建，1993. 我国工业企业技术创新能力的培养方向［J］. 科学管理研究，（6）：41-44.

伍长南，1991. 论国有企业技术创新机制的构造［J］. 经济体制改革，（1）：56-62.

向坚，刘洪伟，2011. 技术创新绩效评价研究综述［J］. 科技进步与对策，28（6）：155-160.

项保华，1994. 企业创新的文化因素试析［J］. 科学管理研究，（5）：10-13.

肖利平，2016. 政府干预、产学联盟与企业技术创新［J］. 科学学与科学技术管理，37（3）：21-30.

肖仁桥，王宗军，钱丽，2015. 我国不同性质企业技术创新效率及其影响因素研究：基于两阶段价值链的视角［J］. 管理工程学报，29（2）：190-201.

肖文，林高榜，2014. 政府支持、研发管理与技术创新效率——基于中国工业行业的实证分析［J］. 管理世界，（4）：71-80.

肖兴志，谢理，2011. 中国战略性新兴产业创新效率的实证分析［J］. 经济管理，（11）：26-35.

谢旭，1987. 技术进步对产业结构的影响［J］. 科学学研究，（4）：60-68.

谢子远，吴丽娟，2017. 产业集聚水平与中国工业企业创新效率——基于 20 个工业行业

2000—2012 年面板数据的实证研究［J］. 科研管理，38（1）：91-99.
解学梅，方良秀，2015. 国外协同创新研究述评与展望［J］. 研究与发展管理，27（4）：16-24.
解学梅，吴永慧，赵杨，2015. 协同创新影响因素与协同模式对创新绩效的影响——基于长三角 316 家中小企业的实证研究［J］. 管理评论，27（8）：77-89.
解学梅，左蕾蕾，2013. 企业协同创新网络特征与创新绩效：基于知识吸收能力的中介效应研究［J］. 南开管理评论，16（3）：47-56.
邢晓柳，2010. 区域创新网络中基于知识共享的企业合作创新风险分析［J］. 科技进步与对策，27（10）：29-31.
熊彼特，1990. 经济发展理论［M］. 何畏，易家详，张军扩，等译. 北京：商务印书馆.
徐冠华，2001. 推动原始性创新　培养创新型人才［J］. 中国基础科学，15（2）：4-10.
徐佳，魏玖长，王帅，等，2017. 开放式创新视角下区域创新系统演化路径分析［J］. 科技进步与对策，34（5）：25-34.
徐建中，徐莹莹，2015. 企业协同能力、网络位置与技术创新绩效——基于环渤海地区制造业企业的实证分析［J］. 管理评论，27（1）：114-125.
徐以升，2012. 中国经济"新常态"［J］. 西部大开发，（3）：52-53.
许庆瑞，吴志岩，陈力田，2013. 转型经济中企业自主创新能力演化路径及驱动因素分析——海尔集团 1984～2013 年的纵向案例研究［J］. 管理世界，（4）：121-134.
许庆瑞，郑刚，陈劲，2006. 全面创新管理：创新管理新范式初探［J］. 管理学报，3（2）：135-142.
严潮斌，1999. 产业创新：提升产业竞争力的战略选择［J］. 北京邮电大学学报（社会科学版），（3）：6-10.
颜克益，芮明杰，巫景飞，2010. 产业集聚视角下高技术产业创新绩效影响因素研究——基于中国省际面板数据（1998～2007）的研究［J］. 经济与管理研究，（12）：57-67.
杨燕，高山行，2010. 企业合作创新中知识粘性与知识转移实证研究［J］. 科学学研究，28（10）：1530-1539.
杨洋，魏江，罗来军，2015. 谁在利用政府补贴进行创新？——所有制和要素市场扭曲的联合调节效应［J］. 管理世界，（1）：75-86.
姚洋，章奇，2001. 中国工业企业技术效率分析［J］. 经济研究，（10）：13-19.
叶小青，徐渝，2003. 企业高校合作创新方式选择的非对称信息博弈研究［J］. 科研管理，24（6）：44-48.
易平涛，李伟伟，郭亚军，2016. 基于指标特征分析的区域创新能力评价及实证［J］. 科研管理，（S1）：371-378.
尹作亮，2012. 技术创新理论研究热点述评与展望［J］. 市场论坛，（4）：17-19.
于树江，2004. 集群式产业创新的社会资本效应研究［J］. 科学学与科学技术管理，25（6）：35-38.

余冬筠，金祥荣，2014. 创新主体的创新效率区域比较研究［J］. 科研管理，35（3）：51-57.
袁捷敏，2007. 简论企业创新［J］. 商场现代化，（30）：44-45.
岳鹄，康继军，2009. 区域创新能力及其制约因素解析——基于 1997 ～ 2007 省际面板数据检验［J］. 管理学报，6（9）：1182-1187.
臧雷振，2008. 社会创新之国际比较［J］. 中共中央党校学报，12（6）：87-89.
曾波，崔学海，刘岱，等，2017. 广义灰色面积关联评价模型及其在科技创新能力评价中的应用［J］. 统计与信息论坛，32（12）：17-22.
曾萍，吕迪伟，刘洋，2016. 技术创新、政治关联与政府创新支持：机制与路径［J］. 科研管理，37（7）：17-26.
张德荣，2013.“中等收入陷阱”发生机理与中国经济增长的阶段性动力［J］. 经济研究，（9）：17-29.
张会云，唐元虎，2003. 企业技术创新影响因素的模糊聚类分析［J］. 科研管理，24（6）：71-77.
张光磊，刘善仕，申红艳，2011. 组织结构、知识转移渠道与研发团队创新绩效——基于高新技术企业的实证研究［J］. 科学学研究，29（8）：1198-1206.
张强，胡雅萌，陆奇斌，2013. 中国社会创新的阶段性特征——基于“政府—市场—社会”三元框架的实证分析［J］. 经济社会体制比较，（4）：125-136.
张首魁，韩晓莹，2016. 深化供给侧改革的基本遵循：创新发展——学习贯彻中央经济工作会议精神［J］. 陕西行政学院学报，（1）：107-110.
张旭，陈倩倩，2014. 企业文化与技术创新方式的关系研究［J］. 技术经济与管理研究，（1）：43-48.
张治河，胡树华，金鑫，等，2006. 产业创新系统模型的构建与分析［J］. 科研管理，27（2）：36-39.
张治河，潘晶晶，李鹏，2015. 战略性新兴产业创新能力评价、演化及规律探索［J］. 科研管理，36（3）：1-12.
张治河，谢忠泉，周国华，等，2008. 产业创新的理论综述与发展趋势［J］. 技术经济，27（1）：35-43.
赵景峰，王延荣，2011. 高新技术企业创新文化特征与创业绩效关系实证研究［J］. 管理世界，（12）：184-185.
赵树宽，李艳华，姜红，2006. 产业创新系统效应测度模型研究［J］. 吉林大学社会科学学报，46（5）：131-136.
赵修卫，2000. 建设区域创新系统促进区域经济发展［J］. 科技管理研究，（4）：23-25.
甄峰，黄朝永，罗守贵，2000. 区域创新能力评价指标体系研究［J］. 科学管理研究，（6）：5-8.
郑广华，2010. 区域创新系统协调发展的评价系统研究［J］. 系统科学学报，29（8）：28-31.

郑海鳌，尤建新，周文泳，2008. 国内外企业技术创新绩效测评理论研究述评［J］. 上海管理科学，30（2）：51-54.
郑琳琳，2015. 三大技术创新主体科技成果与经济增长关系研究——基于国家创新体系与VAR模型的实证分析［J］. 科技进步与对策，（9）：32-39.
郑彦，2006. 产业集群组织模式与集群内企业合作创新的互动机制研究［J］. 经济经纬，（1）：35-37.
支燕，白雪洁，2012. 我国高技术产业创新绩效提升路径研究——自主创新还是技术外取？［J］. 南开经济研究，（5）：51-64.
中国科技发展战略研究小组，2003. 2002年中国区域创新能力评价［J］. 科学学与科学技术管理，24（4）：5-11.
中国企业家调查系统，李兰，张泰，等，2015. 新常态下的企业创新：现状、问题与对策——2015中国企业家成长与发展专题调查报告［J］. 管理世界，（6）：22-33.
周国红，陆立军，2001. 科技型中小企业创新绩效的行为因素研究［J］. 数量经济技术经济研究，18（9）：84-87.
周立，吴玉鸣，2006. 中国区域创新能力：因素分析与聚类研究——兼论区域创新能力综合评价的因素分析替代方法［J］. 中国软科学，（8）：96-103.
周文，孙懿，2012. 中国面对“中等收入陷阱”问题的解构：本质、挑战与对策［J］. 经济学动态，（7）：42-47.
周喜君，郭淑芬，2016. 产业创新系统理论的演进脉络与学术前沿［J］. 产经评论，7（2）：48-57.
周振华，1989. 产业结构政策的核心：促进创新［J］. 上海经济研究，（2）：25-30.
周振华，1991. 产业结构成长中的创新扩散与群集——兼论若干模型在我国的运用［J］. 南开经济研究，（4）：38-43.
周志太，2013. 基于经济学视角的协同创新网络研究［D］. 长春：吉林大学.
朱兵，王文平，王为东，等，2010. 企业文化、组织学习对创新绩效的影响［J］. 软科学，24（1）：65-69.
邹承鲁，陈述彭，陈平原，等，2002. 自然、人文、社科三大领域聚焦原始创新［J］. 中国软科学，（8）：8-25.
邹艳，杨乃定，韦铁，等，2009. 组织学习对企业合作创新知识转移的影响研究——协调机制的中介作用［J］. 科学学与科学技术管理，30（2）：96-100.
邹艳，王晓新，叶金福，2009. 共建模式下企业合作创新知识转移影响因素的实证研究［J］. 科学学研究，27（4）：616-621.
Arnold B P M，1954. Why not try cooperative research?［J］. Harvard Business Review，32（4）：115-122.
Asheim B，2002. Regional innovation systems: The integration of local sticky an global ubiquitous

knowledge［J］. Journal of Technology Transfer，65（27）: 77-86.

Autio E，1998. Evaluation of RTD in regional systems of innovation［J］. European Planning Studies，6（2）:131-140.

Badaracco J L，1991.The Knowledge Link: How Firms Compete Through Strategic Alliances［M］. Boston: Harvard Business School Press: 3-5.

Binswanger H P，Ruttan V W，1978. Induced Innovations：Technology，Institutions，and Development［M］. Baltimore：The Johns Hopkins University Press.

Bjerregaard T，2010. Industry and academia in convergence: Micro-institutional dimensions of R&D collaboration［J］. Technovation，30（2）: 100-108.

Bush V，1960. Science: The endless frontier［J］. Nature，188（4746）：190-191.

Chang Y C，2003. Benefits of cooperation on innovative performance: Evidence from integrated circuits and biotechnology firms in the UK and Taiwan［J］. R&D Management，33（4）: 425-437.

Chesbrough H W，2005. Open Innovation: The New Imperative for Creating and Profiting from Technology［M］. Cambridge: Harvard Business Review Press: 113-134.

Chiesa V，Coughlan P，Voss C，1996. Development of a technical innovation audit［J］. Journal of Product Innovation Management，（13）: 105-136.

Chiesa V，Giua F，Manzini R，et al，2004. The externalisation of R&D activities and the growing market of product development services［J］. R&D Management，34（1）：65-75.

Cohen W，Levinthal D，1990. Absorptive capacity: A new perspective on learning and innovation［J］. Administrative Science Quarterly，35（1）: 128-152.

Cohen W M，Nelson R R，Walsh J P，et al，2002. Links and impacts: The influence of public research on industrial R&D［J］. Management Science，48（1）: 1-23.

Cooke P N，Heidenreich M，Braczyk H J，1998. Regional innovation system：The role of governance in the globalized word［J］. European Urban & Regional Studies，6（2）: 187-188.

Davis L E，North D C，1971. Institutional Change and American Economic Growth［M］. London: Cambridge University Press.

de Faria P，Lima F，Santos R，2010. Cooperation in innovation activities: The importance of partners［J］. Research Policy，39（8）: 1082-1092.

de Jong J P J，Freel M，2010. Absorptive capacity and the reach of collaboration in high technology small firms［J］. Research Policy，39（1）: 47-54.

Demirkan I，Demirkan S，2012. Network characteristics and patenting in biotechnology，1990-2006［J］. Journal of Management，38（6）: 1892-1927.

Doloreux D，2002. What we should know about regional systems of innovation［J］. Technology in Society，（24）: 243-263 .

Edler J，Georghiou L，2007. Public procurement and innovation-resurrecting the demand side［J］. Research Policy，36（7）: 949-963.

Eom B Y，Lee K，2010. Determinants of industry——Academy linkages，and their impact on firm performance: The case of Korea as a latecomer in knowledge industrialization［J］. Research Policy，39（5）: 625-639.

Estellés-Arolas E，González-Ladrón-de-Guevara F，2012. Towards an integrated crowdsourcing definition［J］. Journal of Information Science，38（2）: 189-200.

Etzkowitz H，Leydesdorff L，2000 . The dynamics of innovation: From national systems and "Mode 2" to triple helix of university-industry-government relations［J］. Research Policy，（2）:109-123.

Fiaz M，2013. An empirical study of university-industry R & D collaboration in China: Implications for technology in society［J］. Technology in Society，35（3）: 191-202.

Freeman C，1982. The Economics of Industrial Innovation. second edition［M］. Cambridge: The MIT Press.

Freeman C，1987. Technology Policy and Economic Performance: Lessons from Japan［M］. London：Frances Pinter.

Freeman C，Soete L，1997. The Economics of Industrial Innovation. 3rd edition［M］. Cambridge：The MIT Press.

Guan J，Ma N，2003. Innovative capability and export performance of Chinese firms［J］. Technovation，23（9）: 737-747.

Haken H，1973. Synergetics: Cooperative Phenomena in Multi-Component Systems［M］. Stuttgart: B G Teubner.

Heller M A，Eisenberg R S，1998. Can patents deter innovation? The anticommons in biomedical research［J］. Science，280（5）: 698-701.

Jonathan F，2000. Supply chain innovation［J］. Work Study，49（4）: 152-155.

Jones O C，Steve S，2001. Social Interaction and Organizational Change: Aston Perspectives on Innovation Networks［M］. London：Imperial College Press.

Lawson B，Samson D，2001. Developing innovation capability in organizations：A dynamic capabilities approach［J］. International Journal of Innovation Management，5（3）: 377-400.

Lee S，Park G，Yoon B，et al，2010. Open innovation in SMEs—An intermediated network model［J］. Research Policy，39（2）: 290-300.

Martínez-Román J A，Gamero J，Tamayo J A，2011. Analysis of innovation in SMEs using an innovative capability-based non-linear model: A study in the province of Seville（Spain）［J］. Technovation，31（9）: 459-475.

Mulgan G，2007. Social innovation: What it is，why it matters and how it can be accelerated［R］. Oxford：Skoll Center for Social Entrepreneurship.

Nieto M J，Santamaría L，2007. The importance of diverse collaborative networks for the novelty of product innovation［J］. Technovation，27（6）: 367-377.

North D，1994. Economic performance through time［J］. The American Economic Review,（6）: 362.

Okamuro H，Kato M，Honjo Y，2011. Determinants of R&D cooperation in Japanese start-ups［J］. Research Policy，40（5）: 728-738.

Oke A，Kach A，2012. Linking sourcing and collaborative strategies to financial performance: The role of operational innovation［J］. Journal of Purchasing and Supply Management，18（1）: 46-59.

Patel P，Pavitt K，1994. National innovation systems: Why they are important and how they might be measured and compared［J］. Economic Innovation and New Technology，（3）: 77-95.

Porter M E，1990. The competitive advantage of nations［J］. Competitive Intelligence Review，1（1）: 427.

Powell W W，Koput K W，Smith-Doerr L，1996. Interorganizational collaboration and the locus of innovation: Networks of learning in biotechnology［J］. Administrative Science Quarterly，41（1）: 116-145.

Rothwell R M，1995. Industrial innovation: Success，strategy，trends［R］. The Handbook of Industrial Innovation，Edward Elgar.

Rothaermel F T，Deeds D L，2004. Exploration and exploitation alliances in biotechnology: A system of new product development［J］. Strategic Management Journal，25（3）: 201-221.

Rothwell R，1994. Towards fifth generation process innovation［J］. International Marketing Review，11（1）: 7-31.

Santoro M D，Bierly P E，2006. Facilitators of knowledge transfer in university-industry collaborations: A knowledge based perspective［J］. IEEE Transactions on Engineering Management，53（4）: 495-507.

Shan W，Zhang Q，2009. Extension theory and its application in evaluation of independent innovation capability［J］. Kybernetes，38（3/4）: 457-467.

Teece D，Pisano G，1994. The dynamic capabilities of firms: An introduction［J］. Industrial and Corporate Change，3（3）: 537-556.

Thorgren S，Wincent J，2009. Designing interorganizational networks for innovation: An empirical examination of network configuration，formation and governance［J］. Journal of Engineering and Technology Management，26（3）: 148-166.

Todtling F，Kaufmann A，1999. Innovation systems in regions of Europe: A comparative perspective［J］. European Planning Studies，35（6）: 26-38.

Yam R，Guan J C，Pun K F，et al，2004. An audit of technological innovation capabilities in Chinese firms：Some empirical findings in Beijing，China［J］. Research Policy，33（8）: 1123-1140.

附录 1

湖北省创新与协同创新研究[①]

第一节　湖北省经济社会发展概述

长江中游江段主要集中在湖北省，俗称“荆江”，是长江的腰身。在国家区域发展战略格局中，湖北省肩负着“建设支点、走在前列”的重要历史使命，其经济社会发展直接影响长江经济带开发开放和整体发展。

一、基本省情

湖北省位于我国的中部，简称鄂。东邻安徽，南界江西、湖南，西连重庆，西北与陕西接壤，北与河南毗邻。东西长约 740 千米，南北宽约 470 千米。全省土地总面积 18.59 万千米^2，占全国国土总面积的 1.94%。全省地势大致为东、西、北三面环山，中间低平，略呈向南敞开的不完整盆地。在全省总面积中，山地占 56%，丘陵占 24%，平原湖区占 20%。长江自西向东，流贯省内 26 个县市，流程 1041 千米；汉水为长江中游最大支流，在湖北境内由西北趋东南，流经 13 个县市，流程 858 千米。湖北素有“千湖之省”之称，面积百亩（1 亩＝667 米^2）以上的湖泊 755 个，湖泊总面积 2706.851 千米^2。

湖北地处亚热带，位于典型的季风区内。全省除高山地区外，大部分为亚热带季风性湿润气候，光能充足，热量丰富，无霜期长，降水充沛，雨热同季。全省自然地理条件优越，海拔高低悬殊，树木垂直分布层次分明，优越的森林植被呈现出普遍性与多样化的特点。湖北省矿产资源丰富，全省已发现矿产 136

① 课题负责人：李光，中国科学学与科技政策研究会副理事长，武汉大学发展研究院院长、教授、博士生导师。成员：易晓波，武汉大学发展研究院副教授、博士；刘远翔，武汉大学发展研究院副教授、博士。

种（不含亚矿种），约占全国已发现矿种数的81%。磷、矿盐、芒硝、石膏、铁、铜、金、银、石灰岩等是湖北省具有优势的矿产，化肥用橄榄岩、碘、溴、石榴子石、累脱石黏土、建筑用辉绿岩含量居全国首位。保有资源储量位于全国前10位的矿产有57种。按2000年底保有矿产资源储量，全国统一计算的矿产资源潜在价值，湖北省为14 728亿元，居全国第14位；人均潜在总值2.48万元，居全国第17位。

截至2017年底，湖北省有12个地级市，1个自治州，39个市辖区，24个县级市（其中3个省直管市），37个县，2个自治县，1个林区。2015年末，全省常住人口5851.50万人，其中包括城镇人口3326.58万人和乡村人口2524.92万人，城镇化率达到56.85%。2015年末，省会武汉市常住人口1060.77万人，占全省常住人口的18.13%，城市人口首位度较2010年的14.62%提高了3.51%，“十三五”期间仍将保持人口净流入发展态势。按照国家区域发展战略布局，武汉是中部地区中心城市和长江经济带超大城市。2016年12月14日，国家发展和改革委员会正式批复支持武汉建设国家中心城市，并明确其战略功能定位为经济中心、高水平科技创新中心、商贸物流中心和国际交往中心。

二、2005～2016年经济社会发展总体情况

2005～2015年十年间，湖北省经济社会得到跨越式发展和提升。全省地区生产总值从2005年的6520亿元上升到2010年的15 806亿元，2015年达到29 550.19亿元；“十一五”期间，年均增长13.6%；“十二五”期间，年均增长10.7%。在全国的位次由2010年的第11位上升到2015年第8位，实现5年前进3位的重大突破。2016年，在经济下行压力和特大洪涝灾害双重考验下，湖北省地区生产总值比上年增长8.1%（按可比价格计算），突破30 000亿元，达到32 297.91亿元，超越河北晋升为全国第7位，创中华人民共和国成立以来最好水平。湖北人均生产总值从“十一五”末的4000美元上升到“十二五”末的8000美元，进入中等偏上收入地区行列；地方一般公共财政预算收入先后迈过2000亿元、3000亿元两个大台阶，由全国第二十位上升到第九位。民营经济增加值占生产总值比重由“十一五”末的48%提高到“十二五”末的54.9%，全省市场主体总户数达到412.78万户，位居中部第一、全国第五。2016年，湖北省市场主体发展进一步加快，新登记注册企业同比增长22.8%。

“十二五”期间，湖北省“一主两副”中心城市的带动作用进一步增强，经

济总量过千亿元的地级市由“十一五”末的3个增加到10个，武汉经济总量突破万亿元，襄阳、宜昌均超过3000亿元。2016年武汉以11 912.61亿元的GDP总量，占全省GDP总量比重36.88%，宜昌、襄阳分别以3709.36亿元和3694.51亿元，分列第二、第三位，合计占比22.92%，“一主两副”中心城市GDP总量占全省GDP总量59.8%。“十二五”期间，新型城镇化稳步推进，全省常住人口城镇化率达到56.9%，年均提高1.4个百分点；2016年城镇化率进一步提高到58.1%。湖北省城乡一体化步伐加快，新农村建设扎实推进，县域经济蓬勃发展，“四大片区”扶贫攻坚力度加大，区域协调互动、多极带动、多点支撑的发展格局基本形成。

“十二五”期间，湖北省发展条件大改善。交通基础设施建设突飞猛进，全省综合交通固定资产投资（不含管道、邮政、城市交通）5年累计达到5138亿元，是“十一五”时期的1.6倍。交通枢纽地位巩固拓展，铁路、高速公路、高等级航道营运里程大幅增加，贯通全国全省的骨干网基本形成，全省两万多个行政村开通客车；大通道、大平台、大通关建设实现突破，“汉新欧”、“鄂满俄”国际货运班列常态化运营，武汉连接四大洲的国际客运航线达到39条，国际交流、交往、交融更加便捷，贸易便利化条件显著改善；城乡面貌焕然一新，对内对外开放的环境日臻完善。2016年，襄阳、宜昌三峡保税物流中心封关运营，武汉新港空港综合保税区获批建设。

“十二五”期间，湖北省大力推进“美丽湖北”建设，生态文明加速发展。启动实施主体功能区、生态省建设等重大规划，十堰（含神农架）、宜昌成为国家首批生态文明先行示范区，咸宁市、郧阳区、石首市、京山县、罗田县成为国家首批生态保护与建设示范区。节能减排成效显著，单位生产总值能源消耗累计降低22%左右。循环经济、节能环保产业发展加快，共创建6大类19个国家循环经济示范试点。造林绿化成效显著，森林覆盖率达到41.2%。农村面源污染治理力度加大。城市（含县城）污水处理率、生活垃圾无害化处理率分别达到86%和90%。2016年，湖北省大力推进长江流域生态治理，实施一批重大生态修复工程；坚持用好绿色指挥棒，严格落实“水十条”、“大气十条”、“土十条”，扎实推进“蓝天、碧水、净土”工程；单位生产总值能耗下降4.5%，六大高耗能行业增加值占比降至27%，主要河流水质总体良好，全省17个重点城市PM2.5均值下降16.9%；“绿满荆楚”行动持续推进，累计造林743万亩。截至2016年底，湖北省拥有自然保护区79个，其中国家级自然保护区19个，省级自然保护区27个，自然保护区面积达到110.8万公顷。

三、优势产业发展及主要特征

（一）三次产业结构形态更加优化

“十二五”期间，湖北省加大转型力度，深入推进经济结构调整，三次产业结构由2010年的13.5：48.6：37.9调整为2015年的11.2：45.7：43.1，2016年进一步调整为10.8：44.5：44.7，先进制造业、高新技术产业、现代服务业发展提速提质，六大高耗能行业增加值比重明显下降。

1. 现代农业加快发展

到“十二五”末，湖北省粮食实现“十二连增”，总产超540亿斤，创历史最高纪录。淡水水产品、油菜籽产量稳居全国第一。主要农作物综合机械化率超过65%，各类新型农业经营主体达到16.4万家。农产品加工业主营业务收入过万亿元，居全国第5位。农产品质量安全水平保持全国前列。

2. 新型工业化加快推进

大力实施“两计划一工程”和“四六十”行动方案，推进制造业迈向中高端。工业总产值先后突破30 000亿元、40 000亿元。2015年，全省工业总产值达45 300亿元，是2010年的2.15倍，工业增加值达12 900亿元，与“十一五”末比净增6700亿元，工业总量从全国第十一位提升到第七位。工业占全省生产总值的比重由2010年的38.4%提高到2015年的43%。2015年，主营业务收入42 500亿元，同2010年相比增长104%；实现利润2233亿元，同2010年相比增长84.6%；全员劳动生产率约14.8万元/人，是2010年的1.6倍；工业产品国内市场占有率从2010年的3.2%提高至2015年的3.7%，提前一年实现“十二五”规划目标。5年累计完成工业项目及技改投资超过45 000亿元，增速居全国第六位；新增规模以上工业企业7000家左右；全面实施质量兴省战略，全省名牌产品产值突破6000亿元。2016年，全省全部工业增加值12 255.46亿元，增长7.8%。年末全省规模以上工业企业达到16 464家，比上年净增539家，增长3.4%。规模以上工业增加值增长8.0%。制造业增长8.4%，快于规模以上工业0.4个百分点。高技术制造业增长10.7%，快于规模以上工业2.7个百分点，占规模以上工业增加值的比重达8.3%，对规模以上工业增长的贡献率达10.8%。2016年又进一步新增规模以上工业企业1479家。

3. 现代服务业提速提质

2015年服务业增加值达到12 700亿元，年均增长10.8%，对经济增长的贡献率超过第二产业。旅游总收入达到4250亿元，年均增长13.2%；金融、物流发展有新的突破。电子商务交易额超过万亿元，居中部第一位。2016 年，服务业增加值增长 9.5%，服务业占生产总值比重提高 1.4 个百分点；电子商务交易额 13 900 亿元，增长 26.4%；全省网上零售额达到 1121.2 亿元，比上年增长 22.7%，其中实物商品网上零售额 827.7 亿元，增长 28.5%。

（二）优势产业核心竞争力持续增强

“十二五”期间，湖北省发展的内生动力不断增强，发展质效不断提高，千亿元以上产业由 7 个增加到 17 个，五大支柱产业加快向万亿元迈进。

1. 支柱产业实力增强

“十二五”期间，食品、石化、汽车、电子信息、机械、纺织、钢铁、建材、电力、有色等产业规模不断壮大，占全省工业主营收入比重达 91%。其中，食品工业规模总量接近 8000 亿元，连续两年位居全国第三位，对全省工业经济增长贡献率达到 19%；汽车产业规模总量居全国第七位；石化产业规模总量居中部六省第一位。

2. 新兴产业与高技术产业发展水平得到提升

2015 年，全省完成高新技术产业增加值 5029 亿元，是 2010 年的 2.95 倍，同比增长 12.98%，高于工业增速 4.3 个百分点；高新技术产业增加值占全省 GDP 比重达到 17%。2016 年，装备制造业、高新技术产业增加值又分别增长 11%、13.9%。“十二五”期间，湖北省战略性新兴产业的发展基础和后发优势得到进一步凸显，多个领域取得创新性突破，新的增长动力加快孕育生成，新产业、新业态、新模式、新技术蓬勃发展。其中，装备制造和信息技术产业链发展逐渐完备，产生了一大批创新能力强、技术水平高的企业和产品，在全球产业分工中占有一席之地；生物产业、节能环保产业初具规模，拥有一批有较强市场竞争力的骨干企业和名牌产品；新能源汽车发展迅速，成为全省汽车产业新的增长点。

（三）产业集聚及其效益逐步显现

“十二五”期间，湖北省充分发挥比较优势，着力培育各具特色的产业集群，引导产业集聚发展，形成了一批规模大、实力强、特色鲜明的产业集群。

1. 产业集群逐步壮大

2015 年，全省拥有 14 个国家级和 26 个省级新型工业化示范基地，以及 7 个国家级高新技术开发区。形成各类产业集群 200 多个，关联企业 13 000 多家，拥有员工 170 多万人，年销售规模超过 20 000 亿元。其中，重点成长型产业集群 97 个，实现销售收入 15 100 亿元，同比增长 15.3%，高于全省工业平均增长水平4个百分点，占全省规模以上工业销售收入的35%。

2. 部分产业集群已形成特色产业和品牌

全省90个重点成长型产业集群根据自身的资源优势，突出区域特色，打造一批区域品牌，获省著名商标认定370件，名牌产品260个。东湖光通信和激光装备制造、宜昌磷化工、汉江五百里汽车走廊等一批具备全球竞争力的大集群不断发展壮大。其中武汉市东西湖区食品加工产业集群是全国食品工业强区、国家新型工业化（食品）产业示范基地，先后引进百事食品、可口可乐等60多家国内外知名食品企业入园，培育了周黑鸭、金龙鱼等9个中国驰名商标及27个省著名商标和名牌产品。东湖光通信、武汉高端装备、十堰汽车及零部件、襄阳轴承、宜昌医药、大冶劲酒、宜昌稻花香等产业集群结合实际，培育了一批国内外知名度高、附加值高、竞争力强的区域品牌。

（四）“两化融合”稳步深入推进

“十二五”以来，湖北省信息化与工业化融合呈现出领域扩展、融合深化、服务增强、支撑带动能力提高的良好态势，新增长动能加快形成，互联网与各行业加速融合。

1. “两化融合”总体水平持续提升

全国“两化融合”发展水平评估报告显示，湖北省“两化融合”发展总指数持续增长，2015年达到82.41，比2010年提高22点，居全国第九位；工业应用指数达到81.59，居全国第六位。以MES（制造执行系统）、ERP（企业资源计划系统）、SCM（供应链管理系统）、PLM（产品生命周期管理系统）为核心的工业应用类指标位居全国前列。

2. “两化融合”管理体系推广普及

2015年全省“两化融合”试点示范企业达到500家，较2010年增加300家。“十二五”期间，湖北省组织“两化融合”培训数千人次，完成千家企业对标评估，39家企业获批国家贯标试点，6家企业正式通过认定。

3. 产业数字化改造升级进展显著

围绕《湖北省加快推进信息化与工业化深度融合行动方案（2014—2017年）》，以6个重点产业和4个优势传统产业为突破口，推动人工转机械、机械转自动、单台转成套、数字转智能，促进产品、装备、工艺、管理、服务的全方位改造。大力开展智能制造试点示范工作，首批试点示范企业达14家。制造企业逐步剥离非主营业务，交通运输、现代物流、金融服务、工业设计等生产性服务业正加快与信息技术融合发展，电子商务、物联网、云计算等新一代信息技术在工业领域广泛应用。

第二节 湖北省的创新能力和主要创新活动

湖北省是我国科教大省，最大的资源是科教资源，最大的优势是以科技创新为支撑的全面创新。

一、湖北省科技创新能力分析

“十二五”以来，湖北省科教资源进一步聚集，科技创新能力不断提高。根据科技部《中国区域科技进步评价报告 2015》，湖北省 2015 年综合科技进步水平指数为 62.84%，比 2014 年的 59.20% 提高了 3.64 个百分点，位居全国第十位，在中部地区处于领先地位。

（一）科技创新投入

湖北省财政科技投入逐年快速增长，引导带动全社会加大创新投入。从 2008 年到 2015 年，湖北省地方财政科技支出从 23 亿元增加到 157.36 亿元，占地方财政支出的比重从 1.4% 增加到 2.57%；全社会 R&D 经费支出从 149 亿元增加到 570.3 亿元，R&D 经费支出占 GDP 比重从 1.31% 增加到 1.93%。按照科技部《中国区域创新能力监测报告 2015》数据，2014 年湖北省地方财政科技投入 134 亿元，位居中部地区第一。2014 年，湖北省企业研发费用加计扣除额超过 80 亿元，共有 1180 家高新技术企业享受税收减免优惠，减免所得税 36 亿元。2016 年，湖北省 R & D 经费支出 620 亿元，比上年增长 10%，占全省生产总值的 1.92%。尤其是面对中央财政科技计划管理改革第一年的重大调整变化，省内高等院校、科研院所、企业和科技人员，与全省科技部门共同积极衔接，共争取国家重点研发计划、自然科学基金项目 2385 项，经费总额超过 30 亿元，项目推荐数、入选率、立项数均保持了较高水平，充分体现了湖北省持续增强的自主创新能力和科技竞争实力。其中，由华工科技牵头的“基于超导回旋加速器的质子放射装备研发”项目获国家拨经费 1.96 亿元。另外，2016 年，湖北省全年共争取国家高技术产业发展项目 6 个，争取国家资金 8.3 亿元。

（二）科技创新人才

2015年底，湖北省共有科技人员38.84万人；R&D人员21.81万人，居全国第七位；在湖北两院院士70名，入选国家“973计划”首席科学家79人次，国家“千人计划”专家273名，居全国前5位。2016年，湖北省积极争取国家创新人才推进计划、万人计划等人才工程的支持，重点围绕企业组织实施“省双创战略团队计划”和“省百人计划（企业类）”等省级重大人才工程，通过整合各类创新资源，有效支撑了科技人才创新创业。2016年，湖北省39人入选科技部创新人才推进计划，首次超越江苏位列全国第三；66人入选国家第二批“万人计划”，位居全国前列。通过省自然科学基金的前期培育，2016年，湖北省又一批优秀科技人才成长为具有较强影响力的学术领军人才，新增3个国家创新群体和13位国家杰青，是湖北省近几年获批人数最多的一年，其中省属高等院校首次获批2位国家杰青，从而使全省国家杰青达到188名，国家创新群体达到17个。作为我国著名科教大省，2016年末，全省普通高等教育本专科在校生140.18万人，毕业生39.42万人；研究生招生4.08万人，在校研究生12.21万人，毕业生3.55万人，均居全国前列。省会武汉高等院校密集，是世界上在校生和毕业生最多的城市。仅在东湖国家自主创新示范区，自2009年实施“3551光谷人才计划”以来，已聚集海内外4000多个人才团队、4万多名硕士以上人才、326名国家“千人计划”专家、152名“湖北省百人计划”专家、1238名“3551光谷人才计划”入选者。据统计，在东湖国家自主创新示范区1063家高新技术企业中，拥有“3551光谷人才计划”人才的企业为328家，占总数的31%；在2016年新认定的299家瞪羚企业中，拥有“3551光谷人才计划”人才的企业为136家，占总数的45%。东湖国家自主创新示范区建设人才特区7年来，创新创业人才大幅集聚，创新创业活力明显增强，创新创业能力不断提升，高新技术产业，尤其是战略性新兴产业不断壮大。

（三）科技创新平台

目前，湖北省拥有123所高等院校，尤其是部属高校约占全国总量的10%，超过中部地区其他五省之和；中国科学院武汉分院、武汉邮电科学研究院等大院大所云集武汉。依托高等院校、科研院所和骨干企业建设了一大批科技创新平台（基地），在湖北国家级科技创新平台数量居全国前列、中西部地区之首。武汉光电国家实验室是全国6个国家实验室之一，此外湖北还建有国家重点实验室27个、国家部委重点实验室58个、国家工程（技术）研究中心19个、国家企业技术中心44家、国家级产业技术创新战略联盟8家、国家技术转移示范机构20家（位居中部地区第一）。湖北省从产业发展实际需要出发，依托行业领军企业、高等院校和科研院所，建设了一批省级产业技术研究院、工程技术研究中心、校企共建研究中心等省级产业技术创新平台，成为区域经济发展的重要支撑。截至2015年，湖北省共有省级产业技术研究院11家，省级重点实验室149家，省级工程技术研究中心384家，省级校企共建研发中心205家。2016年，又新支持组建3家省级产业技术研究院、9家省级重点实验室、4家省级产业技术创新战略联盟，新认定64家省级工程技术研究中心、45家校企共建研发中心，进一步优化了覆盖基础研究、应用开发、成果转化等各个环节，支撑工业、农业、社会发展等各个领域的科技创新平台建设布局。湖北省深入探索财政科技投入方式创新，大力推进建立以平台为载体承担项目的工作机制，2016年，省级科技计划项目资金60%以上用于支持各类创新平台，重大项目100%由省级以上技术创新平台承担，实现了平台持续创新能力和项目研发成功率的“双提升”。2016年，湖北省以国家技术转移中部中心建设为主线，加快完善科技中介服务体系，全面启动襄阳、宜昌两个分中心实体平台建设，全面推进科惠网二期开发，采集资源有效性达到95%以上。湖北省还以大型科学仪器协作共享平台为依托，大力推进科技资源开放共享，首次实行科研仪器设备开放共享“双向补贴”，经第三方机构审核，全年共补贴使用单位108家，补贴金额740.9万元；补贴提供单位65家，补贴金额241.8万元。

二、湖北省创新活动的主要作为

湖北高度重视实施创新驱动发展战略，积极创建国家创新型试点省份，统筹推进以科技创新为核心和引领的全面创新。

（一）“创新湖北”建设成为省域发展核心战略

科技创新历来在湖北具有举足轻重的战略地位。1993年，湖北在全国率先提出实施“科教兴鄂”战略；2006年，省委、省政府做出建设创新型湖北的决定，并将建设创新型湖北作为构建促进中部崛起战略支点的重要支撑；2007年，湖北省第九次党代会，进一步提出把创新写在湖北发展的旗帜上；2012年，湖北省第十次党代会上明确将“创新湖北”纳入“五个湖北”建设总体框架，作为未来“黄金十年”发展的总任务之一，并将“创新湖北”作为“五个湖北”建设的动力之源。2016年，为践行“创新、协调、绿色、开放、共享”的发展理念，深入实施创新驱动发展战略，科技部批复同意湖北建设国家创新型省份。

推进创新型省份建设是落实习近平总书记“走在前列、建成支点”重要指示精神的必由之路，是加快“创新湖北”建设的最重要抓手。

（二）“一主两副”成为全国创新改革先行区

“十二五”期间，湖北省国家创新型试点省份建设、武汉市系统推进全面创新改革试验城市建设和国家创新型试点城市、东湖国家自主创新示范区建设、武汉城市圈科技金融改革创新试验区建设陆续获批并有序推进。此外，国家还在湖北布局建设技术转移中部中心，批准建设东湖国家军民融合科技创新示范基地。2016 年 12 月，国家在武汉市中部地区中心城市建设的既有基础上，进一步批准武汉建设国家中心城市。2009 年，武汉东湖高新区成为第二个国家自主创新示范区，围绕体制机制创新方面不断加大改革创新工作力度，在股权激励、“新三板”扩容和税收试点等政策上先行先试；出台《东湖国家自主创新示范区条例》，将有关成功经验做法上升为法律，确保示范区改革创新于法有据、有序进行；积极发挥辐射带动作用，与周边地区合作共建了 23 个“园外园”。在科技部最新公布的全国高新区评价中，东湖国家自主创新示范区综合排名居全国第三位。武汉、襄阳、宜昌 3 个国家创新型试点城市，作为湖北省一元多层次发展战略定位的“一主两副”中心城市，在建设区域创新体系中不断探索，取得积极成效。2015 年，武汉市委、市政府出台《关于加快推进全面创新改革建设国家创新型城市的意见》等“1+9”政策文件，总体部署了一系列重大任务和举措；同年 9 月，武汉市作为全国 8 个全面创新改革试验区之一，纳入国家系统推进全面创新改革试验的总体方案中。襄阳市注重培育科技型中小企业，是首批国家科技创新服务体系建设试点之一，同时还是国家可持续发展实验区和国家科技进步示范市；宜昌市围绕新材料产业谋求创新突破，打造完整的产业链和技术创新体系，成为全国唯一的新材料产业示范城市。2016 年 8 月，中国（湖北）自由贸易试验区正式获批建设。中国（湖北）自由贸易试验区实施范围 119.96 千米^2，涵盖武汉片区 70 千米^2、襄阳片区 21.99 千米^2、宜昌片区 27.97 千米^2。其战略定位是：以制度创新为核心，以可复制可推广为基本要求，立足中部、辐射全国、走向世界，努力成为中部有序承接产业转移示范区、战略性新兴产业和高技术产业集聚区、全面改革开放试验田和内陆对外开放新高地。其发展目标是：经过 3 ～ 5 年改革探索，对接国际高标准投资贸易规则体系，力争建成高端产业集聚、创新创业活跃、金融服务完善、监管高效便捷、辐射带动作用突出的高水平高标准自由贸易园区，在实施中部崛起战略和推进长江经济带发展中发挥示范作用。2016 年 12 月，国家发改委正式推出武汉市建设国家中心城市指导意见，要求加快将武汉建成全国经济中心、高水平科技创新中心、商贸物流中心和国际交往中心，以此增强辐射带动功能、支撑长江经济带发展，激发改革创新动力、推动中西部地区供给侧结构性改革，构筑内陆开放平台、纵深拓展国家开放总体格局。

（三）科技体制改革为创新创业定向开路

近几年来，湖北省在省级层面成立了科技体制改革专项领导小组，不断完善科技体制改革总体设计，持续为科技创新创业清障搭台。据不完全统计，2008 ～ 2016 年，湖北省密集出台了 30 余件关于加快高新技术产业发展、鼓励创新创业、促进科技成果转化、创新科技投入机制、建立自主创新长效机制等方面的激励和保障政策，省科技厅、发展和改革委员会、经济和信息化委员会、财政厅、人力资源和社会保障厅、税务局、教育厅、检察院等部门又相继出台了配套政策 80 余件，形成了一套完整的创新政策法规体系，并不断督促落实，全省创新政策法规环境不断优化。2012 年 8 月，东湖国家示范区先行先试，出台《促进东湖国家自主创新示范区科技成果转化体制机制创新的若干意见》（“黄金十条”）；湖北省 2013 年 12 月出台了《促进高校院所科技成果转化暂行办法》（“科技十条”）及其实施细则；武汉市 2014 年上半年出台《市人民政府关于深化武汉地区高校、科研机构职务科技成果使用 - 处置和收益管理改革的意见》（“汉十条”）。从“黄金十条”到“科技十条”、“汉十条”，都坚持“下放使用权和处置权、扩大收益权”的改革思路，率先在全国实现了科技成果转化政策的突破，激发了科技人员转化科技成果的活力，在全国产生了巨大影响。为大力推进和服务大众创业、万众创新，东湖国家示范区 2014 年 12 月又率先推出《东湖国家自主创新示范区关于建设创业光谷的若干意见》（光谷“创业十条”）；在此基础上，2015 年 5 月湖北省科技厅立足全省实际，推出针对性更强、力度更大《湖北省科学技术厅关于深入推进科技创业的十条意见》（即“科技创业十条”），主要围绕建设新型创业服务平台和专业技术平台、优化科技创业金融环境、建立健全科技创业牵引服务机制、加大财政资金支持力度、优化创新创业配套服务等方面进行政策扶持。2015 年，湖北省出台《湖北省人民政府关于深化体制机制改革加快实施创新驱动发展战略的实施意见》，在更大范围、更高层次上动员和整合了省直相关部门政策资源和手段，有效减少了政出多门、职责不清、目标分散的缺陷。同年启动实施了“湖北省科技成果大转化工程”，颁布的促进科技人员服务企业的“新九条”，率先提出改革企业委托研发项目经费管理办法，提高科技人员的科研劳务收入比例，重视科技人员的“活劳动”，从简落实研发费用加计扣除政策和技术性服务增值税政策。2016 年，湖北省坚持整体推进和重点突破相结合，不断深化科技体制改革。一是制定出台《湖北省自主创新促进条例》，将湖北近年来科技体制改革的一系列成熟做法，以地方立法形式予以确立和保障。二是审议出台《湖北省科技创新发展“十三五”规划（2016—2020年）》《湖北省深入推进科技体制改革实施方案》《湖北省创新型省份建设推进计划》等3项综合性文件，进一步明确了“十三五”全省科技创新发展和创新型省份建设的总体部署、具体目标、重点任务和职责分工。三是制定出台了与“科技成果转化十条”、促进科技人员服务企业的“新九条”相配套的横向科研经费管理办法和个人所得税征收细则，着力打通政策落实“最后一公里”，为科技人员创新创业、转化科技成果解除后顾之忧。四是颁布实施《关于加快发展新经济的若干意见》（“新经济十六条”），围绕营造宽松包容发展环境、健全人才集聚流动机制、完善财政金融支撑体系、支持创新创业平台建设，出台了16条具体细则，以此大力推动湖北省经济转型升级，释放新经济发展活力。

三、湖北省创新活动的主要成绩和显著特点

近年来，湖北全省上下围绕创新湖北建设，深入实施创新驱动战略，取得了一系列重大成就。

（一）科技创新成果不断“竞进提质”

根据《中国区域创新能力监测报告2015》数据，2014年湖北省许多科技创新产出指标位居全国前列，SCI收录科技论文数位居中部地区第一、EI收录科技论文数位居中部地区第一、CPCI-S收录科技论文数位居中部地区第一、万人国际科技论文位居中部地区第一、万人国内科技论文位居中部地区第一。2008年以来，湖北科技人员承担的国家自然科学基金和973计划项目数量一直保持在全国前列。2014年，湖北登记重大科技成果1778项，稳定应用、转化1697项；2015年，湖北省获国家科技奖27项，连续多年获奖总数居全国第四位和中部地区第一；2016年，共有29项成果获国家科技奖，获奖数量继续保持全国前列、中部领先优势。截至2016年，湖北省已有51个学科进入ESI世界学科排名前1%，在全国位居第四，其中武汉大学测绘科学与技术、华中科技大学机械工程等9个学科全国排名第一。2015年，湖北省共登记科技成果1963项，同比增长10.4%；发明专利申请量居全国第十一位，发明专利授权量居全国第九位，均比上年前进一位；湖北省技术合同成交额不仅在中部地区稳居第一，而且从2014年的全国第五位跃居到第二位。2016年，湖北省登记技术合同24 248项，

实现技术合同成交额 927.73 亿元，较上年增长 11.76%；获得国家科技奖励 29 项，其中作为第一完成人 13 项，较上年增长 2 项，继续保持全国前列；发明专利申请量和授权量分别比上年增长 45% 和 9.6%，万人发明专利拥有量从去年的 4.3 件提高至 5.39 件。湖北省标准化发展也取得新成就，截至 2015 年底，全省企事业单位主导或参与研制国际标准 27 项、国家标准 1246 项、行业标准 4804 项、地方标准 1021 项、备案企业标准 19 044 项。

（二）关键技术突破引领产业转型升级

近年来，湖北省围绕产业链部署创新链，面向区域重点、优势、特色产业发展需求，瞄准产业技术创新主攻方向，着力推动核心关键技术攻关和成果产业化，引领支撑产业转型升级提质增效。湖北省大功率激光器、9 轴联动高性能数控系统、彩色聚合碳粉、非制冷红外焦平面探测器、北斗米级差分导航与厘米级广域实时精密定位系统、语联网云翻译平台等重要创新成果实现了产业化，打破了国外技术封锁和产品垄断，填补了多项国内空白，成为产业提档升级的动力引擎和高新技术产业发展的“源头活水”。湖北省在光电子设计与制造、光纤光缆、超大容量光传输、下一代光通信等领域掌握了一批具有自主知识产权的核心技术，创造了光通信领域的一系列“中国第一”，使我国光纤通信成为高技术及产业发展中与发达国家差距最小的领域之一。“武汉 · 中国光谷”是全球最大的光纤光缆生产基地，全国最大的光电器件生产基地、激光技术产业化基地，已成为中国在光电子信息领域参与国际竞争的知名品牌。湖北在双低油菜、红莲型杂交稻、优质猪、淡水水产品、莲藕及动物疫苗等领域的技术力量、产量均居全国第一。2016 年，在高新技术领域，烽火通信再次刷新了光传输世界纪录，达到每秒 560 百万兆字节，1 根光纤可供 135 亿人同时通话；武汉锐科研制出大功率光纤激光器用特种光纤，突破了国际特种光纤产业垄断格局；华中科技大学研发的“智能微铸锻”金属 3D 打印技术，成功制造出世界首批 3D 打印锻件，改变了长期以来由西方引领的“铸锻铣分离”的制造历史；扬子江汽车集团与中国地质大学（武汉）合作研制的全球首款以液态氢为驱动能源的客车“泰歌号”成功下线，将极大地推动氢能在汽车领域的产业化应用进程；铁四院高速动车组安全运行保障技术成功运用于武汉动车段，全面提升了我国高铁动车组运维保障高端装备设计制造水平。另外，在农业科技领域，鄂马铃薯 11 号、鄂西瓜 17 号、猕猴桃和茶树立体种植等 23 项公益性成果有望达到量产；在社会发展和民生领域，可控式胶囊内窥镜、十八导心电图机等一批世界领先的创新成果进入市场，国产“质子刀”有望打破高端医疗装备进口垄断；在知识创新领域，测绘遥感国家重点实验室研发了全球首颗专业夜光遥感卫星“珞珈一号”，波谱与原子分子物理国家重点实验室星载铷原子钟已批量应用于北斗卫星和实践卫星，铁路轨道安全省重点实验室焊轨基地单线生产能力达到世界领先水平。

（三）高新技术产业调结构转方式成效显著

“十二五”以来，湖北省高新技术产业增加值年均增长18.6%，高新技术产业增加值占GDP的比重平均每年提高1.1个百分点，高新技术产业日益成为湖北稳增长、调结构、转方式最主要的驱动力。2015年，湖北省完成高新技术产业增加值5029亿元，是2010年的2.95倍，同比增长12.98%，高于工业增速4.3个百分点；高新技术产业增加值占全省GDP比重达到17%。2015年，湖北省新认定高新技术企业833家，高新技术企业总数达到3317家。2016年，湖北省高新技术产业实现增加值5574.54亿元，较上年增长13.9%，其中高新技术制造业实现增加值4761.62亿元，增长13%，高于同期工业增速5个百分点。2016年，在国家高新技术企业认定标准进一步硬化、细化、量化的情况下，湖北省高新技术企业申报数和通过率均再创历史最好水平，共有1894家企业通过评审，净增1080家；高新技术企业总数突破4000家，实现3年翻番，稳居中部第一位。目前，湖北省已构建了以东湖国家自主创新示范区为龙头，东湖、襄阳、宜昌、孝感、荆门、仙桃、随州等7个国家高新区为重点，18个省级高新区、25个国家高新技术产业化基地和国家火炬计划特色产业基地、50个省级高新技术产业化基地和火炬计划特色产业基地为支撑的高新技术产业园区布局。湖北省高新区实现高新技术产业增加值占全省的比重达到70%，成为全省高新技术产业发展的核心载体和重要增长极。2016年，湖北省积极推进将县市科技创新综合考评结果以指数形式纳入了省委省政府县域经济考核指标体系，争取省委组织部将“高新技术产业增加值占GDP的比重”纳入了市州领导班子考核指标体系，进一步增强了考核结果的权威性和对市县科技创新发展的引导激励力度。

（四）科技创业成为“双创”工作新亮点

近年来，湖北省围绕“新常态”下打造经济新引擎的新要求，抢抓国家大力推进“双创”发展的政策契机，进一步加大了“科技企业创业与培育工程”实施力度。湖北省坚持以科技企业孵化器“扩规提能增效”为抓手，不断丰富和拓展“四个对接”工作内容、优化调整“3A考评”指标体系，进一步构建完善了上下联动、齐抓共管推进科技企业培育的工作体系，更加有效地引导了资金、项目、人才、平台等创新创业要素向科技创业企业聚集，更加有力地提升了科技企业孵化器专业化服务水平。武汉留学生创业园、华工科技企业孵化器等成长为广受业内认可、具有较强区域影响力的孵化器品牌；宜昌微特公司传感物联孵化器、烽火集团烽火创新谷、武汉医疗器械企业孵化器迅速形成了产业配套微集群。2016 年，以科技企业孵化器为核心载体，加快完善创新创业服务体系，新建省级科技企业孵化器 40 家，国家级科技企业孵化器 5 家，众创空间 26 家，全省各级各类科技企业孵化器总数超过 500 家，包括省级以上孵化器 139 家，其中国家级 51 家，位居全国前列、中部第一。全省各级各类科技企业孵化器建筑面积突破 1200 万米^2，在孵企业总数超过 16 000 家，平均每年新增在孵企业近 3000 家，仅 2016 年新增 4500 多家。湖北省科技厅较早实施“科技促进大学生创业就业专项行动”，激发了全社会创新创业的热情，创客空间、创业咖啡、梦想集装箱等一批众创空间蓬勃发展，以“创业路演 + 天使投资”、“校园创客 + 创业辅导”、“创业孵化 + 创业投资”等为代表的新型创业孵化模式日趋成熟，创业大赛、创业路演等活动精彩纷呈。科技创业已成为湖北省“双创”工作中最为活跃的特色和亮点，武汉“青桐汇”创业服务模式进高等院校、下市州，在全省各地广为复制，成为全国创业界的知名品牌。

（五）科技金融全方位加快推进

湖北省科技金融全方位推进，武汉城市圈成为全国第一个科技金融改革创新试验区。湖北省于 2008 年设立第一支省级政府引导基金——湖北省创业投资引导基金，充分发挥政府财政资金的引导撬动作用和市场对金融资源配置的决定性作用，加快科技成果转化，提升全社会支持大众创业、万众创新的科技金融服务能力，有效缓解了科技型中小企业融资难问题。到 2016 年上半年，湖北省创业投资引导基金的总规模合计达到 6.879 亿元，采取阶段参股、项目跟投等方式参股设立创投子基金 19 只，子基金总规模达 39.8 亿元，实现杠杆放大效应超过 9 倍。2016 年，湖北省首次开展了湖北省创业投资引导基金绩效考核评价工作，湖北省创业投资引导基金累计完成项目投资 308 项，投资总额达到 23.79 亿元，运行 8 年来首次荣登“全国政府引导基金二十强”。在湖北省创投引导基金的示范带动下，武汉市设立了规模 5.835 亿元的科技创业投资引导基金，发起设立子基金 31 只，协议规模达到 39.74 亿元；东湖国家自主创新示范区设立子基金 26 只，总规模超过 55 亿元；宜昌、襄阳、荆州、十堰、鄂州、黄石、黄冈、仙桃、潜江、天门等地市先后设立了政府性创投引导基金，全省已初步形成较为完善的横向协同、纵向联动的创业投资服务体系。2015 年，湖北省获得科技部创业投资引导基金和国家战略性新兴产业引导基金支持 5.2 亿元，吸引深创投、日本大和、硅谷天堂等国内外知名创投机构来湖北设立基金，培育了省高投、华工创投、长江资本等知名本土创投机构，2015 年，湖北省登记各类股权投资类企业 912 家，注册资本 546.69 亿元，较上年同期分别增加了 49.75% 和 15.9%。另外，湖北省科技厅 2016 年还出资 4 亿元参与省级股权投资引导基金，探索建立科技成果转化投入新机制。目前，湖北创业投资体系建设已跃居全国前列，中部第一。光谷产权交易所建立了全国区域股权市场首个“科技板”，已挂牌融资的科技型中小企业 350 余家。全省科技型企业成长路线图计划重点培育了 465 家企业，其中 10 余家已在创业板上市，120 余家成长为省重点上市后备企业。湖北省已连续 9 年主办“中国中部（湖北）创业投资大会”，连续 5 年主办中国创新创业大赛（湖北赛区），科技金融生态环境持续优化。2015 年底，为积极解决投融资中的信息对称和征信体系方面的问题，联合武汉知识产权交易所和腾讯武汉公司等专业机构，启动建设湖北科技金融创新创业服务平台。截至 2016 年，湖北科技金融创新创业服务平台建设成效明显，已汇集全省 1.3 万余家科技型企业、400 余家省内外投资和金融机构、近百家产业园区和孵化器、600 余种金融产品，建立了线上线下服务对接工作机制，已帮助省内科技型中小企业促成融资 8.22 亿元。

（六）开放合作创新取得新进展

“十二五”期间以来，湖北省坚持“开放合作”与“支撑引领”并举、“请进来”与“走出去”并重，筑牢湖北国际合作基础，培育企业全球创新能力，在服务国家外交大局中体现了“湖北担当”，在促进湖北开放发展中发挥了“科技作为”。以硅谷连光谷“双谷”合作为代表的国际科技合作长效机制走向深化，一批省内高等院校、科研院所与企业在海外设立研发中心或技术推广基地，湖北省高新技术产品出口持续增长，战略性新兴产业国际化步伐不断加快。截至 2015 年，全省已建成国家、省级科技合作基地 87 家，与 150 多个国家和地区建立了经济贸易和技术合作关系，引进光电、能源、生物、材料等领域海外高层次人才 3200 多名，生物基因诊断及治疗中俄大功率碟片激光器等一大批国际水平高新技术在湖北“开花结果”，以北斗技术、现代种业、光电信息为代表的高技术成果在“一带一路”沿线和部分非洲国家“落地生根”，对促进全省经济结构调整和外贸结构调整起到了重要作用。2016 年，湖北省国家、省级国际科技合作基地突破百家，实现了对省内优势学科和产业的全覆盖；共组织 15 批科技项目团组赴境外交流洽谈，巩固和拓展了湖北对外合作渠道，促成了省中医院等单位与芝加哥康复研究所共建康复研究平台等一批重大科技合作项目；主办及承办了“2016 年中国南非高技术展示交流会”、“县域科技型企业合作研发精准对接专场”等系列国内外重大对接活动，组团参加了多个国际知名展览，服务近 300 家企业对接国际创新资源、加快海外布局。2016 年，湖北省高新技术产品出口达到 94.09 亿美元，同比增长 17.4%，科技外向度进一步提高。2016 年，东湖国家自主创新示范区首次设立海外引才基地，从全球范围引进人才。通过举办中国光谷“3551 光谷人才计划”青年创业大赛，覆盖欧洲主要发达国家和国内 10 余个重点省（市），辐射海内外 100 000 余名创业者，发现了大量新的优质候选人才项目。

第三节　湖北省创新和协同创新中存在的主要问题

尽快湖北省的创新发展取得了一定成绩，但积极主动融入长江经济带一体化发展还不够，尤其是在创新和协同创新发展中还存在一些问题，甚至缺乏应有的忧患意识。

一、思想解放创新不够

湖北省地处长江中部地区、内陆腹地，与沿海发达地区相比，对外开放程度不够，经济社会发展也相对落后，思想观念相对封闭保守。不仅如此，长期津津乐道自身的科教大省地位和科教资源优势，对长江经济带，尤其是周边省份乃至全国创新发展竞争格局变化失去敏感，甚至沉浸于自诩中部地区创新老大的自娱自乐之中。殊不知，科教资源优势并不是创新能力优势，科教大省并不意味着就是创新强省，昔日科技辉煌并不代表今日科技灿烂。事实上，安徽、湖南等长江经济带沿线部分省份和中部地区省份在创新能力建设方面的行动，已经不经意间悄悄走到湖北省前面，湖北省与发达地区的差距也越来越明显。值得警醒的是，湖北省一边讲“弯道超车、换道超越”，一边被竞争对手“超车”、超越，必须深刻反省自己的精神状态和行动效率。究其原因，由于传统体制机制的历史惯性和急功近利的社会时疫，湖北省多年来重科研论文轻发明专利、重科技奖励轻科技成果转化、重标志科技轻民生科技、重高等院校及科研院所知识创新轻企业技术创新、重政府支持轻市场导向等现象并没有从根本上改变。这几“重”几“轻”现象，折射出湖北省创新思想和创新观念与时俱进不够，也制约了湖北省由科教大省向创新强省的跨越式发展。

二、市场导向创新不够

湖北省技术创新市场导向意识不强，自然会具体影响到技术创新市场导向机制的建设，影响市场在科技资源配置和技术创新中发挥决定性作用。科技体制机制改革的关键问题是处理好政府与市场的关系问题，建立健全以市场为导向的技术创新机制。政府作为技术创新制度与政策供给者、技术创新环境营造者和公共创新服务提供者，具有支持和引导技术创新发展的重要使命，必须强化创新服务。实际上，湖北省还或多或少存在政府过多干预企业技术创新活动的现象，许多企业的技术引进、技术改造带有浓重的政府行为色彩，政府有时甚至代替企业成为技术创新的投资和决策主体。不仅如此，与长江经济带改革先行省（市）相比，湖北省政府与企业、科研院所和社会中介组织的关系尚待进一步理顺，在局部事项客观还存在以政府替代市场而不是积极培育市场体系的现象。在创新服务方面，湖北省政府部门一定程度上还停留在科技管理时代，过多地从事科技资金的具体分配和项目的日常管理，政府现有科技资源配置工具大多是供给导向的，供给质量和供给效率不尽人意，在支持创新技术和产品的市场培育方面明显不足。

三、市场主体创新不够

技术创新市场导向意识不强、技术创新市场导向机制建设不够，归根到底是湖北省创新的市场主体培育不够。湖北省曾是传统制造业大省，特别是传统国有大中型企业比较多，国有企业改革改制任务比较重，企业创新发展相对乏力，尤其是或多或少影响了民营企业的蓬勃发展。改革开放以来，湖北省在新兴企业、特别是高新技术企业的培育和发展方面取得了长足发展，但与长江经济带、东部沿海发达省（市）相比，无论在企业数量、质量和规模上都存在很大的差距。一是企业规模明显偏小，尤其是缺乏一大批高速发展的“瞪羚”式科技中小企业。截至 2015 年，湖北省高新技术企业总数达到 3300 家，增加值突破 5000 亿元，但平均下来每个企业大约只有 1.5 亿元。在“2016 湖北企业百强”榜单中，仅东风汽车的营业收入（5204.5 亿元）就超过 42 家民营企业的营业收入之和（4748.1 亿元），由此可见支撑湖北省产业经济发展的仍然是少数大型国有企业。二是知名龙头企业过少。拥有一批具有国际竞争力的知名龙头企业是一个国家或地区竞争力的重要体现。尽管湖北省在光电子信息等领域有烽火科技、长飞光纤、华工科技、凯迪电力等少数龙头企业，但与北京的联想、新浪、百度，以及广东的华为、中兴，浙江的阿里巴巴等业界领军企业相比，无论企业规模还是行业影响力，都不在同一个数量级上。受自身发展规模和实力的限制，湖北省企业普遍创新能力不强、自主创新意识不高，重引进、轻研发，重加工、轻品牌，企业的技术创新主体地位得不到真正确立，企业的技术创新主体作用得不到有效发挥。

四、政产学研协同创新不够

政产学研协同创新不够是制约湖北省加快科教大省向创新强省跨越的重要因素。由于企业实力不强、创新意愿不高，加上思想观念和传统体制机制的惯性，湖北省政产学研协同创新发展不够，且创新效率不尽如人意，与长江经济带发达省（市）有明显差距。一是政产学研协同创新动力不足。政产学研协同创新各主体来自不同领域，有着各自的事业追求、价值观念和评价体系，导致各主体参与协同创新的动力和活力不足。二是政产学研合作组织形式不适应。湖北省政产学研合作仍然以产业政策供给、技术转让、单一项目合作、围绕某一领域的“点对点”合作居多，围绕产业链进行协同创新的重大项目比较少。三是利益分配不合理。没有形成真正的科技协同创新利益共同体，共同投入、成果共享、风险共担的机制建设不完全到位，责权不清导致的协同创新利益分配不尽合理。四是创新投入不够。湖北省高等院校及科研院所自身并不具备实现自我转化的资金实力，企业受自身实力限制面对技术创新高风险的压力往往望而却步，社会投资机制不健全导致政产学研协同创新资金不足。五是创新平台建设不足。尽管湖北省形成了比较完善的知识创新体系，高水平重点实验室等创新平台的数量也较多，但是创新平台的领域、数量、结构分布不能完全适应市场发展需要，特别是依托企业建立的实验室占全省各类实验室的比重不大，面向中小企业的公共研发服务平台建设实效还不明显。六是公共科技资源共享不足。湖北省一方面企业研发投入不足，科研基础设施缺乏；另一方面仪器、设备等公共科技资源重复建设、多头管理，科技资源共享的制度、法规不健全，政策引导作用效果不明显，尚未真正形成科技资源的社会共享机制。

五、创新人才队伍建设不够

在我国各省（市）聚集资源的竞争与博弈背景下，由于多年来发展不够、发展不快、发展不优的困扰，湖北省创新人才队伍建设难免受到一定的影响。一是人才流失现象较为严重。首先是本地高等院校毕业生在武汉就业率相对比较低，湖北省省会城市武汉作为中国人才培养的重要基地，为全国各地乃至世界上许多国家输送了大量人才，湖北省却没有因此而“近水楼台先得月”。其次是湖北省企业现有人才、特别是中青年优秀人才流失较为严重，且主要流向北京、东南部沿海发达省（市）及周边地区。2016年以来，在全国新一轮的人才竞争中，湖北省又面临着优秀高层次人才流失的新挑战。二是高端领军人才缺乏。尽管湖北省通过实施若干人才引进优惠政策，引进了一些海内外高级人才，但真正能够承担起湖北省创新强省建设重任的人才，尤其是具有世界水平的高端基础研究人才、高端产业研究开发人才、高端企业管理人才、高端创业人才和高端服务人才，仍然相当缺乏。造成湖北省优秀人才外流及高端人才聚集不足的主要原因，一方面在于湖北省经济、产业、企业和社会的整体发展相对发达地区滞后，对优秀人才及高端人才的吸引、接纳和承载能力有限；另一方面在于湖北省体制机制改革开放的力度不强、程度不够、高度不够，缺乏优越的创新环境和人才发展的有效激励机制。

六、创新社会环境强度不够

近年来，湖北省在创新环境建设方面下了很大功夫，集中出台了一系列激励和保障政策，但与长江经济带发达地区相比，仍然存在一些亟待解决的问题。从湖北省创新政策环境看：一是政策时效性不足。湖北省一些创新政策刚出台时，在中部地区乃至全国引起了热烈反响，但很快就被其他省（市）仿效和超越，在创新资源的激烈竞争中反而很快减效失效。二是政策保障性不够，监督执行力度不强。许多创新政策未上升到立法层面，缺乏立法保障，造成创新政策执行力不强、落地实施很难。三是综合引导类政策较多，专项政策较少。专项类政策缺乏会导致创新政策落实扶持配套能力的减弱，造成创新政策体系运行不畅。四是创新政策出台较多，实施细则较少。创新政策缺少配套实施细则，在后期操作层面不能对创新政策法规做出更为详细、具体的解释和补充。五是管理办法较多，具体实施办法较少。在管理办法中多为项目资金类、人才类管理办法，实施办法偏绩效考评、奖励、产品鉴定等量化指标较为明显的办法，其他偏管理层面创新政策法规并无配套实施办法，可操作性差。从湖北省创新区域环境看：一方面，湖北省地处长江中部地区，是全国唯一不与沿海沿边省（市）接壤的省份，不仅无法直接享受国家相关沿海沿边区域发展战略红利，反而会因这些沿海沿边区域发展战略影响，在创新资源的激烈竞争和区域创新合作中处于劣势，也直接影响了湖北省在中部地区崛起、长江经济带及长江中游城市群等区域发展合作战略中的地位和作用。另一方面，湖北省进入国家发展战略层面的先行先试示范区，往往集中、叠加在首位度很高的武汉市乃至东湖国家自主创新示范区，但对武汉城市圈、湖北省其他市州的辐射带动作用不明显，其他市州反而因为“虹吸效应”流失大量创新资源和发展机会。显而易见，武汉城市圈不论是发展速度和还是发展质量，与周边的长株潭城市群、中原城市群、合芜蚌城市群等区域有一定差距，其对湖北省经济社会发展的辐射带动作用未能充分释放。国家赋予武汉建设长江经济带超大城市、国家中心城市的战略使命，有可能进一步强化其在湖北省的首位度。

七、全球创新网络参与不够

在经济全球化向纵深发展的背景下，任何国家及地区都不可能游离在全球创新网络之外。从总体上看，湖北省国际化发展相对滞后，客观上影响全球创新网络的参与数量和质量。一是国际影响力有限。相对于沿边沿海省（市），尤其是和长江经济带发达地区相比，湖北省的国际影响力和知名度还十分有限，国际形象塑造和品牌营造存在先天不足。首先是深处内陆的区位限制客观上导致湖北省对外交流不够，开放程度相对较低，积极参与国际创新交流和合作意识不强；其次是没有充分利用现代科技手段和武汉交通枢纽优势，努力创造国际创新交流和合作的便利条件；再次是故步自封的区域观念和地方文化不能与时俱进，相应的配套生活设施和社会环境对国际优秀人才缺乏足够的吸引力。二是国际竞争力不强。湖北省产品销售收入主要来自国内，参与国际分工的能力还非常有限。这具体表现为整体的国际竞争力较弱、缺乏参与国际竞争的国际化大企业、相当一部分企业的研发处于非核心技术环节、产品的国际竞争力不强、缺少国际知名品牌等。三是国际化人才不多。目前，湖北省归国人员占从业总人数的比例较低，具有国际化视野的优秀创新人才、产业领军人才、高端技术人才和经营管理人才稀缺。四是国际化治理水平不高。湖北省，尤其是武汉要加快国际化进程，需要尽快形成与之相匹配的国际化治理和服务能力。目前，尽管湖北省已经采取了一系列特殊政策和举措，但体制机制等软环境建设仍不够完善，吸引并留住天下英才的政策创新仍显不足，还不能提供具备国际水准的高舒适度生活条件和社会服务，这都将在很大程度上制约创新强省的国际化水平提升。

第四节 “十三五”时期的规划与构想

为加快“创新湖北”建设，实现“建设支点、走在前列”，湖北省“十三五”时期将进一步强化创新和协同创新。

一、《中共湖北省委关于制定全省国民经济和社会发展第十三个五年规划的建议》强化创新驱动

《中共湖北省委关于制定全省国民经济和社会发展第十三个五年规划的建议》提出，要“大力实施创新驱动发展战略，坚持以理念创新为先导、科技创新为核心、产业创新为基础、体制机制创新为保障，着力建设创新型经济蓬勃发展、创新人才加速集聚、创新载体功能完善、创新体制架构健全、创新活力竞相迸发的创新强省。”《中共湖北省委关于制定全省国民经济和社会发展第十三个五年规划的建议》特别提出要从以下四个方面“积极发挥科技创新在全面创新中的引领作用，切实推进创新链与产业链的整合”。

（一）加强科技创新能力建设

加强基础研究，强化原始创新、集成创新和引进消化吸收再创新，大力支持和推动颠覆性技术创新。积极争创国家科技中心，全面提升基础研究影响力。建设一批国家实验室、国家重点实验室、产业技术研究院、工程技术研究中心等创新平台。重点实施一批关系湖北省发展全局的重大科技项目，组织开展新一代信息技术、大数据、新材料、高档数控机床、集成电路、生物医药、生物种业等关键核心技术攻关，孕育若干战略性技术和产品。加强知识产权保护，积极开展科研国际合作。

（二）强化企业创新主体地位

加快构建以企业为主导、产学研合作的产业技术创新战略联盟，大力推动跨领域跨行业的协同创新。鼓励校企合作建设创新平台。推动龙头企业创新转型，带动产业链共同创新发展。实施高新技术企业倍增计划，加快高新技术

企业培育和认定，加速壮大高新技术产业规模。深入推进“创新型企业培育工程”、“科技型中小企业成长路线图计划”和“中小企业成长工程”的实施。

（三）加快科技成果转移转化

建设完善技术转移中介服务机构网络，着力培育技术交易市场。深入实施“科技成果大转化工程”。广泛开展多层面、多渠道、多形式的技术转移活动。进一步完善和落实“科技十条”政策，深化科技成果类无形资产处置、科研经费使用、科研人员成果转化激励等改革。

（四）加快创新人才强省建设

推进人才发展体制改革和政策创新，实施更加积极的人才引进政策，形成具有国际竞争力的人才制度优势。更大力度实施“百人计划”，建设领军型创新创业人才队伍。优化整合全省重大人才工程，重点打造科技创新型人才、企业家和青年优秀人才培养工程品牌，深入实施创新创业战略人才团队建设。全面建立“人才 + 项目 + 平台”的创新人才培养开发体系，推广创新人才联合培养共用、产学研合作培养、“订单式”人才培养模式。完善有利于人才创新创业的评价、流动和激励机制，健全市场配置人才资源机制。

（五）深化科技体制改革

推动政府职能从研发管理向科技发展战略、规划、政策、布局、评估和监督等创新服务转变。建立和实施科技决策咨询制度。健全财政科技投入稳定增长机制。完善高等院校、科研院所的科研评价制度。优化整合各类技术创新平台，切实发挥创新平台功能。加快推动重大科研基础设施和大型科研仪器向社会开放。完善知识产权保护机制，推动设立知识产权法院。

二、《湖北省科技创新“十三五”规划》部署攻坚任务

《中共湖北省委关于制定全省国民经济和社会发展第十三个五年规划的建议》强化创新的核心思想，不仅在《湖北省国民经济和社会发展第十三个五年规划纲要》“推进创新湖北建设”章节得到重点体现，而且在《湖北省科技创新“十三五”规划》中进行具体部署。

湖北省科技创新的总体目标是：到2020年，全省科技创新能力明显提升、企业创新主体地位明显强化、科技成果转化步伐明显加快、科技创新人才明显聚集、创新创业环境明显优化，建成布局合理、支撑有力，与湖北产业体系相

融合，适应并引领湖北经济社会发展需要的区域科技创新体系，区域创新能力综合排名进入全国前8，建成创新型湖北，实现创新驱动发展走在全国前列。

（一）科技创新能力进一步提升

知识创新、技术创新平台量质齐升，省级以上重点实验室达到160家、工程技术研究中心达到400家、产业技术研究院达到15家以上。具有自主知识产权和广泛应用前景的重大原始创新成果加速形成，每万人发明专利拥有量达到10件以上，每万名就业人员的研发人力投入达到55人年，高层次创新人才总量大幅提升。

（二）支撑经济社会发展能力进一步凸显

企业技术创新主体地位进一步确立，规模以上工业企业研发投入占主营业务收入比例达到1.0%以上，全省高新技术企业数量突破8000家，高新技术及战略新兴产业发展规模不断壮大，高新技术产业增加值占全省GDP的比重达到23%以上。

（三）区域创新格局进一步完善

全省形成“一元多层次”创新增长极，基本建成区域创新协同网络体系。武汉国家全面创新改革试验深入推进，建成国家产业创新中心。国家创新型城市达到5家，国家级高新区、农业科技园区、可持续发展实验区达到35个以上。

（四）创新创业环境进一步优化

科技投入规模稳步增长，全社会研发投入占地区生产总值的比例达到2.5%。科技创新创业服务体系逐步完善，省级以上各类科技创新创业服务平台实现跨越发展。全省技术转移体系更加完善，技术合同成交额突破1100亿元。各级各类科技企业孵化器总面积达到2000万米^2。公民具备基本科学素质比例高于全国平均水平，全社会崇尚创新创业的价值导向和文化氛围初步形成。

《湖北省科技创新“十三五”规划》明确了全省科技创新的战略思路和战略重点，即“一个核心、两个重点、三类平台、四大工程”。

1）坚持一个核心：以科技创新体系建设为核心，围绕创新能力的整体提升、全社会创新资源的高效配置，以企业、高等院校、科研院所、科技服务机构为主体，深化科技体制改革，促进技术创新、知识创新、管理创新、区域创新、开放创新、科技服务创新，构建形成系统完备、重点突出、运行高效的省域科技创新体系。

2）突出两个重点：以“出成果、促转化”为科技创新工作的重点，以市场为导向，发挥科技政策引导作用，加大科技创新投入，深入推进激励创新、加速成果转化等关键环节的科技体制机制改革，激发高等院校、科研院所的科技创新动力，推动科技创新成果在本地转化为现实生产力，全面提升科技在支撑经济社会发展中的引领作用。

3）强化三类平台：加快推进以重点实验室为核心的知识创新平台建设，以产业技术研究院、工程技术研究中心等为核心的技术创新平台建设，以科技企业孵化器、技术转移机构等为核心的支撑服务平台建设，建设规模适度、结构合理、功能完备、开放共享、运行高效的科技创新平台体系。

4）实施四大工程：实施“创新能力提升工程”，完善区域科技创新体系建设，提升全省科技创新水平；实施“科技成果转化工程”，完善科技成果转化服务体系，促进科技成果转化为现实生产力；实施“创新创业服务工程”，健全创新创业公共服务体系，促进大众创业万众创新；加速推进“区域创新聚集工程”，引导各市州形成各具特色的创新体系，打造多点支撑的区域创新极。

三、《湖北省创新型省份建设推进计划（2016—2020 年）》指导具体行动

《湖北省创新型省份建设推进计划（2016—2020 年）》则提出，要在 2020 年前，全省创新能力建设取得重大突破，创新动力进一步增强，创新活力进一步释放，区域创新发展综合实力和核心竞争力显著提升，湖北省率先进入创新型省份行列。为此，将实施“产业提升、成果转化、企业培育、基地建设、人才集聚、科技金融、科技扶贫”七大工程。

（一）实施“产业创新工程”，培育经济发展新优势

主要内容包括：突破产业关键共性技术、壮大高新技术产业和战略性新兴产业、转型提升传统支柱产业、提升发展现代农业、促进民生科技产业发展等 5 个方面。

（二）实施“科技成果大转化工程”，探索科教优势转化新机制

主要内容包括：深化与落实科技成果使用、处置和收益管理改革；全面推进国家技术转移中部中心建设；加强成果转化中介服务机构建设；促进科技成果首次商业应用转化；强化知识产权的创造、运用和保护。

（三）实施“科技企业创业与培育工程”，释放创新创业新活力

主要内容包括：加强科技企业创业服务平台建设、大力培育创新创业主体、整合各类创新资源服务科技企业发展等3个方面。

（四）实施“创新基地建设工程”，拓展区域发展新空间

主要内容包括：推进创新型试点城市发展、加快东湖国家自主创新示范区建设世界一流科技园区、加强科技创新平台建设。

（五）实施“创新人才集聚工程”，打造人才发展新高地

主要内容包括：完善人才评价和激励机制、大力集聚高层次创新创业人才、加大创新型人才培养力度、引导科技人才到生产和基层一线创新创业等4个方面。

（六）实施“科技金融创新工程”，构建科技投融资新体系

主要内容包括：创新建立科技投融资体系、深化科技金融产品和服务创新、积极打造湖北省科技金融创新创业服务平台等3个方面。

（七）实施“科技扶贫工程”，建立科技精准扶贫新模式

主要内容包括：实施科技扶贫产业培育行动、继续推进信息化精准扶贫、提升科技特派员服务精准扶贫能力、开展贫困地区精准科技培训等4个方面。

通过上述七大工程的实施，构建具有湖北省特色的区域创新体系，激发大众创业、万众创新的动力和活力，使创新成为引领湖北科学发展、跨越式发展的核心动力，推动经济实现“双中高”，加快把湖北省建设成为促进中部地区崛起的重要战略支点，在转变经济发展方式上走在全国前列，为建设创新型国家、建设世界科技强国提供重要支撑。

当前，湖北省正在深入贯彻落实“十三五”规划，大力实施创新驱动发展战略，是加快发展方式转变的关键时期和重要关口。中部地区崛起、长江经济带、长江中游城市群等多重国家战略及东湖国家自主创新示范区、“两型社会”建设综合改革发展试验区、全面创新改革试验区等多重国家政策的叠加，为湖北省提供了创新发展的难得机遇。面对新形势、新任务、新要求、新挑战，湖北省主动融入长江经济带建设，开展国家创新型省份试点建设，是事关全省发展全局的长远性、战略性重大任务，对深入贯彻落实国家战略部署，进一步将湖北省创新优势转变为经济发展强大动力，推进湖北经济社会发展全面驶入创新驱动轨道，加快成为中部地区崛起重要战略支点和长江经济带的脊梁，具有极其重要的现实意义和深远的历史意义。

第五节　湖北省参与长江经济带协同创新的基础条件与主要障碍

湖北省承东启西、连南接北，科教资源丰富，创新能力较强，一直是区域协作的积极发起者和参与者，有能力、有意愿、有条件、有经验参与长江经济带协同创新，引领和支撑长江中游经济带创新发展。

一、湖北省参与长江经济带协同创新的意愿及行动

湖北省参与长江经济带协同创新，有着深厚的区域协作基础。早在 20 世纪 80 年代中末期、90 年代初开始的第一轮沿江开发热潮中，湖北省就积极在长江沿岸中心城市经济协调会、中南经济技术协作区、武汉经济协作区的框架下，开展区域经济与科技等方面的协作，并取得了瞩目成绩。

随着中央"促进中部地区崛起"重要战略构想的正式提出与深入实施，湖北省将发展重心放到"构建中部地区崛起重要战略支点"上，以武汉城市圈、长株潭城市群、环鄱阳湖城市群为基础构建长江中游城市集群的条件也基本成熟。2012 年 2 月，湖北省、湖南省、江西省在武汉召开长江中游城市集群会商会议，共同签署了《加快构建长江中游城市集群战略合作框架协议》，共同争取将构建长江中游城市集群上升为国家战略，抱团在中部崛起，构建互利共赢、长期稳定的区域合作关系。2015 年 3 月国务院批复《长江中游城市群发展规划》，以此"指导和推进今后一个时期长江中游城市群合作联动与一体化发展"，要"在全国率先建立城市群一体化发展模式"。

2012 年开始，长江中游地区城镇发展、基础设施、产业布局、生态文明、社会公共服务"五个一体化"开始启动，特别是在交通、商务、旅游等方面进展较大。在科技协作方面，湖南省、江西省和湖北省科技厅已于 2012 年 3 月底在武汉签署了《长江中游城市集群科技合作框架协议》，这是中部地区湖南、湖北、江西三省在科技领域的首个跨省域的合作协议。根据协议内容，为推动湖南、湖北、江西三省科技创新跨越式发展，湖南、湖北、江西三省科技厅将在 8 个方面开展广泛深入的合作：建立科技联席会议制度，加强整体统筹部署；组

织实施高新技术产业共性关键技术研发与产业化项目，做强高新技术产业；进行强强联合，联合争取国家科技计划支持；推动产学研合作创新，实现技术与产品对接、技术与资本对接；促进人才流动，共建全国或区域性产业技术创新战略联盟，推动科研基础条件平台的开放，实现科技创新资源共享；加强科技计划管理与协调，开放共享评审专家信息库；围绕沿长江、环洞庭湖、环鄱阳湖等重点区域的农业和资源环境，开展区域可持续发展战略研究；设立长江中三角科技创新论坛，共同研究探讨区域创新发展的政策措施等。《长江中游城市集群科技合作框架协议》的签订，是贯彻落实湖南、湖北、江西三省《加快构建长江中游城市集群战略合作框架协议》的重要举措，是实现科技发展差异化共赢、多样化共荣的重要探索，标志着“中三角”科技合作正式启动，湖南、湖北、江西三省将充分发挥科技支撑作用，共同推动长江中游城市集群由要素驱动向创新驱动转变。

从 2009 年开始，湖北省掀起了新一轮沿江开发的热潮，以解决湖北长江经济带发展滞后的问题。湖北长江经济带横贯东西，全长 1041 千米，土地面积 54 168.5 千米^2，人口达 2750.1 万。按照《湖北长江经济带开放开发总体规划（2009—2020）》，规划把湖北长江经济带建成引领省域经济社会发展和促进中部地区崛起的现代产业密集带、新型城镇连绵带、生态文明示范带，使之真正成为湖北省经济发展的主轴。在规划中明确提出，要促进全流域的联动发展，上中下游共同推进长江经济带的一体化建设，建立起以上海为龙头、武汉为龙身、重庆为龙尾，自东向西传导辐射众多大中小城市的长江沿岸经济一体化体系，形成国内最具国际竞争力的经济增长带。这实际上就是长江经济带发展战略的雏形。作为长江经济带创新发展的率先实践者，湖北省有意愿、有经验投身长江经济带协同创新。

长江经济带协同发展是湖北省融入“一带一路”倡议的依托和支撑。“一带一路”是“新常态”下我国构建海陆统筹、东西互济、全方位对外开放新格局的重要战略部署，可以为湖北省经济社会发展带来扩大对外经贸投资、促进产业转型升级、缓解资源要素瓶颈、优化政策等机遇。虽然湖北省地处内陆腹地，既不沿海又不沿边，开放区位优势不明显；但依托长江黄金水道，承东启西，衔南通北，可以成为中部地区崛起和长江经济带协同发展的重要支点，以及丝绸之路经济带和 21 世纪海上丝绸之路有机衔接的重要节点。历史上，长江中上游向东出海，湖北是必经之路，九省通衢的汉口（武汉）曾是长江水道最著名最重要的商埠之一；向北途经蒙古、俄罗斯贯穿欧亚大陆的万里茶道，汉口是起点。目前，国家规划的“五纵五横”大通道，有 3 条涉及湖北，在长江经济带 11 省中干线最长；武汉已经开通了“汉新欧”国际班列、“武汉新港”试验航线和 30 余条国际航线等，形成了铁路、水运、公路、航空立体大通道。借助长江黄金水道和“汉新欧”班列，湖北西进丝绸之路经济带，东连海上丝绸之路都十分便利。因此，一方面湖北是联动“长江经济带战略”和“一带一路”倡议的中枢，另一方面长江经济带协同发展是湖北省全方位融入参与“一带一路”建设，充分发挥腹地战略支撑作用，建设内陆开放型经济高地的依托和支撑。

二、湖北省参与长江经济带协同创新的基础及条件

目前，湖北省经济已经进入国家第一方阵，经济总量位居全国第七位。湖北省正处在工业化、城镇化、信息化、现代化发展的上升阶段，投资和消费需求旺盛。新一轮经济发展由要素驱动转入创新驱动之后，创新资源优势和科技创新实力就成为湖北省适应“新常态”、率先实现创新驱动发展的坚实基础，创新驱动将成为引领湖北省科学发展、跨越式发展、实现全面建成小康社会的核心动力。湖北省不仅有积极参与长江经济带协同创新的强烈意愿，而且具有参与长江经济带协同创新的重要基础和有利条件。

中华人民共和国成立以来，国家高度重视湖北省，尤其是武汉市在长江流域发展中的重要地位，许多长江流域的管理机构、科研院所、服务机构及重点企业布局于此，如国家长江水利委员会、交通运输部长江海事局、长江流域水资源保护局、武汉海事法院、长江科学院、长江勘测规划设计研究院、中国长江航运（集团）总公司、长江航运规划研究院、长江航运科学研究所等。国家重点实施“一带一路”倡议和京津冀协同发展、长江经济带建设 3 大战略，更加凸显了湖北省在全国发展格局中的战略地位，提升了湖北省承东启西的区位功能，为湖北提供了更为广阔的发展空间和有利条件。而武汉国家中心城市建设、中国（湖北）自由贸易试验区建设、国家创新型省份建设等国家级战略叠加带来的诸多创新机遇，湖北省完全有能力依托丰富的科教资源，充分发挥科教资源和科技创新能力优势，积极参与长江经济带协同创新，引领和支撑长江中游创新发展，为长江经济带协同创新发展和“一带一路”建设做出重要贡献。

近年来，湖北省不断深化科技体制改革，持续加大科技投入，营造全社会创新创业浓厚氛围。随着科技体制改革的不断深入推进，一些制约创新的思想观念、体制机制和工作方法等障碍，将不断得到破除和清理。湖北省有基础、有条件积极参与长江经济带协同创新和“一带一路”建设，在新一轮改革开放中发挥后发优势、培育新竞争优势，为湖北省的经济发展注入强劲的动力和活力。

三、湖北省参与长江经济带协同创新的障碍及瓶颈

尽快湖北省具有参与长江经济带协同创新的良好意愿、基础和条件，但也客观存在一些障碍及瓶颈。

（一）科技发展阶段性影响长江经济带协同创新

目前，长江经济带东部地区是国家政策先期扶持对象，已处在以科技创新为主的技术知识集约化阶段；而长江经济带中部地区和西部地区属于国家政策后期扶持对象，尚处在以制造业为主的高加工度化阶段，其科技出现相对滞后。由于国家对长江经济带各区域的政策扶持时期不同，各区域间的科技创新发展差异较大，梯度差异极为明显，在一定程度影响、制约、阻碍了长江经济带的协同创新。

（二）行政区划壁垒影响长江经济带创新要素市场化配置

由于根深蒂固的地方保护主义，以省际行政单位为核心的分治模式形成省际行政壁垒，阻碍了长江经济带相关省（市）间科技创新要素的自由流动。不能以市场为导向的科技创新要素配置将会影响区域间的科技创新要素协作效率和当地产业能级提升优化。正常的产业发展会呈“雁行发展”趋势，东部沿海地区产业会向长江中上游地区梯度转移，从而带动中西部地区的产业发展。由于历史形成的行政壁垒会阻断产业转移，目前长江经济带相关省（市）间的产业发展相对独立，缺乏密切联系，以至于创新要素难以自由流动，阻碍了区域间的协同创新。

（三）产业同构同质性影响长江经济带协同创新

从总体上看，长江经济带中西部地区的相关省（市），仍主要处于投资驱动型经济发展阶段，其主导产业基本以石油、天然气、烟草加工、黑色金属、食品加工等传统产业为主，缺乏相应的科技创新要素投入。目前，长江经济带相关省（市）之间的产业同构同质性现象十分严重，区域间存在盲目攀比和恶性竞争的现象，以致削弱甚至忽视了竞争与合作所必需的协同创新。

（四）技术创新主体不强影响长江经济带协同创新

目前，长江经济带中西部相关省（市），普遍存在市场主体发育不够，中等规模以上企业偏少，科技型中小企业规模小数量较少的现象。企业技术创新能力薄弱，特别是中小企业创新意识不强，研发投入不足。湖北省大中型企业中

有研发活动的比例仅为 23.6%，规模以上工业企业中有研发活动的企业比例为 10.3%，小型工业企业中有研发活动的企业比重仅为 7.7%。规模以上工业企业 R&D 经费支出占主营业务收入的比重仅为 0.8%，低于 0.93% 的全国平均水平。企业产品主要集中在中低端，科技创新在产品价值中的作用没有得到充分体现，有竞争力的自主品牌明显不足。企业技术创新能力不强阻碍长江经济带协同创新。

（五）战略性技术投入不足影响长江经济带协同创新

长江经济带中西部相关省（市）普遍存在战略性、前瞻性技术持续投入不足的问题，对比上海、江苏、浙江等省（市）基础研究资金投入情况，上海基础研究财政拨款超过 2 亿元，其基础研究在财政拨款中的占比达到 14%，广东、江苏、浙江也达到 6% 左右，湖北省的投入比重约在 5%，但规模仅为 5000 万元左右，投入严重不足。由于战略性技术创新投入问题，使一批基础性的科技创新平台得不到稳定性支持，严重影响了创新的稳定性和持续性，导致重大创新技术及其产品不足，从而对长江经济带协同创新形成障碍。

（六）创新体制机制不优影响长江经济带协同创新

长江经济带，尤其是长江中上游地区创新体制机制问题依然突出，应用研发体系薄弱，产学研深度结合机制有待突破，特别是企业创新激励机制不健全，企业创新动力不足，科技成果转化的市场体系不完善。科技服务机构普遍存在规模小、服务能力弱等问题，而整体科技服务行业呈现结构不合理、发展不平衡、服务市场不规范的问题，导致科技服务体系的功能严重不足，且发挥作用十分有限。在科技创新服务能力建设方面，政府有关职能部门仍未形成积极主动的创新服务新常态；在创新服务水平上，其服务意识、执行能力、操作能力、观察能力和解决问题能力，与创新发展的需求不完全适应。创新体制机制客观存在的问题，直接影响到长江经济带协同创新。

第六节 促进长江经济带协同创新机制建设的“湖北行动”

加快长江经济带开发开放是事关我国战略格局优化和可持续发展的重大决策，促进长江经济带协同创新需要相关省（市）共同努力，并作为利益共同体发挥重要的相互支撑作用。湖北省作为长江经济带，尤其是长江中游的重要省份，更肩负着国家赋予的“建设支点、走在前列”的战略使命，必须勇于担当和先行先试，在积极推进长江经济带协同创新利益共同体建设方面做出表率。

湖北省应进一步解放思想，切实转变发展观念，努力提高对长江经济带开发开放的思想认识，自觉肩负和勇于担当国家赋予的重要战略使命，明确将融入和促进长江经济带发展作为“建设支点、走在前列”重要抓手，将加快构建利益共同体作为推进长江经济带协同创新的关键点和切入点，并具体落实在湖北省跨越式发展的有关工作中。

湖北省应进一步贯彻落实《长江经济带发展规划纲要》《促进中部地区崛起“十三五”规划》《长江经济带创新驱动产业转型升级方案》《国家发展改革委关于支持武汉建设国家中心城市的指导意见》等系列文件，以《省人民政府关于国家长江经济带发展战略的实施意见》为指导，实现湖北省相关创新发展规划与国家政策、规划衔接，制定参与长江经济带建设的具体推进计划和行动。按照国家战略部署及长江经济带功能定位，突出发展战略重点，采取更加有力高效的举措，切实加快推进武汉长江经济带超大城市、武汉国家中心城市建设。

湖北省应进一步强化作为长江经济带开发开放战略支点的自我意识，积极为长江经济带发展“鼓”与“呼”，努力为加快构建长江经济带协同创新利益共同体“造势”。湖北省应尽快与相关省（市）共同发起“长江经济带协同创新推进理事会”、“长江经济带协同创新高峰论坛”、“长江经济带协同创新基金”及“长江经济带协同创新资源共享平台”等，积极推进各项有利于长江经济带发展的具体工作。

湖北省首先应立足2016年建立的长江中游地区省际协商合作机制，切实加快长江中游地区协同创新机制建设。同时，要充分利用长江下游地区省际协商合作机制、长江上游地区省际协商合作机制，进一步从全流域整体角度促进长江经济带协同创新机制建设，尽快形成强有力的融入和推进长江经济带发展工作专班，以此作为公共平台，整合全省相关资源并形成合力，加强与长江经济带相关省（市）之间的沟通和交流，积极谋略、策划和创造多方联系与合作的机会，努力构建多方紧密联系、集思广益、坦诚合作、各尽其责的长效机制。

湖北省应进一步明确推进长江经济带协同创新发展思路，在行动上由先“虚”后“实”尽快过渡到“虚实并举”。在努力“造势”以形成长江经济带利益共同体发展共识的同时，必须实实在在地寻求长江经济带协同创新、合作共赢的利益“切入点”，寻求长江经济带相关省（市）之间资源互补、优势互补的利益“共振点”，尤其是寻求长江经济带产业创新链互补、产业价值链互补的利益“兴奋点”。

第七节 案例：东湖国家自主创新示范区——以改革创新加快战略性新兴产业发展[①]

2009 年，国务院批准武汉东湖新技术开发区为国家自主创新示范区，这是继北京中关村后中央批准的第二个国家自主创新示范区。依托多年打造的“中国光谷”品牌，东湖国家自主创新示范区以改革创新为动力，以光电子信息、生物、环保节能、高端装备制造等战略性新兴产业发展为重点，坚持供给侧结构性改革的主攻方向和协同创新，努力优化产业发展生态环境，着力提升战略性新兴产业的自主创新能力和综合竞争力，不断强化对武汉市、湖北省、长江中游城市群乃至长江经济带发展的重要支撑作用。

一、切实加快战略性新兴产业集群崛起

《东湖国家自主创新示范区产业发展规划（2011—2020 年）》明确提出：要打造世界级光电子信息产业创新集群，加快发展生物、环保节能、高端装备制造三大战略产业，突破性发展以新一代信息技术为基础的现代服务业。为切实加快推进战略性新兴产业发展，东湖国家自主创新示范区又陆续颁布了《武汉东湖新技术开发区关于加快光电子信息产业发展若干意见》《武汉东湖新技术开发区加快发展光电子信息产业实施方案》《武汉东湖新技术开发区管委会关于促进生物健康产业发展的实施意见》《武汉东湖新技术开发区鼓励地球空间信息及应用服务产业发展的实施意见》《关于进一步加快软件和信息服务业发展的若干政策》等配套政策，设立主导产业发展专项资金，加快高端人才、龙头企业和重点研发机构的培育引进，大力推进重大项目建设，实现战略性新兴产业集群协同创新和快速发展，战略性新兴产业的竞争力也不断增强。

2011 ～ 2014 年，东湖国家自主创新示范区光电子信息产业总收入从 1450.3 亿元增长到 3678.6 亿元，规模增长超过 2.5 倍，年平均增长率达 36.3%。2015 年，东湖国家自主创新示范区光电子信息产业完成 4420.3 亿元，同比增长

① 来源于武汉大学发展研究院课题组。

20.1%，占企业总收入的43.9%。从光电子信息产业发展态势看，支柱性产业地位更加凸显，集成电路与新兴显示产业加速布局，国家集成电路产业基地建设日新月异；地球空间信息产业走出去步伐加快，北斗产业行业应用与示范深入推进；移动互联产业培育成效显著，龙头企业产能不断扩大。“中国光谷”光电子信息产业已成为我国最大且具有世界影响力的战略性新兴产业集群。

2011～2014年，东湖国家自主创新示范区生物产业总收入从302.1亿元增长到651.4亿元，增幅在2倍以上，年平均增长率达29.1%。2015年，东湖国家自主创新示范区生物产业完成802.1亿元，同比增长23.15%，占企业总收入的7.9%。尤其是一批国内外知名医疗器械企业入驻光谷生物城，医药服务业态创新活跃且服务模式日益多样化，生物农业产业化进程加快。生物产业正在成为东湖国家自主创新示范区具有竞争力的“千亿级产业”。

2011～2014年，东湖国家自主创新示范区环保节能产业总收入从485.6亿元增长到934.8亿元，增幅近2倍，年平均增长率达24.4%。2015年，东湖国家自主创新示范区环保节能产业完成1071.37亿元，同比增长14.61%，占企业总收入的10.6%。尤其是大气污染防治领域竞争优势持续增强，烟气治理、固废处理、新能源等领域发展迅速；固体废弃物处理国内领先，垃圾处理技术取得新突破；新能源多元化发展，环保节能服务稳步推进。环保节能产业已经成为东湖国家自主创新示范区具有竞争力的“千亿级产业”。

2011～2014年，东湖国家自主创新示范区高端装备制造产业从508.9亿元增长到1005.3亿元，接近翻番，年平均增长率达25.4%。2015年，东湖国家自主创新示范区高端装备制造业产业完成1156.2亿元，同比增长15.0%，占企业总收入的11.4%。尤其是制造业与互联网加速融合，产业逐步向智能化、绿色化、服务化方向发展；智能装备产业加速发展，3D打印与工业机器人创新成果不断涌现；智能电网产业稳步发展，国际战略加速布局；交通运输装备加速布局，新能源汽车产业发展迅速。高端装备制造业已经成为东湖国家自主创新示范区具有竞争力的“千亿级产业”。

2011～2014年，东湖国家自主创新示范区现代服务业从609.4亿元增长到2179.0亿元，规模增长达3.6倍，年平均增长率52.9%。2015年，东湖国家自主创新示范区现代服务业完成2604.1亿元，同比增长19.4%，占企业总收入25.8%。尤其是移动互联网、云计算、大数据、物联网等互联网产业与示范区优势产业跨界融合速度不断加快，涌现出电子商务、互联网金融、智慧交通、在线教育、智慧能源等一批新兴业态；文化与科技融合日益紧密，数字内容产业加速崛起。现代服务业已经成为东湖国家自主创新示范区具有竞争力的“千亿级产业”。

二、切实推进战略性新兴产业集聚发展

按照“主导产业集聚化、产业园区专业化”的发展思路，东湖国家自主创新示范区出台一系列引导和促进战略性新兴产业集聚发展的政策措施，深化产业园区管理体制和运行机制调整，切实加强专业化园区建设，推动产业协同创新和集聚发展。为整合资源加快产业集聚，东湖国家自主创新示范区出台了《关于调整产业园区管理体制和运行机制的意见》（武新发［2013］38 号），在原来基础上重新划分八大产业园区，明确了各产业园区的功能定位、发展方向与目标，进一步强化产业园区的协同创新和战略性新兴产业集聚发展。

“光谷光电子信息产业园”规划面积 82.3 千米^2，发展定位为东湖国家自主创新示范区首个万亿级产业园区、中部地区最大的集成电路产业聚集区、全国最大光通信与激光产业基地，新规划的光谷集成电路产业园、移动互联信息服务产业带等正加紧建设。

“光谷生物城”规划面积 25.9 千米^2，是东湖国家自主创新示范区以“千亿产业”思路建设的第二个国家级产业基地，重点发展生物医药、生物农业、生物制造、生物能源、医疗器械和健康服务，目前生物创新园、生物医药园、生物农业园、医疗器械园、医学健康园、中新（武汉）生物园等六大园区格局基本成型。“武汉未来科技城”规划面积 66.80 千米^2，重点培育光电子、新能源环保、地球空间信息等高端研发集群，打造新兴产业策源地。

“武汉东湖综合保税区”规划面积 6.1 千米^2，重点建设大宗商品贸易基地、进口消费品及跨境电商基地，发展成为中部外向型经济发展平台，打造千亿级国家级自贸园区。“光谷现代服务业园”规划面积 78.1 千米^2，着力建设中部地区最大软件和信息服务业基地、文化创意产业集聚区、中部科技金融创新中心及新兴服务业高地，形成 5000 亿产业规模。“光谷智能制造产业园”规划面积 24.6 千米^2，重点建设全球最大的中小尺寸面板基地、智能制造产业基地、大数据及云计算产业基地和港口物流基地，打造 5000 亿级产业园区。

“光谷中心城”规划面积 36.1 千米^2，以建设大光谷地区城市功能核心载体为目标，积极布局总部经济、商务金融、管理咨询和商业娱乐等产业，打造千亿级园区。“光谷中华科技产业园”规划面积 217.6 千米^2，重点发展文化和科技融合服务、生态旅游服务、国际商事商务服务、通用航空服务等产业，建设全球华人华侨高端人才创业平台。

东湖国家自主创新示范区通过制订《东湖高新区实施国家战略性新兴产业集聚发展试点项目及资金管理实施细则》，加强专项资金引导、试点项目建设和

绩效考核管理，并以产业基地建设为牵引，促进战略性新兴产业集聚发展。东湖国家自主创新示范区的光电器件及激光产业、生物诊疗制剂及服务产业被纳入国家战略性新兴产业区域集聚发展试点，地球空间信息及应用服务产业获批国家首批创新型产业集群试点。2015 年，东湖国家自主创新示范区建成的国家级产业基地超过 20 家，其中多家国家级产业化基地通过科技部复核，武汉国家光电子高新技术产业化基地、武汉国家现代服务业地球空间信息产业化基地等获评 A 类基地。

三、切实提升战略性新兴产业协同创新能力

东湖国家自主创新示范区全面实施创新驱动与开放先导“双轮”战略，持续推进产业技术研究院、技术创新平台和产业技术创新战略联盟建设，大力支持企业建立研发机构，开展技术创新和科研联合攻关，不断提升产业自主创新和协同创新能力。东湖国家自主创新示范区以组建新型产业技术研究院为切入点，瞄准产业技术创新前沿，全面推动“政产学研用”协同创新，促进科技成果产业化。到 2015 年底，东湖国家自主创新示范区已组建武汉生物技术研究院、武汉新能源研究院、武汉光电工业技术研究院、武汉智能装备工业技术研究院等 8 家产业技术研究院。新型产业技术研究院是集共性技术研发、中试熟化对接、高端产业孵化等于一体的创新创业平台，实行“市场化运作、企业化管理、专业化服务”，通过产业联盟、产业链布局、国际合作等方式吸引高端人才、科技创新成果和创业企业，累计转化科技成果达 1 亿元，成功孵化出沃亿生物、尚赛光电、中地水石等一批高新技术企业。东湖国家自主创新示范区不断推进技术创新平台建设，省级以上（含省级）技术创新平台数目持续增加。2015 年底，东湖国家自主创新示范区的省级以上（含省级）技术创新平台已有 500 多个，其中国家级技术创新平台有 200 多个。东湖国家自主创新示范区出台《武汉东湖新技术开发区关于加快产业技术创新联盟建设与发展的实施意见》，支持以企业为主体组建产业技术联盟，开展协同创新、互利互惠、抱团发展。2015 年底，东湖国家自主创新示范区产业技术创新联盟总数达 49 家，其中有国家级产业技术创新联盟有 9 家。

东湖国家自主创新示范区积极鼓励和支持企业承担、参与国家、湖北省、武汉市重大科研项目、技术攻关项目和产业化项目，产业研发能力和技术水平不断提高。东湖国家自主创新示范区光电子信息产业技术创新优势进一步增强，光纤光缆、光器件、激光代表了国内最高水平；由武汉邮电科学研究院牵

头承担的国家 973 项目“超高速超大容量超长距离光传输研究”通过验收，入选“2014 年中国十大科技进展”。东湖国家自主创新示范区生物产业技术创新能力不断提升，在科技部 2014 年全国 108 家生物产业园区排名中，光谷生物城综合实力跃居全国第二，可持续竞争力居全国第一。东湖国家自主创新示范区环保节能技术创新取得新进展，天虹仪表建成国内首个企业臭氧标准实验室，中钢天澄承建全球单体规模最大球团脱硫工程。东湖国家自主创新示范区高端装备制造产业创新成果不断涌现，华中数控研发出新一代云数控系统，三环集团“转向节闭式锻造工艺”在第八届国际发明展览会上获得金奖，奋进电力自主研制出 FRP 型智能工业机器人。东湖国家自主创新示范区现代服务业技术创新与商业模式技术交相辉映，移动互联网、云计算、大数据、物联网等互联网产业与示范区优势产业跨界融合加速，新业态不断涌现。

2011 ～ 2015 年，东湖国家自主创新示范区共获得国家级科学技术奖 68 项，省级科学技术奖 150 项。在科技部对全国高新区 2013、2014 年排名中，东湖国家自主创新示范区综合实力连续两年位居全国第三位，知识创造和技术创新能力位居第二位。2015 年，东湖国家自主创新示范区申请专利 15 496 件，大约是 2011 年申请专利数量的 2 倍，占武汉市申请专利总数 50% 以上。2015 年，东湖国家自主创新示范区累计主导创制国际标准 10 项、国家标准 280 多项。

四、切实支持大中小微创新型企业发展

东湖国家自主创新示范区实施“一企一策抓领军、培育壮大促瞪羚、创新创业育小微”战略，统筹推进区域内大中小微创新型企业协调发展，不断强化战略性新兴产业发展的市场主体。东湖国家自主创新示范区先后制定了《武汉东湖新技术开发区促进“领军企业”快速发展的实施意见》《〈武汉东湖新技术开发区促进“领军企业”快速发展的实施意见〉实施细则》，深入实施“领军企业推进计划”，建立领军企业“直通车”制度，实施“一企一策”支持策略，加大资金、研发和政策扶持力度，首批遴选了邮科院、长飞光纤、凯迪控股、中冶南方、华工科技、武汉新芯等 20 家领军企业。领军企业发展不断提速，成为引领区域创新型产业集群的核心力量。2015 年，东湖国家自主创新示范区统计企业 2951 家，其中营业收入过百亿元企业 15 家；营业收入过 10 亿元的企业 83 家；营业收入过亿元的企业 379 家，占统计企业总数的 12.8%，实现营业收入 9654.6 亿元，占示范区企业总收入的 95.9%；营业收入过 1000 万元的企业 1497 家，占统计企业总数的 50.7%，比上年增加 51 家，实现营业收入 10 020.2 亿元，

占示范区企业总收入的99.5%；营业收入过500万元的企业1853家，比上年增加11家，占统计企业总数的62.7%，实现营业收入10 046.0亿元，占示范区企业总收入的99.8%。2015年，东湖国家自主创新示范区完成税收收入158.2亿元，同比增长16.9%，占公共财政预算收入的95.4%。2015年，东湖国家自主创新示范区纳税额过100万元以上企业达到1167家，完成税收134.2亿元，同比增长13.9%。

为了进一步促进高成长性科技企业发展，东湖国家自主创新示范区制订了《武汉东湖新技术开发区瞪羚企业认定及培育办法》，实施“瞪羚企业培育计划”，对入选的瞪羚企业在贷款、融资、创新平台建设、发展空间拓展等方面给予专项支持，并对瞪羚企业实施动态化管理，公开遴选，一年一认定，一年一授牌。2011～2015年，瞪羚企业的培育和支持力度不断加大，先后遴选认定了30家、102家、161家、206家、215家拥有核心技术、增长速度快、发展前景好的瞪羚企业。这700多家瞪羚企业的年收入平均增速超过40%，高于东湖国家自主创新示范区整体水平10个百分点。这些瞪羚企业成为东湖国家自主创新示范区科技创新的领跑者，科技活动经费投入逐年加大，专利申请和授权数大幅提升，多家瞪羚企业入选“德勤高科技、高成长中国50强”，成为战略性新兴产业发展的生力军和上市的后备军。武汉东湖新技术开发区是中国第一个科技企业孵化器的诞生地。2015年底，东湖国家自主创新示范区共有企业孵化器45家，其中国家级企业孵化器11家；创业企业孵化面积420万米^2，入驻创业企业4280家，累计孵化创业企业3650家。

东湖国家自主创新示范区大力加强高新技术企业的培育和认定，制订了《武汉东湖新技术开发区管委会关于鼓励高新技术企业认定的暂行办法》，对高新技术企业在税收减免、注册登记、人才引进、科技成果转化等方面实行多项优惠政策，高新技术企业数量快速增长。2011～2015年，东湖国家自主创新示范区新增高新技术企业数分别为72家、125家、190家、157和231家。2015年底，东湖国家自主创新示范区高新技术企业累计达1063家，占湖北省高新企业总数的三分之一强，进入全国高新区第一方阵。东湖国家自主创新示范区高度重视企业上市工作，不断强化对企业上市提供配套服务、政策支持和专项奖励。2015年底，东湖国家自主创新示范区新增上市企业1家，上市企业总数达35家；新增新三板企业31家，新三板挂牌企业总数达80家。

2015年，东湖国家自主创新示范区制订了《武汉东湖新技术开发区建设“有全球影响力创新创业中心”总体行动计划》，提出了建设“国际化创新创业要素集聚地、世界性新兴产业策源地、引领创新文化新高地、全球宜居宜业理想之地”的宏伟目标，与之配套的“武汉市东湖新技术开发区管委会关于建设

‘自由创新区’的实施意见”“‘光联万物’实施方案”“智慧光谷实施方案”“建设生态宜居光谷新城实施方案”“互联网 + 实施方案”等 5 个具体方案陆续出台，创新创业、产业发展、科技金融、知识产权、人才支持、开放合作等六大类政策体系全面实施。面向未来，东湖国家自主创新示范区将深入实施创新驱动发展战略，积极参与长江经济带和“一带一路”建设，始终坚持改革创新的协同性，不断在实践中探索和创新，加快推进全球影响力创新创业中心建设，进一步发挥对武汉市、湖北省、长江中游城市群乃至长江经济带可持续发展的重要支撑作用。

附录 2

江苏省创新与协同创新研究[①]

第一节　江苏省经济社会发展概述

一、基本省情

江苏，简称苏，位于中国大陆东部沿海，介于东经 116° 18′ ～ 121° 57′，北纬 30° 45′ ～35° 20′。公元 1667 年因江南布政使司东西分置而建省。省名为“江南江淮扬徐海通等处承宣布政使司”与“江南苏松常镇太等处承宣布政使司”合称之简称。江苏辖江临海，扼淮控湖，经济繁荣，教育发达，文化昌盛。地跨长江、淮河南北，拥有吴、金陵、淮扬、中原四大多元文化及地域特征。江苏地处中国东部，地理上跨越南北，气候、植被也同样同时具有南方和北方的特征。江苏东临黄海，与上海、浙江、安徽、山东接壤。江苏与上海、浙江共同构成的长江三角洲城市群已成为 6 大世界级城市群之一。江苏人均 GDP、地区发展与民生指数（DLI）均居境内省（区）第一，已步入“中上等”发达国家水平。

二、2005 ～ 2016 年经济社会发展总体情况

江苏加快推进全面小康建设，GDP 总量占长江经济带七省两市 25% 左右，成功实现了人均 GDP1 万美元的跨越，达到高收入国家水平。三次产业

① 课题负责人：陈雯，江苏省苏科创新战略研究院院长，中国科学院南京地理与湖泊研究所研究员、博士生导师。成员：戚湧，江苏省苏科创新战略研究院副院长，教授；王玥，江苏省苏科创新战略研究院院长助理、博士。

结构为6.3 ：50.2 ：43.5，其中工业增加值占长江经济带的比重接近30%。科教资源丰富，拥有普通高等院校128所，以及一大批国家和省级重点实验室、工程技术研究中心、企业院士工作站、企业技术中心等，人才资源总量达到908万人。区域创新能力连续4年居全国第一，R&D经费占GDP比重达到2.3%。城乡发展较为协调，城镇化率达到63%。县域经济发达，21个县（市）位居全国百强县，城乡居民人均收入分别为29 677元和12 202元。综合交通线网总里程18.0万千米，其中公路15.4万千米、铁路0.2万千米、内河航道2.4万千米，二级以上公路密度和航道网密度均居全国第一。实施新一轮沿江开发战略10年来成效显著，沿江的8个市经济实力均处于长江经济带沿江城市前列，2012年实现地区生产总值43 575亿元，占全省的80.6%，占长江经济带沿江城市总量的40.2%；进出口总额5189.8亿美元，占全省的94.7%；实际利用外资286.7亿美元，占全省的80.1%；公共财政预算收入4058.2亿元，占全省的76%，在岸线利用、基础设施建设、产业发展、城镇建设、环境保护、区域合作等方面形成了许多好的经验和做法，具备带动长江经济带发展的综合实力。

经济国际化水平较高，利用外资连续10年居全国第一，累计利用外资超过全国25%，占长江经济带七省两市总量的35%；对外贸易连续10年居全国第二，约占全国16.7%，占长江经济带总量44%；境外投资连续3年全国第三。国际服务外包离岸执行额和合同额全国第一，企业数和从业人数超过全国相应数量的25%。建成各类省级以上开发区131家，其中国家级开发区36家，拥有9家综合保税区、9家出口加工区和1家保税港区，是全国海关特殊监管区域数量最多、建设水平较高的省份。开发区以不到2%的土地面积，创造了50%的GDP、67%以上的工业增加值、40%以上的地方一般预算收入、75%的进出口总额，吸纳了75%以上实际到账外资，具备推动国际资本向长江流域集聚的吸引能力。

三、优势产业发展及主要特征

2016年，工业经济结构调整稳步推进，工业产值达到161 716亿元，增长7%，创年内增速新高，比去年同期提高0.8个百分点。以电子信息、新能源汽车、医药制造等为代表的高新技术产业增速较快，高新技术产业产值占规模以上工业产值的比重超过40%，医药制造、汽车制造、仪器仪表制造等产业产值增速超过10%。相比之下，低技术含量行业和高耗能行业增长速度继续放缓，煤炭开采和洗选业、石油加工、炼焦和核燃料加工、黑色金属冶炼和压延加工等行业进入产能收缩周期。这表明，全省工业结构调整成效已经显现，工业技术水平不断提高。

同时，江苏工业在外部条件复杂多变、内部结构深度调整等多种因素的影响下，也出现了一些亟待解决的问题。

一是高新技术产业投资增速亟须提振。受传统产业投资萎缩、投资收益率下滑影响，工业投资动能不足，增速继续阶梯式换挡，增速从 9% ～ 10% 区间进一步回落到 7% ～ 8% 区间。同期，高新技术产业投资增速仅为 5.8%，落后工业投资增速 2.1 个百分点，落后全社会固定资产投资增速 1.7 个百分点。这表明，依靠投资高新技术产业培育新动能的方式尚未弥补传统产业减速发展带来的影响。

二是工业发展资金紧张局面亟须改善。制造业资金投放依然乏力，2016 年 11 月末，制造业金融机构贷款余额 1.4 万亿元，比年初下降 430.1 亿元，降幅呈现继续扩大之势，占全部金融机构贷款余额的比重下降为 15.3%，工业发展资金紧张局面未见明显改善。同时，企业资金周转压力有所上升，11 月末，全省规模以上工业企业应收账款、存货 2 项资金达到 3.2 万亿元，占流动资金余额比重超过 50%。

三是进出口严峻形势长期性亟须适应。发达国家工业经济再平衡一系列战略如“再工业化”进一步提高了制造业智能化、信息化等技术含量，东南亚等国家承接制造业加工、组装等生产流程进一步降低了劳动、土地等生产要素价格，接连遭遇的贸易摩擦进一步增加了产品进入国外市场的壁垒限制。“一升一降一增”削弱了江苏省工业品出口依托的低成本生产竞争优势，预计规模以上工业共实现出口交货值将延续回落趋势，机电产品、高新技术产品出口分别下降 7%、10% 左右（以美元计价）。江苏省需要适应工业进出口严峻形势的长期性。

第二节　江苏省的创新能力和主要创新活动

一、江苏省创新能力分析

江苏省在创新实力、创新效率和创新潜力等方面的状况如下文所示。

江苏省按照“整合、集成、共享、提升”的思路，建设国家级和省部级重点实验室，产业技术研究院组成的公共研发平台，国家级和省部级工程技术研究中心，企业重点实验室和企业研究院组成的企业创新平台，以及由公益资源服务中心、专业技术服务中心、转移转化服务中心组成的公共服务平台。

江苏省有科技公共服务平台约 250 家，主要包括研发平台、工程化平台、服务平台、重大创新平台等四大类。研发平台主要依托高等院校、科研院所，通过产学研合作，围绕产业科技创新，以获取原始创新成果和自主知识产权为目标，在生物科技与创新药物、新材料、现代农业、新能源与节能环保等领域建设了 51 个高技术研究重点实验室。工程化平台主要依托骨干企业，在电子信息、先进制造、能源与环保、新材料、现代农业等领域，与高等院校、科研院所共建了 179 个工程技术研究中心。服务平台主要依托科研院所、科技中介服务机构，围绕中小企业发展和科技创新创业需求，分别在科技资源共享服务、公共技术服务和科技创业服务 3 个方面建设了 78 个科技服务平台。重大创新平台依托相关领域重点骨干企业、高等院校、科研院所，通过产学研合作，集成国内科技资源，围绕高新技术和优势特色产业对战略高技术、共性关键技术和重大目标产品创新需求，建设了 12 个重大研发机构。在科技公共服务平台方面，2010 年江苏拥有 1600 余台（套）大型共享仪器，开发各类转用技术 240 余项，承担各级科技计划项目 155 项、产学研及横向合作项目 202 项。

二、近年来江苏省在创新活动中的主要作为

近年来江苏省在创新活动中的主要作为包括制度创新与管理创新、科教创新、产业创新和创新环境建设（含生态环境）等。

创新内容包括宏观的指导思想、战略思路和政策创新，政府和企业的治理和发展模式创新，技术、工艺、材料、产品、产业创新，创新人才培养与激励，创新活动的组织、协同、激励与产业化进程，创新环境建设与机制保障等。

江苏省在区域科技创新体系建设管理中，推进多部门多成员的合作与沟通，形成了较为完善的组织协调机制、共享服务体系，健全了服务机制和激励机制，强化了平台监管。

（一）以企业主导的产学研结合为创新主体

江苏省高等院校科研活动的产学研合作水平有较大的进展。高等院校科研活动经费来自企业的资金高达30%左右。江苏省重大科研机构、重点实验室、工程技术研究中心实行产学研联合共建制度，创新中心的科技服务平台基本实现了产学研合作制度。合作单位形成产学研合作书面协议，将合作单位形成产学研合作书面协议列入科技平台项目立项评审的一票否决内容。

（二）以外商直接投资高技术产业为主导的区域创新中心

外商直接投资（FDI）在江苏省经济发展中有着重要作用。江苏省各类工业园区为外商投资提供了优良的创新平台，大批外资企业通过直接投资，将包括创新能力及先进技术的机器设备等一揽子要素由境外投入江苏省，提升了江苏省的技术进步水平，促进了高新技术产业的发展。外商直接投资在江苏技术进步和经济转型过程中发挥了重要作用。利用外资与增强区域创新能力具有一致性，它有利于产业集群的发展和国际创新资源的聚集。在长三角地区，江苏省外资引进明显领先于上海市和浙江省，因此江苏省着力构建基于外商直接投资高技术产业导向的区域创新中心，推动了区域产业结构的升级和贸易结构的优化，提升了江苏省区域创新能力。

（三）技术溢出的放大效应相对不明显

江苏省形成了以外商直接投资为主导的区域创新中心，大量的跨国公司通过人员流动、前后向产业联系、示范和模仿等渠道产生了技术溢出效应。但其“外溢”效应很难被同类行业吸收，江苏省区域技术溢出效应呈现出被动式发展态势，外溢的比率只有30%左右。

（四）实行多元化投入建设区域创新中心

江苏省区域创新中心建设实行多元化的建设投入机制，所需建设费用由省财政部门、单位主管部门、项目依托单位共同筹集，以政府拨款部分建设引导资金为辅，以单位自筹为主。通过产学研合作共建方式，引导企业积极与科技平台建设，实现科技平台建设资金的多元化投入。区域创新体系建设是公共财政科技投入的重要方面，江苏省实施可持续的财政投入机制。在建设投入和科技经费安排中，江苏省政府注重科技平台建设的投资导向，统筹安排涉及科技基础条件建设和相关科技计划的经费，保障足够的科技平台建设费用。

三、江苏省创新活动的主要成绩和显著特征

（一）科技创新综合实力全国领先

2014 年，全社会研发投入达 1630 亿元，是 2010 年的 1.9 倍，占地区生产总值比重达 2.5%，达到国际公认达创新型国家水平；2014 年全省研究与发展人员数目为 69 万人，位列全国第一；2014 年发明专利申请量达 14.7 万件，比 2010 年增长 2 倍，超过全国发明专利申请总量的 16.7%。《中国区域创新能力报告》提供的信息显示，2008 年起江苏省区域创新能力连续 6 年排名全国首位；在福布斯“2014 年中国大陆最具创新力的 25 城市排行榜”中，江苏省占 8 席、数量全国第一。

（二）企业自主创新能力显著提升

江苏省把牢固确立企业主体地位作为推动产业科技创新的重中之重，全省高新技术企业数量超过 8000 家、约占全国 11.1%。全球 500 强企业中有 300 多家在江苏省投资，设立 50 家地区总部和 57 家功能性机构，江苏省企业设立海外研发机构 171 家。目前，中国企业 500 强江苏占 46 席，中国医药创新力 20 强企业江苏包揽前 4 位，全球光伏企业 15 强江苏占 33% 左右，常州天合光能的大面积工业级多晶太阳电池再次刷新世界纪录；恒瑞医药国家 1.1 类新药阿帕替尼成为全球首个治疗晚期胃癌的小分子抗血管生成靶向药物；好孩子已经连续 4 届夺取国际工业设计领域的奥斯卡“红点设计大奖”。江苏省创新企业的创新能力和国际影响力正在加快提升。

（三）新兴产业技术水平迈上新台阶

江苏省坚持需求导向和产业化方向，围绕产业链部署创新链，组织云计算、3D 打印、石墨烯、未来网络等前瞻先导专项，启动建设产业科技创新中心，集成实施重大科技成果转化，培育国家创新型产业集群试点。江苏省上市新药数和临床试验批件居全国第一；集成电路形成芯片设计制造、封装测试、配套材完整产业链，先进封装技术国际领先，WL-CSP 产品销售规模居全球前三；碳纤维打通全套规模化生产工艺，实现从 T300、T700 到 T800 系统产品产业化，打破国外企业垄断；光棒、光纤、光缆占据 33.3% 以上市场份额。2014 年高新技术产业产值超过 5.7 万亿元，战略性新兴产业销售收入达 4.3 万亿元。

（四）科技创新创业资源加速集聚

以搭建载体为依托，加快技术、成果、人才、资本向江苏省聚集，全国

国家高新区总数达12家、各类科技企业孵化器515家，数量均居全国第一；入选国家“千人计划”企业类占全国近30%、稳居首位；创业投资机构近600家，管理资金规模超1750亿元，居全国第一；IDG、凯雷等全球八大著名风投公司，全部在江苏省投资，形成了引进高层次人才、创办高科技企业、发展高科技技术产业大链式效应。国内外科技合作日益活跃，2014年中国科学院合作项目销售收入超过900亿元；先后与70多个国家和地区建立科技合作关系，引进英国牛津大学、美国麻省理工学院等一批世界一流大学和国际著名研究机构。

第三节　江苏省创新和协同创新中存在的主要问题

一、创新主体和创新动力方面

（一）高等院校、科研院所

企业和地方委托的项目（也称为横向项目）的经费管理方式不合理、过于严苛。横向项目按照国家科研项目也称为纵向项目，进行管理与审计，使得科研人员无法自主有效地使用项目经费，一定程度上抑制了科研人员服务地方经济的积极性。

相关税收优惠政策不明晰，落实难。如科技成果转化奖励和引入人才的安家费等，按照“工资、薪金收入”计算个人所得税（个税），税率最高可达45%，而非按照偶然所得计算个税，该情况下税率为20%。

服务企业科技人员职称评定机理措施不到位。科技成果转化对高等院校教师评职称、写论文往往没有多大帮助，科技成果转化在应用科学技术研究课题中也没有考核指标。因此，重论文、轻转化的问题使得科研工作者对产业化积极性不高。

省属高等院校存在绩效工资总量限定的问题，影响了科技成果转化奖励的分配与高层次人才和团队引入的数量。同时，高等院校人员出入境交流按照行政机关人员管理，设有总量控制，在一定程度上阻碍了正当的出国学术交流。

（二）企业

中小企业仍然面临融资难问题。缺乏市场化的创业风险投资机构。同时，知识产权质押融资在银行中仍缺乏一定的认可度，加之银行对中小企业贷款不良率的容忍度较低，使得众多中小型科技型企业仍然无法享受科技金融支持性政策。

企业面临高房价、子女教育等对人才产生挤出效应的问题，需要在破解人才阶段性住房难题、优化海外人才就医环境、扩大国际教育资源供给等方面加大力度，努力营造人才宜居宜业的良好环境。

缺乏对民用科技型企业的创投风险补偿机制。中小企业尤其是民营科技型企业是最活跃的创新群体，在鼓励其创新的同时，也缺乏一定的宽容创新失败的补偿保障政策。

国有企业的科技创新动力存在一定阻碍。国有企业的决策由企业高管主导，国家对企业高管进行业绩考核。国企高管的行为通常倾向于规避风险，由于国有资产的增值保值目标，一定程度上限制了国有企业的风险投资行为。

相关政策宣传工作需要更为简洁、通俗、及时和有针对性。对于中小型企业，尤其是初创型民营科技型企业而言，时间、精力和人力都较为有限，需要更为精准的政策宣传与送达。

二、创新协同方面

创新协同包括政产学研协同、企业产业间协同、跨部门和跨行政区域协同。

江苏省科教资源丰富，研发力量雄厚，是创新型省份建设试点省。但从总体上看，江苏省产业结构仍然处于产业结构链条的中低端，摆在江苏省面前最紧迫的任务是如何打通从科技强到产业强的通道。对江苏省的产业创新情况进行分析，发现在产业创新链中存在两个重要环节即从“科学”到“技术”的转化、从“技术”到“产品”的转化。近年来，通过产学研合作、促进成果转化等途径，江苏省企业承接技术成果转移转化能力显著增强，技术到产品的通道基本顺畅，而瓶颈制约集中在科学到技术转化的环节。这个环节的工作高等院校、科研院所不愿做，单个企业做不了，因此，这就是产业技术研发机构的着力点，也只有解决这个问题，才能够推动基础研究成果的产业化。为此，省委、省政府经过深入调研，决定于2013年成立江苏省产业技术研究院。

第四节 “十三五”时期的规划与构想

一、创新成果转化

创新成果转化包括创新项目和创新构意的来源、创新过程和创新成果转化，此部分包含市场化、产业化；创新成果推广等。

2017年，江苏省设立省技术产权交易市场，立足于江苏省的实体经济优势、对外开放优势和科教人才优势，把技术产权交易市场打造成为江苏省创新发展的一个重要品牌。突出改革导向，在体制机制创新上动脑筋、想办法，以改革的精神努力探索有江苏特色的技术转移、成果转化新路径，进一步在项目立项、技术转移、成果转化、股份转让、融资服务等关键体制机制上，加大创新力度，从根本上解决科技与经济“两张皮”问题。突出市场化方式，发挥好技术市场在促进成果集聚、技术转移、价格发现、资源配置、秩序规范和创新激励方面的作用，让更多的科技资源“露出来、聚起来、活起来”，优化带动江苏省的技术转移和科技成果转化体系，引导技术创新方向，使市场配置资源的决定性作用落到实处。突出专业化服务，推进地方分中心或服务窗口加盟，为供需双方和中介机构提供所需“一站式”服务，提供与各种技术创新要素相关的延伸服务与功能，建设一支既懂经济又懂科技的复合型专业技术经纪人才队伍，积极借鉴国际先进经验，尽快推动与知名技术转移、知识产权、投融资服务机构建立战略合作关系，迅速提高专业化服务能力和水平。

二、创新要素组织

创新要素组织包括创新要素投入，其中含资金筹措；创新要素集聚；创新要素协同；创新激励；创新绩效评估和政策落实等方面。

2016年8月25日，江苏省政府召开新闻发布会，就刚刚出台的《关于加快推进产业科技创新中心和创新型省份建设若干政策措施》(简称“40条政策”)

进行说明。作为首个向社会公开发布的科技创新文件，“40 条政策”力度大、含金量高，许多方面具有突破性。

（一）主要考虑

在“40 条政策”起草过程中，主要把握了以下 3 点：一是突出创新驱动。深入贯彻习近平总书记系列重要讲话精神，全面落实新发展理念，按照中央和省委省政府最新部署要求，把强化创新驱动发展导向、加快推进“一中心”建设作为出发点和落脚点，努力以政策创新支撑更高水平的创新型省份建设。二是突出深化改革。按照科技创新和制度创新协同发挥作用、两个轮子一起转的要求，认真梳理整合国家和省出台的科技创新政策，积极借鉴吸收兄弟省（市）已经出台、行之有效的办法和措施，将畅通科技成果产业化链条、构建充满活力的科技管理和运行机制等作为政策扶持的重点，力求在体制机制改革上取得突破。三是突出问题导向。深入分析查找新形势下江苏省创新驱动发展的各种制约因素，充分考虑基层、企业、高等院校、科研院所和广大科技人员的实际需求，提出了不少针对性强的政策措施。

（二）主要特色

“40 条政策”体现了“从新、从优、从高”的要求，总体上在全国也是具有超前性和突破性的，其特色亮点可以概括为“一简一增三个着力”。

“一简”，就是最大限度简政放权。创新不是管出来的，而是放出来的。“40 条政策”中一个比较鲜明的导向，就是对能够由各类创新主体管好的事项，政府都尽可能简化流程、下放权力。比如，围绕高等院校、科研院所较为关注、呼声也比较强烈的地方，如成果处置、岗位设置、职称评审、选人用人、薪酬分配等方面加大简政放权力度，给高等院校、科研院所开展科研更大自主权；围绕改进科研项目经费管理，大幅提高间接费比例，对劳务费不设限制条件，允许项目结余资金按规定留归承担单位使用，赋予创新人才和团队更大人财物支配权、技术路线决策权；围绕“放管服”改革，明确提出所有行政审批事项严格按法定时限做到“零超时”，对新制订政策是否制约创新进行审查，降低市场准入门槛，清除创新创业障碍，等等。通过一系列政策措施安排，积极主动向高等院校、科研院所简政放权，给科技人员“松绑助力”。

“一增”，就是千方百计增加创新投入。总书记视察江苏时指出，要舍得下本钱，宁可其他方面紧一点，也要拿出钱来搞创新。这次政策制定，省财政给予了充分支持，力度大、含金量高。比如，从 2016 年起 3 年统筹安排省级各类资金超过 1000 亿元，支持“一中心、一基地”建设；对于新型研发机构，最高给予 1 亿元的财政支持；承担国家级平台建设任务或引进的研发总部，最高都可以得到 3000 万元支持。尤其为了进一步引导和激励企业加大研发投入，还将根据税务部门提供的企业研发投入情况，给予 5% ～ 10% 的普惠性财政奖励，等等。归根结底，就是要舍得给创新以优惠，经济下行压力再大，也不在这些新的“硬投入”上有半点退让，真正建立起适应创新驱动发展的新导向、新动力、新机制，最大限度释放创新创业活力。

“三个着力”，就是进一步引导和动员各方面聚焦科技创新这个“核心的核心”用功发力，加快形成江苏省的优势特色。一是着力增强企业创新能力。企业是创新主体，企业强则产业强、经济强。“40 条政策”建立了覆盖企业初创、成长、发展等不同阶段的政策支持体系，比如，提出设立高新技术企业培育库，实施“小升高”计划，由省市县财政给予 3 年培育奖励；支持企业加快建设高水平研发机构，促进“百企示范、千企试点、万企行动”；强化国有企业的创新导向，国有企业技术开发投入考核时视同实现利润；支持外资企业参与承担科技计划和平台建设，等等。二是着力强化科技人员创新动力。创新驱动实质上是人才驱动。“40 条政策”中，围绕更好地发挥科技人员核心作用做出了一系列新的规定，让科技人员少一些杂事干扰，多一些时间去创新创业。包括，提高科技人员科技成果转化收益，比例不低于 50%，且不纳入本单位工资总额基数，不计入绩效工资；建立分类评价机制，对从事基础研究和前沿技术研究的科研人员，弱化中短期目标考核；鼓励设立首席研究员、首席科学家等高级技术岗位，给予其与同级别管理岗位相一致的地位和薪酬待遇；对科技人员参与国际创新合作交流活动，根据实际需要，适当放宽因公出境限制；对在苏南国家自主创新示范区开展创新活动的外籍高层次人才，实行工作居留便利，等等。三是着力激发大众创业万众创新活力。这次政策制定的根本落脚点，就是要在全社会形成创新创业的热潮，让大众创业万众创新蔚然成风。为此，提出来要发挥科技创新载体平台的支撑作用，将各类高端创新资源优先在高新区内布局集聚，并赋予相应的管理权限；探索建立科技企业孵化器绩效奖励制度，按因素法给予一定比例奖励；大力发展新型研发机构，特别是要加快省产业技术研究院改革发展。要发挥科技金融的杠杆作用，支持各市县、各高新区建立科技金融风险补偿资金池，推进投贷联动试点，完善创业投资引导机制，支持科技型中小企业到创业板上市、新三板挂牌，并且要探索建设网上技术交易平台和区域性科技金融服务中心。要发挥考核的“指挥棒”作用，建立创新驱动发展考核指标体系，发布江苏省产业科技创新指数，系统评价创新驱动发展水平，定期公布评价结果，努力塑造更多依靠创新驱动的引领性发展。

（三）主要突破

“40 条政策”全面梳理了江苏省科技体制改革的问题症结，认真学习中央部署要求，充分借鉴兄弟省（市）经验做法，直击“痛点”，探寻“支点”，力求在 7 个方面有所突破。一是在完善创新型企业培育机制方面，主要是加大高新技术企业培育扶持力度、强化国有企业创新导向、建立鼓励企业创新的普惠机制、支持企业增强自主研发能力和鼓励企业开放创新；二是在大力推进简政放权方面，主要是扩大高等院校、科研院所自主权、保障和落实用人主体自主权、改革科研项目经费管理机制、清除创新创业障碍、改进新技术新产品新商业模式准入管理、实行严格知识产权保护；三是在打通科技成果转移转化通道方面，主要是下放高等院校、科研院所科技成果使用处置权和收益权、完善高等院校、科研院所科技成果转化个人奖励约定、改革高等院校、科研院所领导干部科技成果转化收益管理办法、提高科技人员科技成果转化收益、完善股权激励相关制度、健全科技成果转移转化激励机制、完善科技成果转移转化市场体系；四是在造就适应创新发展要求的人才队伍方面，主要是建立具有国际竞争力的人才引进制度、畅通人才双向流动通道、完善人才分类评价和支持机制、鼓励专业技术人员离岗创业；五是在加强科技创新载体平台建设方面，主要是推动高新区创新发展争先进位、完善创业载体建设推进机制、加快省产业技术研究院改革发展、支持新型研发机构发展；六是在强化对科技型中小企业的金融支持方面，主要是加大多层次资本市场对科技型中小企业的支持力度、创新和完善科技型中小企业融资服务体系、推进投贷联动试点、完善信用担保机制、加快发展科技保险、完善创业投资引导机制、加快创业企业上市步伐、简化境内外创新投资管理；七是在加大政府引导和支持力度方面，主要是实行积极的财税政策、完善基础研究长期稳定支持机制、建立创新产品推广使用机制、健全创新政策审查评议制度、强化创新驱动发展导向。文件力求通过一系列整体设计、系统推动，进一步激发体制机制潜力和释放创新创业活力，推动江苏省科技创新整体跃升。

第五节 基于江苏省视角的长江经济带协同创新研究与思考

一、长江经济带协同创新基础条件分析

从江苏省的视角，对长江经济带协同创新的可行性与基础条件的分析

（SWOT 分析）。

（一）优势（strength）

“十二五”时期综合经济实力显著提升。经济总量连跨 3 个万亿元台阶，超过 7 万亿元，年均增长 9.6%，高于全国 1.8 个百分点；人均 GDP 超过 8.8 万元，位居境内各省（区）首位。一般公共预算收入连跨 4 个千亿元台阶，突破 8000 亿元，年均增长 14.5%。

经济转型升级取得重大进展。创新型省份建设迈出重要步伐，区域创新能力连续 7 年位居全国第一，研发经费支出占 GDP 比重由 2.07% 提升至 2.55%，苏南国家自主创新示范区建设扎实推进。产业结构调整实现“三二一”的标志性转变，第三产业比重超过 48%，年均提升 1.4 个百分点。战略性新兴产业销售收入年均增长 16.8%，高新技术产业产值占规模以上工业比重达到 40.1%，年均提升 1.4 个百分点。粮食总产实现“十二连增”，现代农业发展水平达到 80% 以上。消费成为经济增长第一拉动力，社会消费品零售总额年均增长 13.7%，消费对经济增长贡献率达到 51.5%。投资结构持续优化，固定资产投资年均增长 16.2%，服务业投资占比达到 49.6%，民间投资比重达到 69.7%。信息化发展水平保持全国前列。

城乡区域发展更趋协调。苏南提升、苏中崛起、苏北振兴实现重大突破，苏南现代化建设示范区引领带动作用日益显现，南京江北新区成功获批，苏中融合发展特色发展加快推进，苏北发展 6 项关键工程取得阶段性成效，苏中苏北经济总量占全省比重提高 2.4 个百分点。沿海开发五年推进计划和六大行动顺利完成，经济总量突破 12 500 亿元，成为新的经济增长极。新型城镇化和城乡发展一体化成效明显，国家新型城镇化综合试点全面推开，城乡发展“六个一体化”深入实施，城镇化率达到 66.5%，提高 6.2 个百分点。交通、能源、水利、通信等现代基础设施体系日趋完善，综合支撑能力进一步增强。

改革开放向纵深推进。全面深化改革有力有序推进，以经济体制改革为主轴，重要领域和关键环节改革取得重要阶段性成果。以“5 张清单、1 个平台、7 项相关改革”为基本架构推动简政放权、转变政府职能，省级层面取消、下放行政审批事项 587 项，非行政许可审批事项全部取消。财税、价格、投融资、地方金融、医药卫生、教育等领域改革扎实推进。全方位开放布局全面展开，企业、城市、人才国际化水平显著提升，开发园区载体功能不断增强，一般贸易出口占出口总额比重达到 43.8%，服务贸易进出口总额增长一倍，2015 年对外投资突破 100 亿美元。

（二）劣势（weakness）

产业科技创新能力有待提升，产业结构总体偏重，经济发展质量和效益有待提高，产业层次和创新能力有待提升，部分行业化解过剩产能任务仍然艰巨。城镇集群效应有待增强，城市发展定位趋同，功能不强，特色不足，集群效应不明显，国际化程度不高，外来人口市民化水平有待提高，粗放式城市开发模式亟待转型，江南江北、大中小城市、城乡之间的公共服务和居民收入水平差距依然较大。网络化基础设施体系有待完善，长江天堑阻隔依然存在，跨江交通联系有待健全，快速铁路网尚未形成，城际轨道交通建设滞后，江海联动效应仍显不足。资源环境约束有待缓解，土地开发强度较高，能源消费总量偏大，生态系统服务功能弱化，长江、太湖等主要河湖污染问题依然严峻。一体化体制机制有待创新，生产要素自由流动的市场壁垒仍然存在，跨江融合发展还需大力度推进，统一开放、竞争有序的区域一体化市场体系尚未形成。

（三）机遇（opportunity）

长江经济带发展突出生态文明建设这个重点，强调绿色发展、循环发展、低碳发展的理念和要求，对江苏省全面推进“生态省”建设必将产生巨大引领推动作用。江苏省目前正处在经济发展方式由规模速度型转向质量效率型，经济结构由增量扩能为主转向调整存量、做优增量并举的转型调整时期，实施创新驱动发展战略，提出了新的发展动力和发展空间，为江苏省经济转型升级提供了重要契机。长江经济带区域内各省（市）将建立和形成多层次、多领域的紧密联系与合作关系，江苏省应主动作为，积极与中上游地区建立联动发展机制，实现经济互补、资源共享、互利共赢。长江经济带具有东西双向开放的优势，江苏省在继续扩大向东开放优势的同时，积极协调推动向东与向西双向开放，全方位拓展开放发展潜力空间，加快形成陆海统筹、东西互济、面向全球的更高层次开放合作新格局。全国城市工作的推进，为江苏省转变城市发展方式，塑造城市特色风貌，彰显城市文化内涵，创新城市管理服务，建设具有江苏特色、和谐宜居、富有活力的现代化城市提供了历史机遇。

（四）威胁（threat）

当前，国际经济形势发生重大变化，新一轮科技革命和产业变革带来的新的世界经济格局和产业分工正在加速形成。国际金融危机的深层次影响，直接导致世界经济复苏进程缓慢，贸易保护主义抬头等诸多外部不确定因素，对开放程度较高的江苏省经济影响更为直接，带来的挑战相当严峻，对外经贸形势不容乐观。实体经济运营困难，企业生产成本不断上升，部分企业贷款难、融资贵等问题仍很突出；传统产业产能过剩的矛盾客观存在，转型发展和落实供给侧结构性改革任务繁重艰巨。沿江地区人口密集、产业集聚，环境容量和环境承载能力有限，生态修复和环境保护刻不容缓。沿江地区与苏北腹地、沿海地区的联系仍不够紧密，发展差距较大，实现区域更高水平、更可持续协调发展，仍需做出长期艰苦努力。

二、制约长江经济带协同创新的主要问题

制约长江经济带协同创新的主要问题包括但不限于以下方面：制度创新与管理创新、科教创新、产业创新和环境建设创新的缺失。

（一）政府宏观引导与统一规划不够

促进科技服务业发展的政策体系还不完善，科技服务主体的法律和经济地位、运行机制等未明确，技术交易和咨询缺乏相应的法律规定，政府没有充分发挥应有的宏观协调管理作用，对科技资源共享进行全区域的整体规划和统一布局不到位。

（二）缺乏与市场有机结合的机制，科技服务市场化程度不够

政府在推动创新合作时过于依赖自身的能力，与市场机制的结合不够，这与强调市场信息和风险投入的创新活动的性质相违背，使得部分措施不能反映市场的偏好和激励机制，创新成果的产业化过程缓慢。

（三）政府科技服务资源整合开放共享不够，信息共享平台建设滞后

科技服务的资源分布不均衡，尚未实现有效合理配置。既缺乏跨区域层面对资源共享的整体规划和统一布局，也在资源共享过程中存在权利和义务、考核与评估、奖励与惩罚等方面尚未建立科学的运行机制的问题，缺乏有效的沟通与协调，资源共享渠道不畅。

（四）科技服务的评价机制不够

尚未形成系统的科技服务业统计调查制度，缺少统一的评价标准，缺乏系统的资格认证制度和执业标准。科技服务评价体系还处于研究阶段，尚未建立一套科技服务水平综合评价指标体系。

（五）区域性科技中介尚未成熟，科技服务机构跨区域互动性不够

受行政保护、条块分割影响，创新资源跨区域不能自由流动，使大多数科技服务机构缺乏联动互动，经营行为单一，难以完成高质量、多功能的跨区域服务。在整合科技中介服务机构、解决区域科技合作问题的实际能力等方面仍存在诸多问题，且部分科技中介遗留着行政机关烙印，对政府依赖性强，机制不灵活。

三、推动长江经济带协同创新可有的重要举措

（一）构建多层次区域协同创新治理体系

长江经济带区域创新治理涉及从中央政府及其相关职能部门到经济带内九省二市及 110 个地级城市等多层次的行政主体。各种科技创新资源整体上仍然受行政边界的影响。在各层级的行政区和职能部门内部封闭运行，各省（市）之间、部门之间、城市之间的科技资源呈现出分散化、封闭化发展特征，这一方面使得科技创新设施与设备的建设重复、运转低效；另一方面使得在大区域尺度上缺乏统一、集中的创新力量去解决重大创新课题。因此，构建多层次区域协同治理结构，跨省（市）、跨部门整合各类创新资源，在大区域尺度上提高科技创新投入的整体产出效益，是长江经济带区域创新治理的重要课题。在经济带层面，由中央政府及相关职能部门推动，在九省二市政府及主要职能部门（如科委、合作交流办公室）共同组建"长江经济带区域创新治理委员会"，该委员会负责长江经济带内参与科技创新政策的制定与实施、统一区域创新市场与公共创新技术平台的建立与推进、负责区域性科技资源和研究基金的高效整合与统筹分配、负责大型研究基础设施的科学布局与统筹规划、负责区域创新制度矛盾与利益冲突的调解与执法等；在中观区域层面，依托现有长江上游、长江中游、长江下游等经济区、城市群协作与协同发展机制，尤其要注重发挥区域性中心城市的引领作用，组建城市群协同创新战略联盟，以增强城市群或经济区内部各城市间的科研资源共享与协同创新；在地方或城市层面，鼓励各城市之间的科技创新与协作交流，尤其是鼓励科技创新先进城市与科技发展相对滞后城市之间的对口协作与交流，鼓励以开发区为依托的城市间产业与技术创新合作。

（二）改革创新资源交流机制

改革长江经济带创新资源交流机制，促进创新要素的自由流动。建立覆盖

全经济带的创新研究区，促进创新要素在经济带内自由流动，是长江经济带区域创新治理的基本目标。编制“长江经济带创新研究区 2030”战略规划，组建“长江经济带创新研究区建设委员会”等推进机构，整合各类部门性、地方性创新研究基金，设立面向全经济带的区域性创新研究支持基金，为长江经济带协同创新活动及创新环境建设提供组织保障和资金保障。研究和出台相关区域政策，发现经济带内科技人才、创新企业流动与迁移面临的各种制度障碍，允许科研项目及研究基金跟随研究人员自由流动，鼓励科技创新企业根据产业集群与技术创新战略需求跨省（市）自由迁移；建立区域性的专利转让与技术交易市场，完善前后向相关制度与法规体系，确保技术交易的公开、透明与高效，为科学知识与技术专利的自由流动提供完备的市场机制和法律保障；建立区域性科技知识与信息共享平台，使各类科技项目、人才、技术等方面的供需信息在经济带内得以互通与共享，提高各类科技创新资源流通与匹配的效率。

（三）建立跨区域科技协同创新平台

建立跨区域科技协同创新平台，提升区域科技与创新整体实力。选择对区域科学科技创新具有重大影响的重点领域，设立专项基金支持计划，推进区域性大型研究与创新基础设施（实验室）的共建与共用，加强对区域性重点领域关键技术和重大课题的协同攻关研究，强化新兴技术的基础性和探索性研究，并将这些区域性协同创新研究的知识和技术成果在经济带内共享与共用，使之成为区域性的科学知识基础，提升区域科学与技术创新的综合水平。鼓励经济带内科技创新平台与外部研究平台的协同与合作，并根据研究资源投入、知识贡献等合理划分研究成果的著作所有权和收益权，以吸引和吸纳外部优秀科技研究团队的协同创新研究，提升区域科技与创新整体实力。

（四）启动区域创新集群推进工程

促进产业集群与知识集群的融合，启动区域创新集群推进工程。在知识经济和经济区域化发展背景下，区域创新集群成为区域产业升级和区域竞争力提升的核心力量。创新集群的运行逻辑是集群创新，知识和创新能直接转化为生产要素或商业要素，科学与技术、科技与生产之间的关系更加紧密，高等院校、科研院所在创新过程中的位置更加重要，创新与商业运营之间的关系由传统的直线型转变为循环演进型。区域创新集群与区域性创新项目的核心就是要整合区域内的高等院校、科研院所、企业、政府职能部门及金融机构、社会中介组织等，创建包括成员组织和运行机制在内的区域创新平台。在中国经济面临着结构转型和创新升级的背景下，长江经济带新时期的区域经济发展策略必须从传统的产业集群发展路径向基于知识和创新的创新集群路径转变和升级，必须依托经济带内多层次的产业集群与集聚，整合经济带内各类科技创新资源，推进长江经济带科技研究区建设，打造跨区域的科技协同创新平台，引导产业集群与知识集群的叠加与聚合，使区域创新集群成为长江经济带未来经济发展中的核心力量。

四、江苏省在长江经济带协同创新中的可能作为

第一，成为长江航运中心之一和下游国际海港区。充分利用长江江苏段独特的区位优势和良好的发展基础条件，以长江南京以下12.5米深水航道为依托，以水运和铁路建设为重点，完善综合交通网络，大力发展多式联运和现代港口物流，加快推进船型标准化，构建“面向国际、承东启西、辐射南北、高效畅通”的综合交通运输体系，建设长江南京航运中心、江海联运枢纽港和沿江地区现代化海港群及江海联运纽带，使之成为长江下游重要的国际海港区，增强上海国际航运中心北翼港口功能，带动长三角地区成为全球最发达的经济区，为促进东中西经济统筹协调发展提供坚实支撑和重要保障。

第二，成为全球先进制造业基地和现代服务业基地。依托港口经济发展和园区建设，做大做强装备制造、新材料、物流等临港优势产业，积极培育和壮大电子信息、新能源、节能环保、新医药、金融商务、科技研发与服务外包等新兴产业，重点发展长江旅游经济，形成先进制造业和现代服务业互动融合的发展态势，打造若干规模和水平居国际前列的先进产业集群，引领长江经济带产业转型和发展。

第三，成为长江流域对外开放的重要门户。依托长江黄金水道和新亚欧大陆桥，打造长江南京以下重要的国际海港区，持续提升经济国际化水平，创新国际区域合作机制，积极融入世界经济体系。策应上海自由贸易区建设，加快提升南京区域中心城市地位和辐射带动能力，推进南京都市圈建设和宁镇扬同城化步伐，以国际化为龙头，向东积极接轨上海，向南与浙江、海峡西岸和珠三角地区分工合作，向西辐射长江中上游地区，向北影响中原地区和对接环渤海地区，使之成为面向全球、沟通亚太、带动长江流域对外开放的重要门户。

第四，成为长三角世界级城市群的重要组成部分。充分发挥苏南现代化建设示范区在全国现代化建设中的示范引领作用，大力提升中心城市综合服务功能、产业辐射带动功能、创新功能和高端技术信息集聚功能，强化对苏中苏北乃至长江中上游的辐射带动作用，全面提升参与全球高端市场的核心能力，将

其打造成为具有较强竞争力的自主创新先导区、现代产业集聚区、城乡发展一体化先行区、开放合作引领区、富裕文明宜居区。加强与上海的全面互动对接，强化区域内产业分工协作，推进城市间轨道交通互连互通，共享公共服务，率先实现一体化发展，建成国际化水平较高的城市群。加快苏北融入苏中苏南步伐，深入推进沿海开发战略和新亚欧大陆桥建设，积极打造沿海和沿东陇海城镇带，做大做强淮安和宿迁苏北中心城市，使之成为江苏经济发展和新型城镇化建设的新引擎。

第五，成为全国生态文明先行示范区。把生态文明建设纳入江苏“两个率先”的全局，牢固树立尊重自然、顺应自然、保护自然的理念，强化节约优先、保护优先、自然恢复为主的方针，以转变发展方式为核心，以环境治理和生态修复为重点，以全民共建共享为基础，以体制机制创新为保障，树立生态观念，优化生态空间，发展生态经济，健全生态制度，改善生态环境，倡导生态生活，弘扬生态文化，形成节约资源和保护环境的空间格局、产业结构、生产方式、生活形态，推动江苏生态文明建设继续走在全国前列，绘就“美丽中国”的江苏画卷。

附录 3

四川省创新与协同创新研究[①]

第一节　四川省经济社会发展概述

一、基本省情

四川省位于我国西南部，地处长江上游，东连重庆，南邻云南、贵州，西接西藏，北接青海、甘肃、陕西 3 个省，总面积 48.5 万千米^2，辖 1 个副省级市、17 个地级市、3 个自治州，总人口 8204 万。

四川省地貌复杂多样，具备山地、高原、丘陵、平原等多种地貌，最高海拔与最低海拔相差 7400 多米。四川省自然资源富集，已探明储量的矿产资源 132 种，占全国资源总种数的 70%，其中天然气、钛矿、钒矿、硫铁矿等 7 种矿产储量居全国第一位。钛储量占世界总储量的 82%，钒储量占世界总储量的 33.3% 左右；锂矿、芒硝等 11 种矿产储量居全国第二位；铂族金属、铁矿等 5 种矿产储量居全国第三位；炼镁用白云岩、轻稀土矿等 8 种矿产储量居全国第四位；磷矿储量居全国第五位；水能资源位居全国首位。四川省是多个少数民族聚居区，有 55 个少数民族，490.8 万人，人文风情独特，有全国第一大彝区、第二大藏区。

2015 年，四川省经济总量位居全国第六、西部第一，人均生产总值超过 4000 美元；产业门类齐全、科技力量雄厚，是我国重要的农产品基地、制造业基地和研发基地，在长江经济带中是依托黄金水道推动长江经济带发展的战

① 课题负责人：周江，中国区域科学学会长江经济带研究专业委员会副主任兼秘书长，四川省社会科学院区域经济研究所研究员，博士生导师。成员：吴振明，中国区域科学学会长江经济带研究专业委员会副秘书长，四川省社会科学院区域经济研究所副研究员，博士；车茂娟，四川省统计科学研究所所长，高级统计师，博士。

略腹地和重要增长极、促进长江经济带与丝绸之路经济带联动发展的战略纽带和重要依托、保障国家安全和维护民族团结的战略前沿和生态屏障。

二、2006～2015年经济社会发展总体情况

（一）基本确立经济大省地位

2006～2015年，四川省经济总量快速增长，2007年、2011年、2015年分别突破10 000亿元、20 000亿元和30 000亿元，2015年达到30 053.1亿元。经济总量在全国排名由2006年的第九位上升至2015年的第六位，在全国经济大省的地位已经基本确立。四川省经济增速长期高于全国平均水平，特别是2009～2013年，全省经济增速显著高于全国平均水平（附图3-1）。

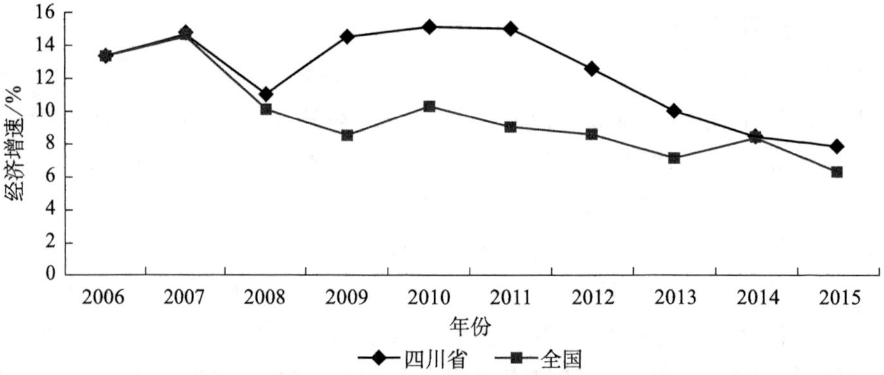

附图3-1　2006～2015年四川省和全国经济增速

（二）与全国发展平均水平差距仍然显著

2006～2015年，四川省人均地区生产总值从2006年的10 546元增长至2015年的36 775元，但是与全国平均水平绝对差距由2006年的6192元扩大至2015年的13 476元。2015年，四川省人均地区生产总值在全国位列第二十三位，仅相当于天津、北京人均地区生产总值的33.3%左右，与东中部省份还有较大差距（附图3-2）。

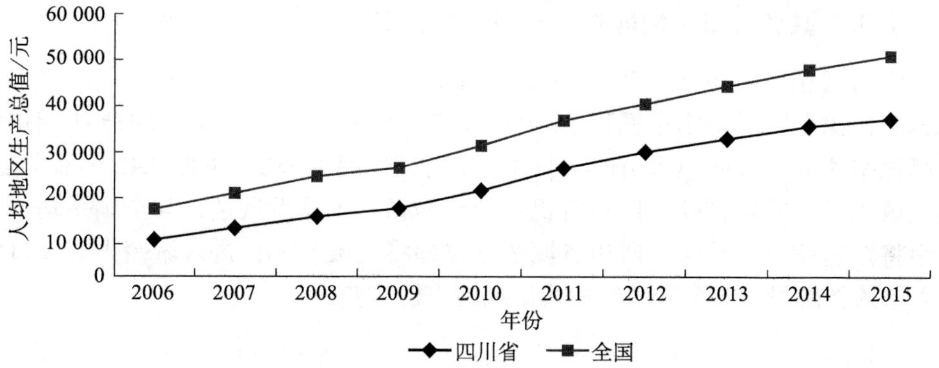

附图 3-2　2006～2015 年四川省人均地区生产总值和全国人均地区生产总值态势比较

（三）产业结构逐步优化

2006～2015 年，四川省产业结构发生了显著变化。第一产业在三次产业中的比重明显下降，由 2006 年的 18.36% 下降至 2015 年的 12.24%（附图 3-3），非农产业对经济增长的支撑作用进一步强化。非农产业中，完成了由工业主导向服务业主导的转变，2006～2011 年，第二产业比重上升至 52.45%，第三产业比重下降至 33.36%；2012～2015 年，第二产业比重逐步下降至 44.08%，第三产业比重则上升至 43.68%。全省产业结构的变化反映出了四川省转方式、调结构的历程，目前以特色优势产业、战略性新兴产业、高端成长型产业和新兴先导型服务业为主导的产业结构正在形成。

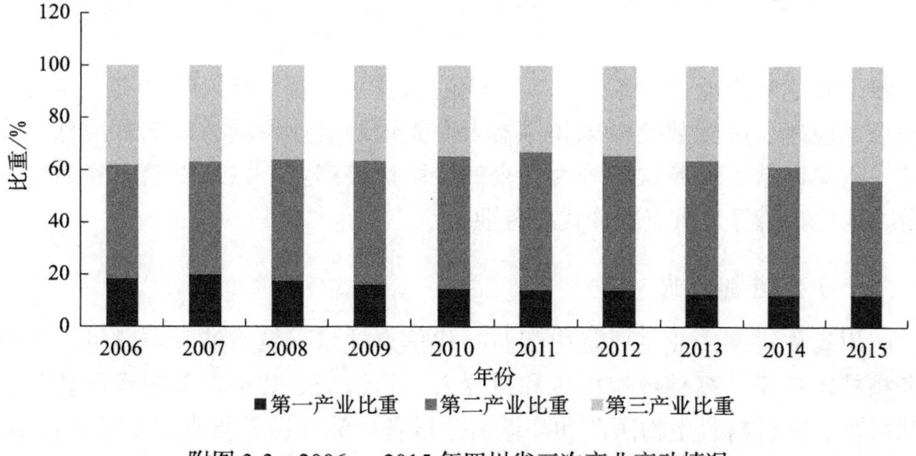

附图 3-3　2006～2015 年四川省三次产业变动情况

（四）城乡人口结构即将出现历史性转变

四川省城镇化发展长期滞后于全国平均水平，2006 年四川省城镇化率为 34.30%，比全国平均水平低近 10 个百分点；经过 10 年的发展，2015 年四川省城镇化率达到 47.68%（附图 3-4），但是仍然比全国平均水平低 8.42 个百分点。从城镇化发展阶段判断，四川省仍然处于城镇化加速发展期，与全国平均水平差距将快速缩小。同时，四川省城镇化率即将突破 50%，进入城镇人口超过农村人口的新阶段，城乡人口结构将出现历史性转变。

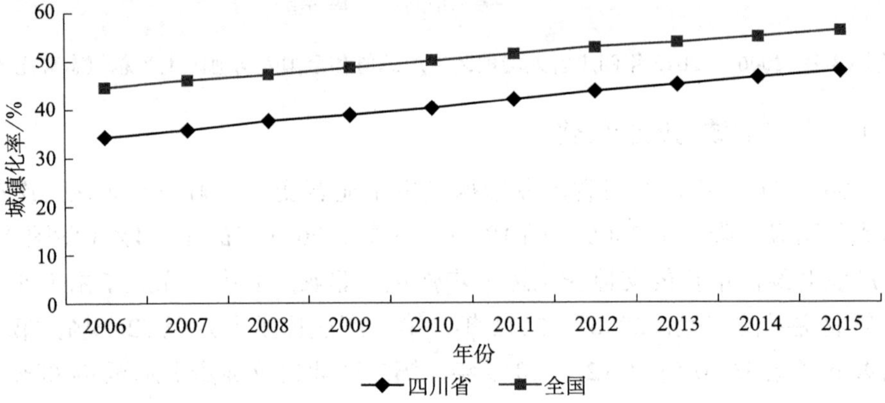

附图 3-4　2006 ～ 2015 年四川省和全国城镇化率情况

三、优势产业发展及主要特征

四川省优势产业主要集中于新一代信息技术、航空航天与燃机、高效发电和核技术应用、高档数控机床和机器人等先进制造业领域，以电子信息、装备制造、汽车制造、食品饮料等为代表的传统优势产业，以及以健康养老、现代旅游、现代物流等为重点的现代服务业。

（一）先进制造业

四川省先进制造业主要集中于新一代信息技术、航空航天与燃机、高效发电和核技术应用、高档数控机床和机器人、轨道交通装备、节能环保装备、新能源汽车、新材料、生物医药和高端医疗设备、油气钻采与海洋工程装备 10 个领域，是四川未来产业发展的重点方向（附表 3-1）。

附表 3-1 四川省先进制造业重点领域发展基础

行业名称	发展基础
新一代信息技术	建有国家软件基地，大型行业应用软件、嵌入式软件、数字娱乐软件等发展势头迅猛；移动通信终端、路由器、网络设备发展势头良好；在航天电子、航空电子、信息安全等领域承担了大量的总体集成和整机研发生产任务
航空航天与燃机	是全国重要的航空航天产业基地之一，具有一流的设计制造专业队伍，132厂、624院、电子10所、420厂、783厂、川大智胜等单位在研究水平、科研成果、人才资源、实验设备、技术手段等方面均处于全国先进水平。具有完整的飞机总体设计研究和飞机总装制造企业，还有航空发动机、航空仪表、电子设备、航空玻璃、复合材料、软件开发、电子及机载设备维修等诸多专业企业，是全国航空航天工业配套最齐全的省份
高效发电和核技术应用	有东方电气集团公司及所属东电、东汽、东锅、东风等龙头企业，以及华西能源、核动力院、西南电力设计院等科研机构，在成套发电设备、核电设备研制方面具有较强的实力
高档数控机床和机器人	拥有普什宁江机床、四川长征机床、西南自动化研究所、成都量具刃具、自贡硬质合金、一航凯天科技等企业和四川大学、西南交通大学、电子科技大学等院校，在数控机床系列和机器人研发方面具有较好的基础
轨道交通装备	有资阳机车、眉山车辆、成都机车车辆等制造企业，以及西南交通大学、铁二院、中铁23局等研发机构，在大功率电力机车、干线重载、高速机车车辆、城市轨道车辆中的地铁、轻轨车辆等领域具有技术优势
节能环保装备	拥有东方电气、东方锅炉、资阳机车、成发公司、中国工程物理研究院、中国市政工程西南设计研究院、四川锅炉厂、四川航天技术研究院、华西能源等企业和科研院所，具备大型成套环保设备设计和制造能力
新能源汽车	成都、泸州、南充、达州等区域已经形成了一定的新能源汽车生产能力，在纯电动客车、轿车、专用车，插电式混合动力客车、轿车，燃料电池客车、轿车、专用车及新能源汽车电池、电机、电控三大核心技术研发和制造方面具备了较强的实力
新材料	在钒钛新材料、硅材料、化学新材料、稀土材料、超硬材料、生物医学新材料等领域的研发和生产具有优势，形成了攀钢集团、新光硅业、永祥硅业、东汽峨半、阿波罗科技、自贡硬质合金等一批新材料企业
生物医药和高端医疗设备	具有丰富的生物医药资源和较强的生产能力，在血液制品、预防用菌疫苗、生物可降解有机材料、生物疫苗、基因工程产品、组织工程和干细胞、生物治疗、基因芯片等方面处于国内领先水平
油气钻采与海洋工程装备	具备海洋钻井模块、井架、钻井泵组、深海石油钻机及海上石油平台、顶部驱动器及9000米钻机、油气井用超高温射孔器材研发和生产能力

总体来看，四川省在重点培育的先进制造业领域具有良好的技术研发基础和一定的产业发展基础，产业发展前景好，代表了未来产业发展方向。

在未来发展方向上，将以科技研发为重点，突破关键技术，发展重点产品，抢占产业发展竞争制高点；同时，加强优势企业培育，形成产业发展新引擎，将先进制造业培育成为全省的支柱产业（专栏一）。

专栏一

四川省先进制造业发展方向

新一代信息技术。坚持软件应用与硬件设备开发并重，重点在集成电路、网络与信息安全、基础软件与工业软件、信息通信设备、大数据、云计算和物联网等领域实现突破发展。

航空航天与燃机。立足国民经济和国防建设需要，重点在航空与燃机整机、关键大部件和零部件、电子信息装备、高端材料、机场运营设备与燃机电站主设备及辅机、北斗导航技术应用等领域实现突破发展。

高效发电和核技术应用。围绕高效清洁发电与智能电网设备、核能装备与核技术应用等领域，重点在提高装备成套水平和集成能力、发展智能电网管理系统及技术、推动核电自主堆型主设备研制和产业化等实现突破发展。

高档数控机床和机器人。围绕高档数控机床、机器人、传感器等领域，重点在数控机床、基础制造装备及成套生产线制造系统，工业机器人、特种机器人、服务机器人及生产加工成套设备，智能传感器、智能仪器仪表、在线分析装置、安全监测与预警系统等实现突破发展。

轨道交通装备。围绕高速动车、重载及快捷货运列车、城市轨道车辆、铁路工程养护机械、信号及控制系统、机车车辆关键零部件等领域，突破关键技术和发展关键装备。

节能环保装备。重点在高效节能、工业固废综合利用、余能循环利用、超低排放燃煤发电等领域突破关键技术，形成成套解决方案与装备保障能力。

新能源汽车。坚持以纯电动汽车为主攻方向，积极发展插电式混合动力和燃料电池汽车，形成从关键零部件到整车的生产制造和创新体系，通过加快推广应用促进产业加快发展。

新材料。加强基础研究和体系建设，突破产业化制备瓶颈，重点优化发展航空航天、高速轨道交通、海洋石油化工、新能源汽车、三维（3D）打印等领域用各种新材料，加快战略前沿材料的研制和产业化进程。

生物医药和高端医疗设备。围绕生物药物、现代中药、化学新药、高端医疗设备等领域，突破关键技术和发展新制品。

油气钻采与海洋工程装备。围绕页岩气、非常规油气开采、海洋油气开采、油气长输管线建设等领域，完成新产品研制和产业化。

资料来源：《四川省国民经济和社会发展第十二个五年规划》

（二）传统优势产业

四川省传统优势产业主要包括电子信息、装备制造、汽车制造、油气化工、钒钛钢铁、食品饮料等，是目前全省产业的重要支撑。

1. 电子信息产业

四川省是国家重要的信息产业基地，是我国重要的电子元器件、电子装备、家电研发和制造地。目前，四川省在集成电路、基础元器件、材料等领域具有显著的领先优势，已经形成了成 - 绵 - 乐电子信息产业带，拥有国家数字视听产品产业园，建成了成都高新技术开发区集成电路产业园、绵阳经济开发区数字家电产业园、遂宁经济开发区微电子产业园、广元电子产业园等电子信息产业园区，拥有长虹、九洲、英特尔、中芯国际、宇芯等一批龙头企业和知名品牌。

四川省电子信息产业以推进自主创新和产业集聚为主要发展动力，依托原有电子信息产业研发基础，引进国外知名企业研发中心，通过原始创新、引进消化再创新提升自主创新能力；同时，四川省通过规划建设多个电子信息产业园区，通过骨干企业带动配套中小企业关联发展、成链发展、集聚发展，形成电子信息产业集群。

四川省未来电子信息产业发展方向，一是夯实电子信息产业基础，解决电子材料、关键电子元器件、集成电路等关键难题；二是突破关键技术，主要包括集成电路设计、系统集成、芯片封装测试、多维成像、新型平板显示等；三是提升数字家电行业，推进家电与数字视听等产品规模化、定制化生产；四是提升制造水平，重点发展集成电路、计算机、新型显示、信息消费终端等。

2. 装备制造产业

四川省装备制造业开端于“一五”时期，形成于三线建设时期，与上海、东北并称为三大重大技术装备制造基地。目前，四川省装备制造优势领域主要集中于大型发电成套设备、重型机械成套设备、大型工程施工成套设备、大型石油天然气成套设备、机车车辆设备等方面。例如，东方电气集团是国内唯一具备核电设备成套供应能力的企业；二重集团 5 米轧机荣获“中国轧机之王”称号，2250 毫米热连轧机成功出口欧洲市场，首台 470 吨级加氢反应器已在上海金山石化投入运行；川油宏华具有自主知识产权的 DBS 变频石油钻机产品研制成功并成套出口美国、俄罗斯等高端市场。

四川省装备制造产业以“龙头企业 + 重点产品”的模式推动产业做大做强。四川省围绕东电大型电机、东汽汽轮机、风电整机、东锅成套锅炉、宏华石油钻机等龙头企业和重点产品，鼓励自主创新，集中攻克一批重大关键技术难题，形成产业研发、配套、成套设备制造能力，最终形成了以自主创新为基础、配套企业为支撑、龙头企业为带动、重点产品核心的装备制造体系。

“十三五”时期，四川省装备制造业将重点围绕基础制造装备、大型冶金化工成套设备、煤炭采输设备、工程机械设备等智能化、数字化、成套化发展，关键技术领域将主要集中于提高设计制造工艺，关键零部件、基础材料的本地化，设备成套研制等。

3. 汽车制造产业

四川省汽车制造产业已经成长成为全省的支柱产业，在整车制造、零配件制造方面发展迅速。四川省汽车制造产业主要分布于成都、眉山、内江、南充、绵阳等区域，成都集中于整车制造，涵盖轿车、越野车、客车、载货车，一汽大众、沃尔沃、一汽丰田等企业均在成都设立了整车制造公司，同时具有零部件配套生产能力，包括汽车底盘、车身、柴油发动机、车桥、车用减震器、汽车仪表、各类电机、电瓶、汽车座椅、内饰件等。眉山以精密铸造、铸件为主，主要产品有齿轮、皮带轮、变速箱、铝轮毂、发动机缸体、刹车盘、汽车支架等基础件。内江主要集中于汽车发动机、传动、制动、转向、行走、内外饰、电器仪表、安全防盗等配套体系生产。南充除发动机、车桥、热交换器、车身及覆盖件、钢圈等关键零部件生产外，还具有整车生产能力，吉利四川、嘉宝汽车、中专汽车等整车生产企业，生产轻中型载货汽车、客车、改装车等。绵阳汽车零部件产品涵盖发动机总成、转向器总成、传动轴总成、汽车支架、各种滤清器、动力电池及材料、充电设备等，整车生产包括轿车、SUV、轻卡、皮卡、重卡及新能源乘用车。

四川省汽车制造产业发展通过“外引内培”模式取得了快速发展，一方面抓住了我国汽车需求快速增长的市场机遇，大力引进了汽车制造企业，成为汽车产业快速发展的重要引擎；另一方面，通过自身发展，培育了大量配套企业，为产业发展提供了基础条件。

四川省汽车制造产业未来发展，主要围绕整车、动力系统、电控系统等领域，以调整优化整车产品结构、推进核心零部件国产化为重点，突破高效发动机、变速器、整车系统集成等关键技术，提升材料轻量化、智能电子系统集成、节能减排等技术水平，推动清洁能源汽车、节能汽车发展，大力发展关键零部件，提高本地配套能力。

4. 油气化工

四川省油气化工主要集中于天然气化工、盐化工、石油化工、硫磷化工等领域。天然气化工方面，代表性企业有泸天化、川化、川天华、四川美丰、中昊华西南公司等天然气化工企业，重点产品有合成氨、尿素、三聚氰胺、甲醇、二甲醚、天然气制氢氰酸及其衍生物等。盐化工方面，主要以盐卤、石灰石为原料，发展电石、烧碱、聚氯乙烯产业链，主要企业有久大盐业、省盐业公司、宜宾天原、四川金路、巨星化工、华融化工、昌宏化工等。石油化工方面，以成都石化基地为重点，主要发展炼油、乙烯、对二甲苯产品链、树脂、涂料等下游产品。硫磷化工方面，主要发展硫铁矿、磷冶炼及系列化工产品，主要企业有川化控股集团、龙蟒集团、四川宏达、四川蓥峰、川投化工、眉山胜科等。

四川省油气化工产业发展主要采用了“产业整合”模式，依托自然资源和原有产业基础，整合产业要素资源，不断延伸和完善产业链，同时推进产品和技术升级，进而形成了较为完善的油气化工体系。

未来一段时期，四川省油气化工产业发展将向着精深方向发展，天然气化工围绕天然气制乙炔、天然气制氢氰酸和天然气制合成氨、高效复合肥3条产品链条拓展；石油化工将重点发展石化下游产业，围绕苯－对二甲苯（邻二甲苯）、苯乙烯、丙烯酸及酯、苯酚－丙酮等产品链发展；盐磷硫化工将在现有产品链条基础上，重点发展精深加工产品环节。

5. 钒钛钢铁

四川省依托攀西地区丰富的钒钛磁铁矿资源优势，经过长期的建设发展，形成了较为雄厚的钒钛钢铁产业基础。目前，形成了攀钢集团、川威集团、达钢集团、德胜钢铁集团等骨干企业，产品涵盖以高速铁路用钢轨为代表的铁道和大型材系列，以家电板、汽车大梁板、石油管线钢为代表的板材系列，以优质无缝管为代表的管材系列，以及棒线材和特殊钢系列等标志性产品。在钒钛钢铁产业领域，钒钛磁铁矿采选、冶炼、加工、提钒、提钛及钛白粉生产、钛金属生产等技术取得了重大突破，部分技术和装备达到了国际先进水平，以攀枝花钒钛产业园为载体，集聚了一批钒钛企业，初步形成了钒钛产业集群。

四川省钒钛钢铁产业发展，一方面依托独特的资源优势，开发具有自主知识产权的钒钛及含钒钛钢铁产品，形成独特的产品竞争优势；另一方面，通过钢铁企业重组调整产业组织结构，提升规模经济效益和竞争优势，使得钒钛钢铁产业成为全省重要的优势产业。

四川省钒钛钢铁产业发展的主要方向在于进一步提高钢铁产业的技术水平，向优质钢、特种钢方向发展；加强钒钛钢铁重大产业技术攻关和应用技术研究，尽快突破金属钛材、高档钛材生产技术瓶颈；支持钒钛钢铁行业兼并重组，进一步提高产业集中度。

6. 食品饮料产业

四川省是名副其实的农业大省，具有食品饮料产业发展的良好基础，以农产品加工为基础的食品饮料产业已经成长成为四川省的支柱产业。四川省食品饮料产业重点产品主要有白酒、肉制品、粮油、卷烟、饲料、软饮料、茶叶等，大型食品饮料企业有五粮液集团、川渝中烟四川烟草公司、新希望集团、高金食品股份有限公司等。四川省食品饮料产业规模、市场份额都位居全国前列。

四川省食品饮料产业优势是四川省农业资源优势的延伸，通过“种养业+加工业”整合的生产基地模式，推进建设了长江上游白酒制造基地、成德眉粮油加工基地、川中肉食品加工基地、成德绵优质卷烟生产基地、攀西优质烟叶种植加工基地、成都平原方便特色食品加工基地、攀西果蔬加工产业基地、秦巴山区绿色饮料食品加工基地、川西优质茶叶加工基地、川西北乳制品加工基地等。在基地建设的同时，也建设了多个食品饮料加工园区和集中发展区，成为食品饮料产业发展的主要载体。

未来一段时期，四川省食品业主要将围绕白酒饮料、肉制品、粮油制品、茶叶加工、特色果蔬加工等特色优势行业，进一步提高工艺技术水平，提升精深加工能力。

（三）现代服务业

服务业已经成为四川省经济增长的重要引擎。到2015年，四川省服务业增加值首次超越工业增加值，达到12 000亿元，服务业税收占到全省税收的60.7%，服务业就业人数占全社会就业人数的34.8%。四川省现代服务业除旅游业、商贸流通业等支柱型服务业外，将重点培育电子商务、现代物流、现代金融、科技服务、养老健康、服务外包等新兴先导型服务业。

1. 支柱型服务业

四川省支柱型服务业包括旅游业、商贸流通业等。从旅游业发展来看，四川省旅游资源丰富，旅游业态多样，在国民经济中占有重要地位，已经形成九环“世界遗产”线、成乐“文化生态度假”环线、大熊猫“生态文化”旅游线、川藏318/317国道“最美景观”旅游线、“香格里拉”文化生态旅游线、蜀道三国文化旅游线、嘉陵江“山水人文体验”旅游线、秦巴“南国冰雪世界”旅游线、攀西“阳光康养”旅游线、“长征丰碑”红色旅游线等多条旅游精品线路。

未来旅游业发展重点，一是促进旅游与三次产业融合发展，积极发展旅游新业态，构建现代旅游产业体系，加快建设旅游经济强省和世界重要旅游目的地；二是促进川滇藏、川甘青、川陕甘、川渝黔等区域旅游合作发展，进一步提升旅游业发展水平。

商贸流通业是四川省服务业的重要组成部分，对促进消费、保障民生具有重要作用，传统的批发零售、住宿餐饮保持稳定发展外，服务型消费、网络零售也迅速增长。四川省“十三五”时期商贸流通业在保持传统商贸流通业稳定发展的同时，也将积极培育新业态，提升产业发展水平（专栏二）。

专栏二

四川省商贸流通产业发展行动计划

加快商贸物流中心建设。构建以骨干网络、枢纽节点、配送终端等构成的多层次流通体系，形成若干区域商贸物流中心和流通节点城市，提升消费集聚、产业服务和民生保障功能。

加快商贸镇建设。大力发展小城镇商贸特色，提升镇域流通产业服务功能，改造建设商贸流通设施、改善商贸服务业态结构、创新现代流通方式，力争到2020年建设100个商贸镇。

发展“互联网+流通”。以互联网技术为载体，强化技术创新和商业模式创新驱动，推动实体商业转型升级，推动电子商务广泛应用，着力打造安全高效、统一开放、竞争有序的流通产业升级版。

加强商务综合监管执法体系建设。加强商务领域事中事后监管，探索“互联网+商务执法”。

资料来源：《四川省“十三五”服务业发展规划》

2. 新兴先导型服务业

四川省将电子商务、现代物流、现代金融、科技服务、养老健康、服务外包作为新兴先导型服务业（专栏三），是未来四川省服务业发展的重点方向。

专栏三

新兴先导型服务业发展重点

电子商务。完善电子商务管理体制，加强信用服务、标准规范、在线支付、物流配送等支撑体系建设，围绕优势产业打造交易和服务平台，积极发展农村电商、跨境电商。实施“全企入网”工程，促进电子商务广泛运用。

现代物流。强化成都的核心地位，大力发展沿江、川北、川东北、攀西和川中物流增长极，夯实物流基础，培育物流市场，降低物流成本，提升物流专业化、信息化、标准化和国际化水平。

现代金融。发展新型金融业态和多层次资本市场，扩大融资规模，优化融资结构。构建以成都为核心的西部金融中心，加快推进金融机构中心、交易中心和金融后台服务中心建设，探索建立金融创新示范区。

科技服务。以服务科技创新需求和提升产业创新能力为导向，重点发展研发设计、信息技术服务、创业孵化服务、科技中介服务、科技金融服务、科技文化融合、知识产权服务、检验检测等服务业态。

养老健康。大力发展居家养老和社区养老服务，推进医疗卫生与养老服务相结合，培育康复医疗、营养保健、健身休闲等新业态。

服务外包。促进服务外包离岸业务与在岸业务协调发展，重点培育软件信息技术、动漫游戏、文化创意、中医药等高附加值服务外包产业。建设成都国家服务外包示范城市，培育升级服务外包产业特色基地。

资料来源：《四川省国民经济和社会发展第十三个五年规划纲要》

第二节　四川省的创新能力和主要创新活动

一、四川省创新能力分析

四川省目前拥有众多高等院校、国家级科研院所、军工企事业单位，有众多两院院士及在校大学生。创新机构、创新平台，以及创新人才的丰沛为四川省的创新活动提供了基础和保障。

（一）研究院校

高等院校（附表 3-2）作为科研创新的重要机构，是拥有创新能力和推动创新活动的重要载体。2014 年，四川省全省高等院校共争取各级各类科研项目 43 540 项，比上年增长 12.75%，从各种渠道筹集科研经费共 62.67 亿元，比上年增长 1.33%。2014 年四川省全省科技活动人员达 3.93 万人。截至 2014 年底，四川省全省高等院校拥有两院院士分别为 18 人，19 人次，国家自然科学基金创新研究群体 9 个。四川省全省高等院校共有 22 名青年科技工作者入选四川省杰出青年技术带头人资助计划，占全省资助总数的 73.33%。

附表 3-2 四川省本科高等院校情况

学校名称	院校属性	学校名称	院校属性
四川大学	教育部直属，985 工程，211 工程	成都体育学院	普通本科
西南交通大学	教育部直属，211 工程	四川音乐学院	普通本科
电子科技大学	教育部直属，985 工程，211 工程	西南民族大学	普通本科
四川农业大学	211 工程	成都学院	普通本科
西南财经大学	教育部直属，211 工程	成都工业学院	普通本科
西南石油大学	普通本科	攀枝花学院	普通本科
成都理工大学	普通本科	四川民族学院	普通本科
西南科技大学	普通本科	四川警察学院	普通本科
成都信息工程大学	普通本科	成都医学院	普通本科
四川理工学院	普通本科	四川工业科技学院	普通本科
西华大学	普通本科	四川大学锦城学院	普通本科
中国民用航空飞行学院	普通本科	成都体育学院	普通本科
西昌学院	普通本科	四川音乐学院	普通本科
西南医科大学	普通本科	西南民族大学	普通本科
成都中医药大学	普通本科	成都学院	普通本科
川北医学院	普通本科	成都工业学院	普通本科
四川师范大学	普通本科	攀枝花学院	普通本科
西华师范大学	普通本科	四川民族学院	普通本科
绵阳师范学院	普通本科	四川警察学院	普通本科
内江师范学院	普通本科	成都医学院	普通本科
宜宾学院	普通本科	四川工业科技学院	普通本科
四川文理学院	普通本科	四川大学锦城学院	普通本科
乐山师范学院	普通本科	成都师范学院	普通本科
成都东软学院	普通本科	成都文理学院	普通本科
四川旅游学院	普通本科	四川文化艺术学院	普通本科
四川工商学院	普通本科	武警警官学院	普通本科
四川传媒学院	普通本科		

各个院校依托自身的特色优势专业和人才优势在具体的行业创新方面具有

较大的优势。截至2014年底，四川省高等院校有国家重大科研基础设施建设项目1个，“2011协同创新中心”4个、国家实验室1个、国家重点实验室8个、国家工程实验室及国家地方联合工程实验室共7个、省部共建国家重点实验室培育基地2个、教育部重点实验室33个、四川省重点实验室66个、四川高校重点实验室229个、国家工程技术研究中心4个、教育部工程研究中心15个、四川省高校工程研究中心9个、国家大学科技园5个、国家技术转移中心1个、“四川2011协同创新中心”34个、四川省高校校企联合应用技术创新基地15个、教育部哲学社会科学重点研究基地6个、“985工程”哲学社会科学创新基地7个、四川省哲学社会科学重点研究基地57个、四川省区域和国别问题重点研究基地12个、四川省教育厅人文社会科学重点研究基地67个。

（二）科研院所

2014年末，四川省各类政府部门所属科研院所274家。其中，中央部门属50家，省级部门属97家，市州级部门属99家，县属28家。四川省拥有县以上政府部门所属科研院所（不含已转制科研院所）数量居全国第五位，从业人员数量居全国第二位，研发经费支出居全国第三位。科研院所已经成为四川省创新体系的重要组成部分，是科技创新活动的核心力量之一。

从四川省全省创新活动的执行部门分布来看，四川省科研院所所占比重明显高于全国平均水平，与企业所占份额相当，在全省科技创新体系中发挥着举足轻重的作用。2014年四川省科研院所R&D经费支出约占全省总量的45%，略低于企业，比全国平均水平高出近30个百分点。科研院所科技人员数量占全省总量的13%，R&D人员投入占到24%，比全国平均水平高近14个百分点。

2014年末，四川省科研院所共有从业人员10.1万人，其中科技活动人员5.5万人，科技人员占从业人员的比重达到了54.8%。全省科研院所人员队伍素质进一步提高。科技人员中大学本科及以上学历人员4.2万人，占科技人员总量的76.4%，其中，大学本科及以上学历人员占比在中央级院所为77.3%，省属院所达到79.5%，市州属院所为62.9%，县属院所为38.4%。

2014年，科研院所投入R&D人员折合全时当量3.3万人年，R&D人员中具有博士、硕士学历人员占到37.8%。全年R&D经费支出181.4亿元，比上年增长7.1%，占全省R&D支出总量的比重超过45%。

科研院所相关创新平台不断升级和强化（附表3-3）。2014年新增省级重点实验室1个，全省依托科技院所建设3个国家重点实验室、24个部级重点实验室和15个四川省重点实验室。

附表 3-3　四川省科研院所牵头创新平台

科研院所牵头建设的重点实验室	科研院所牵头建设的工程技术研究中心	
国家重点实验室	国家工程技术研究中心	
微细加工光学技术国家重点实验室	国家有机硅工程技术研究中心	国家受力结构工程塑料工程技术研究中心
工业排放气综合利用国家重点实验室（企业）	国家碳一化学工程技术研究中心	国家天然药物工程技术研究中心
空气动力学国家重点实验室	国家精密工具工程技术研究中心	国家炭黑材料工程技术研究中心
省部共建国家重点实验室培育基地	国家烟气脱硫工程技术研究中心	国家核技术工业应用工程技术研究中心
濒危野生动物保护生物学重点实验室	国家城市污水处理及资源化工程技术研究中心	
四川省重点实验室	四川省工程技术研究中心	
不对称合成与手性技术四川省重点实验室	四川省信息安全工程技术研究中心	四川省疫苗工程技术研究中心
生态恢复与生物多样性保育四川省重点实验室	四川省丝绸工程技术研究中心	四川省食品发酵工程技术研究中心
环境微生物四川省重点实验室	四川省专用复合肥料工程技术研究中心	四川省纺织工程技术研究中心
高技术有机纤维四川省重点实验室	四川省新型焊料工程技术研究中心	四川省有色金属矿产资源开发工程技术研究中心
有机氟材料四川省重点实验室	四川省沼气工程技术研究中心	四川省道地药材系统开发工程技术研究中心
南方丘区节水农业研究四川省重点实验室	四川省辐照工程技术研究中心	四川省建筑节能与绿色建筑工程技术研究中心
蔬菜种质与品种创新四川省重点实验室	四川省山区减灾工程技术研究中心	四川省草业工程技术研究中心
森林和湿地生态恢复与保育四川省重点实验室	四川省精细化工工程技术研究中心	四川省有机氟工程技术研究中心
动物遗传育种四川省重点实验室	四川省磁性材料工程技术研究中心	四川省机床数控工程技术研究中心
猕猴桃育种及利用四川省重点实验室	四川省风能工程技术研究中心	四川省核技术应用工程技术研究中心
中药材品质及创新中药研究四川省重点实验室	四川省核技术应用工程技术研究中心	四川省水处理及资源化工程技术研究中心
抗生素研究与再评价四川省重点实验室	四川省氢同位素工程技术研究中心	四川省通江银耳工程技术研究中心
茶叶标准与检测技术四川省重点实验室		
重大危险源测控四川省重点实验室		

（三）创新型企业

截至2014年，四川省全省拥有创新型企业1623家，其中国家创新型（试点）企业26家（附表3-4），省级试点企业490家，省级培育企业1107家。2014年，中航工业集团成都飞机设计研究所等187家企业成为四川省第八批创新型试点和培育企业，集中分布在四川省高新技术产业、战略性新兴产业和传统优势产业等领域。企业普遍建有研发机构，且21家企业建立了省级以上的研发平台，拥有专利1312件，其中发明专利252件。

附表3-4　四川省国家创新型（试点）企业名录

序号	名称	所在地	序号	名称	所在地
1	中国东方电气集团公司	成都	14	四川川环科技股份有限公司	达州
2	成都地奥制药集团有限公司	成都	15	迈普产业集团有限公司	成都
3	四川科伦药业股份有限公司	成都	16	西南化工研究设计院	成都
4	四川省畜科饲料有限公司	成都	17	中国水电顾问集团成都勘测设计研究院	成都
5	四川新希望集团有限公司	成都	18	成都康弘药业集团股份有限公司	成都
6	四川久大制盐有限责任公司	自贡	19	成都国腾电子技术股份有限公司	成都
7	中昊晨光化工研究院	自贡	20	四川川大智胜软件股份有限公司	成都
8	攀枝花钢铁（集团）公司	攀枝花	21	华西能源工业股份有限公司	自贡
9	中国第二重型机械集团公司	德阳	22	庐州老窖股份有限公司	泸州
10	四川龙蟒集团有限责任公司	德阳	23	四川九洲电器集团有限责任公司	绵阳
11	四川长虹电器股份有限公司	绵阳	24	四川高金食品股份有限公司	遂宁
12	四川启明星铝业有限责任公司	广元	25	四川明星电缆股份有限公司	乐山
13	宜宾丝丽雅集团有限公司	宜宾	26	四川丹甫制冷压缩机股份有限公司	眉山

资料来源：《四川科技年鉴2015》

2014年，由企业牵头的科技项目1309项，由企业单独或牵头承担重大项目经费占全省重大项目经费总量的70%以上，产业目标明确的省级重大科技项目全部由企业牵头实施。

（四）研究基金

2014年四川省共获国家自然科学基金研究系列、人才系列项目1235项、63 195万元，分别比2013年增长4.6%和6.7%。其中，国家自然科学基金面上项目资助500项（附表3-5），资助金额38 931万元；国家自然科学基金重点项目资助16项，资助金额5498万元；国家自然科学基金青年基金项目711项，资助金额17 419万元。同年，全省获得3项国家杰出青年科学基金项目，经费1200万元。

附表3-5 2014年四川省国家自然科学基金项目承担情况

项目细则	国家自然科学基金面上项目	国家自然科学基金重点项目	国家自然科学基金青年基金项目
项目数 / 项	500	16	711
资助金额 / 万元	38 931	5 498	17 419
占资助总额 /%	3.26	2.69	4.37
经费排位	10	10	9

资料来源：《四川科技年鉴2015》

国家重点基础研究发展计划项目方面，四川省2014年申报的国家重点基础研究发展计划（含重大科学研究计划）项目2项获得2015年立项支持；“973计划”前期研究专项课题3项获得立项。

2014年，四川省应用基础研究计划共立项256项，累计安排经费2720万元；青年科技基金共遴选60名青年科技人才进行支持，其中资助计划30个、培育计划30个，年度安排经费794万元。四川省支持创新团队30个，其中资助计划15个，培育计划15个，年度安排经费1050万元。

二、近年来四川省在创新活动中的主要作为

（一）实施创新驱动发展战略

党的十八大以来，四川省全省科技创新工作按照“创新驱动、转型升级、支撑引领、全面小康”的总要求，以“坚持问题导向、坚持深化改革、坚持全面创新、坚持人才优先”为指导，以“三年实验突破、五年基本转型”为目标，在优化重点区域布局，打造创新发展增长极；发展创新型经济，形成创新发展增长带；发展壮大创新型企业，培育创新发展增长点；完善政产学研用协同创新体系，提升支撑创新发展能力；打通成果转化通道，推进科技经济深度融合；

促进科技金融产业结合，强化金融创新助推功能；实施创新人才战略，充分激发创新者动力活力；优化政策制度环境，营造创新创业良好生态；强化组织保障，加强对全面创新改革驱动转型发展的统筹协调等九大方面深入实施创新驱动发展战略，深化科技体制改革，提升自主创新能力，实施科技创新“四大工程”，全面推进大众创业万众创新，推动全省科技创新综合实力不断加强，科技进步水平、区域创新能力稳步提升。

（二）加快培育创新主体

为了培育和激活创新创业主体。四川省深化科技体制机制改革，破除高等院校、科研院所等事业单位在人才流动、成果处置、收益分配等方面的政策束缚，激励科技人员创新创业。在大学生创新创业方面，推进大学生创新创业俱乐部和创新创业园建设，强化大学生创新创业教育和培训体系建设，探索建立大学生创新创业导师制，实施“四川青年创业促进计划”，推动青年大学生创新创业。此外，为了提高四川省对优秀创新人才的吸引力，四川省开展海外招才引智、省校省院省企战略合作、中国西部海外高新科技人才洽谈会等活动，实施“千人计划”、留学人员回国创业启动支持计划等，完善社会服务机制，吸引海外高层次人才来四川创新创业。

（三）积极建设创新载体

为推动创新载体建设，四川省积极加快天府新区、绵阳科技城、攀西战略资源创新开发试验区、成都国家自主创新示范区等建设，大力发展壮大国家级和省级高新区（经开区），把各类园区建设成为产城一体、融合创新的城市新区，提升城镇在创新发展中的聚合与扩散功能。改革省级高新区认定管理办法，扩大认定范围，优化高新区布局。支持省级开发区升级为国家级开发区，打造各具特色的高新技术产业基地，发展优势产业和产业集群。此外，四川省加快建设国家级重大科技创新平台，支持建设轨道交通等国家实验室。加快建设国家级和省级重点实验室、国家重大科技基础设施、国家级和省级工程技术研究中心（院），建设一批国家和省级检验检测中心。在新材料、生物医药、高端装备等领域，布局科技创新转化平台。争取建设西部国家科学中心、国家制造业创新中心和国家技术标准创新基地。并通过加强国际合作创新载体建设，打造具有示范效应和国际影响力的合作发展平台。

（四）推进军民融合创新

四川省将推动军民深度融合发展作为全面创新改革试验的核心主题。在军民融合领域，四川省已开始探索由单纯的产业合作，进一步向军地协调机制的深水区进发。按照军民融合工作的特点，加快建立军民深度融合发展领导体制和工作机制，从具体的项目对接，延伸到院地高层沟通协调，定期召开军地联席会议，军地双方领导“兼职对挂”。支持中央在川军工单位参与四川省改革试验工作。加快构建一体化的军民融合科研生产体系，创新“军转民”、“民参军”机制。此外，四川省格外强调军民融合平台建设，通过整合军地科技资源，构建互动转化平台，打通“军转民”、“民参军”渠道，完善交易服务功能，促进技术转移转化，实现军民深度融合。探索创新军用科技成果转化机制，完善军民深度融合发展配套政策体系。为推进军民深度融合发展，四川省还加大力度，强化资金、人才保障。除省级层面外，成德绵等地都设立规模不等的军民融合发展基金。

（五）优化创新环境

为了优化创新环境，四川省加快政府职能转变，通过推进创新要素改革，深化商事制度改革，推进科技计划管理改革，实行严格的知识产权保护制度等来营造公平、开放、透明的市场环境，形成有利于创新发展的政策导向，加强知识产权保护，更好发挥政府推动创新的作用。

三、四川省创新活动的主要成绩和显著特征

（一）科技创新实力显著提升

“十二五”期间，四川省科技创新综合实力不断加强，科技进步水平、区域创新能力实现了稳步提升。

创新能力小幅波动。根据《中国区域创新能力评价报告 2015》，四川省创新能力居全国第十六位、西部第三位。其中，知识创造、知识获取、企业创新、创新环境和创新绩效等 5 项一级指标分居第十一、十三、十九、十一和十二位。四川省总体创新实力仍居于第九位，保持着较好水平；创新效率上升两位至第十七位，单位投入产出有所增加；由于部分指标发展速度放缓，创新潜力下降 6 位至第二十二位。

科技人才队伍稳步增长。“十二五”末，四川省拥有各类专业技术人员 287 万人，科技活动人员 33 万人；每万名就业人员中研发人员数量达 25 人年。拥有两院院士 61 人，省学术和技术带头人 1909 人；省“千人计划”引进海内外

高层次人才 595 人。

科技创新机构加快发展。“十二五”末，四川省拥有各类科技开发机构 1856 个，其中企业科技机构 1142 家，分别比“十一五”末增长 21% 和 22%。转化医学、高海拔宇宙线观测站、大型低速风洞等 3 个国家重大科技基础设施项目布局建设不断完善。

创新企业群体不断壮大。四川省大力实施企业创新主体培育工程，高新技术企业达到 2707 家，比“十一五”末增长 1.3 倍；省级以上创新型企业 1623 家，国家及省级产业技术创新联盟 116 家。

科技创新投入持续增长。四川省 R&D 投入年均增长 14%，2015 年突破 500 亿元；R&D 经费与地区生产总值的比例为 1.67%，比“十一五”末提高 0.13 个百分点。

科技园区建设步伐加快。新增 5 个国家高新区，全省拥有国家和省级高新区 11 个、高新技术产业化基地 56 个、农业科技园 102 个、可持续发展实验区 15 个、国际科技合作基地 53 个、科技企业孵化器（大学科技园）78 个，国家现代服务业产业化基地 6 个，国家级经济技术开发区 8 个。

（二）科技创新成果集中涌现

“十二五”期间，四川省实施产学研用协同创新工程，加强原始创新、集成创新和引进消化吸收再创新，取得了一批重大科技成果。

创新成果高质高量。在国家级和省级科技创新成果奖励方面，四川省登记科技成果 8155 项，其中重大科技成果 400 余项。分别获得国家自然科学奖 5 项，国家技术发明奖 21 项，国家科技进步奖 142 项，获奖总数居西部第一，省级科技奖励 1276 项。在专利申请和授权方面，四川省专利申请 40.0 万项，授权 22.9 万项，其中发明专利申请 12.2 万件，授权 2.7 万件，位居全国前列、西部第一。

重点领域保持优势地位。四川省在军工电子、航空航天、新能源新材料及现代医药等领域均保持国内、国际领先地位。在电子信息领域，四川省在军工电子、集成电路、信息安全等产业领跑全国。在重大装备领域，四川省重型燃气轮机研发制造居国内领先地位，发电装备研制生产总容量居世界第一。在航空航天领域，四川省在航空发动机和飞机研发、设计、制造等产业具有国内领先优势。在新材料领域，四川省在钒钛、稀土、石墨烯等方面的研究开发和产业化取得重大成效。在核技术领域，四川省具有研发、成套设计、制造、核燃料等方面完整的配套能力，核电装备占全国市场 50%。在生物技术领域，四川省在生物育种、口腔医学、生物治疗、可诱导生物材料等方面居全国领先水平。

在中医药领域，四川省在针灸、中药及糖尿病重症胰腺炎的中医药防治等领域居全国领先水平。

重大关键技术取得突破。四川省在新能源、新材料，机械电子和信息通信等领域取得关键技术的重大突破。其中，四川省参与的国际热核聚变实验堆（ITER）计划取得积极进展，以“华龙一号”为代表的三代核电技术成功走出国门，纳米膜层制备、复合材料工艺集成等关键技术达到国际领先水平。承担的北斗卫星移动通信系统打破国外技术垄断，8万吨大型模锻压机研制成功，高速列车—轨道—桥梁动力相互作用安全评估关键技术的突破为我国高铁建设做出了重要贡献。

国际科技合作成效显著。四川省加强以企业为主体、产学研机构协同的国际科技合作，形成了多主体共同参与、多渠道全面推进、多形式相互促进的国际科技合作新格局，合作成效显著，其中，建设了中国—新西兰猕猴桃联合实验室、高分子材料与工程国际联合研究中心等53个国家级、省级国际科技合作基地，初步形成了一批国际领先或填补国内空白的合作研究成果。

（三）科技创新支撑作用强化

“十二五”期间，四川省实施产业创新牵引升级工程，科技支撑经济社会发展作用凸显，科技进步对经济增长的贡献率达到50%。

科技成果加速转移转化。四川省实施重大科技成果转化行动，初步建立了成果转化信息服务、技术转移、分析测试、区域服务、工程化、孵化及金融服务等七大科技成果转化平台，组织实施专项15个、重大成果转化项目1500项，累计带动实现产值12 000亿元，建设国家级和省级重点科技成果转化示范平台100家以上，全省登记技术交易合同5.8万项、实现交易额880亿元，是“十一五”交易额的3.8倍。

高新技术产业蓬勃发展。四川省实施《四川省战略性新兴产品“十二五”培育发展规划》，遴选培育战略新兴产品702个，集成资源，分层次培育，重点突破，实现产值4500亿元，引领和支撑了四川省战略性新兴产业发展。

科技服务业创新发展。四川省成为首批国家科技服务业创新发展试点省，2015年科技服务业营业收入超过3000亿元。2015年高新技术产业实现总产值15 000亿元，占规模以上工业总产值的27.9%，比“十一五”末提高7.0个百分点。

农业科技创新取得新突破。四川省构建提升了生猪、水稻、肉鸡等20个四川特色优势农业产业链，研发、示范高效安全生产配套技术400余项，有力支撑了四川省农业产业转型升级。四川省种业科技创新总体水平居国内前列，水稻、玉米、小麦等部分领域居全国领先水平，育成农畜新品种 400 余个，居全国省区第一，品种质量显著提升。

科技服务民生取得新成效。四川省创建国家级可持续发展实验区 6 个，建成国家生物医药孵化基地、国家综合性新药研究开发大平台等一批国家级研发平台。开展的艾滋病防治科技惠民试点示范、大骨节病综合防治取得阶段性成效。培育了川贝母、川芎等中药材大品种 6 个，具有自主知识产权的第一个抗癌药物“盐酸伊立替康注射液”获得英国药监局上市批件，自主研发的康柏西普注射液成为我国第一个获得世界卫生组织生物制品—融合蛋白国际通用名的国产药物。

第三节 四川省创新和协同创新中存在的主要问题

四川省创新工作取得了显著的成绩，但总体上看，制约创新发展的体制机制障碍仍然突出，自主创新能力不够强，科技与经济结合不够紧密，创新主体动力活力没有得到充分释放，产业发展仍处于中低端，完成发展动力转换的历史性任务还很艰巨。

一、创新主体的创新活力有待释放

（一）高校创新能力和创新人才培养能力有待提高

目前作为创新主力的高校科研创新机制较为僵化，创新研究与企业需求和市场需求有所脱节，难以适应社会的需求和企业的需求，科研创新上缺乏“企业需求 + 高校研究”的创新运行机制。学校缺乏基础研究、应用研究和关键共性技术攻关研究。高等院校在人才培养、原始创新、协同创新和成果转化方面的作用尚未发挥全面作用。部分高校在组织科研任务时对国家和省重大科研任务申请承担不够积极，原始创新能力和服务经济社会发展的能力有待提高。部分高校在创新人才的培养上缺乏经验和实力，教育方式难以适应创新人才培养需要。人才培养、学科建设、科技研发“三位一体”创新水平和创新能力有待提高。

（二）科研院所创新能力有待进一步释放

科研院所改革工作有待进一步推进，科研院所运营机制和科研人员激励机制有待进一步优化和落实。目前，科研院所缺乏科研创新能力建设，学科基础有待夯实，自身科技布局有待优化，缺乏新型交叉学科生长点的培育。科研院所的社会公共科技供给作用尚未充分发挥，科研院所对共性，公益性和可持续发展相关研究仍有待加强。科研院所对重点实验室、工程实验室、工程技术研究中心等创新平台建设仍不足。此外，科研机构在创新人才培养和学科建设力度及培育具有区域特色和优势科研创新团队方面仍有较大差距。

（三）企业创新能力需要进一步培养和支持

作为创新主体的重要组成部分，企业的技术创新主体地位和主导作用有待进一步强化。企业在技术创新决策、研发投入、科研组织和成果转化方面缺乏自主创新能力。企业对于竞争性产业技术创新的研发方向、技术路线和要素配置模式缺乏自主权，缺乏创新决策话语权。此外，对于与高校、科研院所建立联合实验室、工程研究中心，开展产业共性关键技术协同创新方面有待加强。企业对于国家重大科技计划项目和申报国家技术创新示范企业缺乏热情。企业的创新创造活力尚未完全激发，创新要素未能实现在企业内的充分集聚。科研院所和高校对企业技术创新提供的支持和服务不足，创新人才尚未向企业充分流动和交流。缺乏高层次、常态化的企业技术创新对话、咨询制度。此外，政府支持企业技术创新、管理创新和商业模式创新的新机制有待建立。缺乏对高新技术企业和科技型中小微企业的培育，缺乏培育科技型中小微企业的有效模式。

二、“产学研用”与区域创新协同发展有待加强

（一）产学研用协同创新机制有待完善

目前，四川省企业、高等院校和科研院所等创新主体间缺乏联合创新机制。企业、高校和科研机构的界限分明，缺乏产学研用创新平台和信息平台，缺乏各个创新主体之间的创新联盟，从而导致创新要素和生产要素难以有效衔接。缺乏企业、科研院所、高等院校、医疗卫生机构建立合作共赢、风险共担、利益共享的合作机制，产学研用协同创新联盟建设及产学研用合作的长效稳定机制欠缺。面对产业创新需求，各创新主体难以建立产学研用的协同创新

组织，缺乏充分利用各自创新资源优势的创新运行机制和创新模式。缺少不同形态的产学研用协同创新组织，行业协同创新中心和符合创新组织发展的运行机制和服务中小企业的技术创新模式，企业、院所、高等院校等创新资源优势缺乏叠加。

（二）区域创新协调有待进一步发展

目前，四川省创新资源主要集中在成德绵地区，成都平原地区创新实力远远高于省内其他地市，川南、攀西、川东北、川西北等区域创新实力与成都平原地区创新实力差距不断加大，急需构建重点区域、创新园区、产业基地、创新平台为支撑的区域创新发展新格局，推进各具特色的创新型区域建设，形成区域创新发展新优势。成德绵地区创新资源集聚的优势尚未充分发挥，在充分激发各类创新主体活力，着力研发和转化国际领先的科技成果，打造一批具有全球影响力的创新型企业，全面提高自主创新和辐射带动能力等方面仍有一定欠缺。此外，县（市、区）获取、推广和应用科技成果的能力有待增强。县域特色产业技术创新体系有待构建，县域经济的科技含量和竞争力有待提高。县（市、区）缺乏科技公共服务体系，科技信息平台，生产力促进中心、科技企业孵化等科技服务机构。科技培训、科技成果示范推广、科技信息咨询服务及科技型中小企业培育等也有待开展。

三、创新科技成果转化服务体系和转化机制有待完善

（一）科技成果转移转化服务体系有待完善

目前四川省缺乏创新科技成果信息汇交系统、技术交易网络系统和创新科技成果信息汇交制度。军民融合科技成果转化平台、知识产权服务平台建设有待加强。创新科技成果信息收集渠道和创新科技成果供需双方对接和互动渠道有待疏通、畅通。此外，缺乏创新科技成果转移转化专业化服务机构，国家技术转移西南中心建设尚需加快推进，急需打造区域性技术转移服务机构，高校和科研院所技术转移服务机构，区域性和行业性技术转移服务机构。除了创新科技成果转移转化平台建设外，专业化人才队伍也成为创新科技成果转化的短板。四川省缺乏提供科技咨询、人才计划、科技人才活动、教育培训等公共服务的高端人才服务平台和一批创新科技成果转移转化专业化队伍、领军人才和技术经纪人。

（二）创新科技成果转移转化机制有待完善

目前创新科技成果转移转化激励机制有待完善，创新科技成果转移转化使用权、处置权、收益权和相关激励政策尚需落实，创新科技成果转移转化的法治保障有待强化。缺乏有利于创新科技成果转化的绩效考核评价体系、科技人员分类评价体系。四川省创新科技成果信息汇交系统等平台，建立线上线下相结合的常态化的创新科技成果信息发布与对接机制有待进一步的完善。

缺乏创新科技成果市场化评价评估机制和技术类无形资产交易制度。

四、创新要素组织有待健全和创新

（一）科技创新人才发展机制有待健全

目前，四川省仍然需要大力培养和引进各类高层次创新人才，完善创新科技人才培养、引进、流动、激励等机制和配套政策，进一步释放人才活力，不断发展壮大高水平创新创业人才队伍。缺乏以事业导向、利益驱动并重的人才评价激励机制和建立在以知识、技术等要素参与分配的有效机制，缺乏激发科技人员创新创业积极性和创新奉献精神的机制。人才奖励体系尚未健全，各地缺乏对优秀人才奖励力制度。创新型人才流动机制有待完善。

（二）科技创新开放合作程度有待扩大

目前四川省科技开放合作力度有限，没有充分利用全球高端创新资源和主动融入全球创新网络，缺少高端技术的联合研发和创新合作平台建设，创新资源跨境跨界流动较少。缺乏科技开放合作新模式、新路径、新体制，缺乏深度参与全球创新治理，科技开放合作水平有待全方位提升。

第四节 “十三五”时期的规划与构想

随着国家将四川省确定为系统推进全面创新改革试验区，“十三五”时期，四川省创新工作将围绕系统推进全面创新改革试验工作全面展开。围绕创新工作的总体要求，四川省先后出台了《四川省人民政府关于全面推进大众创业、万众创新的意见》、《中共四川省委关于全面创新改革驱动转型发展的决定》、《四川省国民经济和社会发展第十三个五年规划纲要》和《四川省“十三五”科技创新规划》等创新相关政策规划，进一步明确了“十三五”时期创新工作的总体目标和任务。

一、“十三五”时期四川省创新目标

“十三五”时期，四川省创新工作目标将主要围绕系统提高自主创新能力；促进创新成果转化利用，推动产学研用协同创新；加强创新人才培养和优化创新环境等四大方面。目标是实现科技实力和创新能力大幅跃升，全面创新改革试验取得重要阶段成果，科技体制改革取得重大突破，大众创业、万众创新蓬勃开展，全省总体进入创新驱动发展阶段，创新型经济格局初步形成，加快建成国家创新驱动发展先行省和创新型四川。

（一）系统提高自主创新能力

四川省“十三五”时期，创新工作的首要目标是系统提高自主创新能力。自主创新能力的提高将系统涵盖创新工作的各个环节和要素，从关键技术创新到创新载体和创新平台建设，从推动产学研用协同创新到完善创新体制机制。在技术创新方面着重突破制约产业发展的关键共性技术，拥有一批具有自主知识产权的核心技术和创新产品，提升原始创新能力和国际竞争力，科技创新能力总体达到全国先进水平，部分领域进入全国领跑行列。全社会研发经费支出占地区生产总值的比例达到 2.0%，规模以上工业企业研发投入占主营业务收入比例提高到 0.8%，每万人发明专利拥有量达到 7.5 件。

（二）促进创新成果转化利用，推动产学研用协同创新

四川省“十三五”时期，目标实现高新技术企业达到 5000 家，高新技术产业总产值规模超过 20 000 亿元，其中工业总产值占规模以上工业总产值的比重超过 30%，科技（进步）对经济增长贡献率达到 60%。经济增长质量和效益明显提高，科技与经济深度融合，经济发展方式实现重大转变。

（三）加强创新人才培养

“十三五”时期，四川省将着力培养一批杰出青年科技人才和科技创新创业苗子，引进一批高层次领军人才，打造一批科技创新研究团队，实现每万名就业人员中 R&D 人员数达到 32 人年，使得人才优势位居全国前列。

（四）优化创新环境

"十三五"时期，四川省将颁布实施更多创新创业政策法规，以期实现激励创新的政策法规体系更加健全，创新创业服务体系更加完善。同时完善创新技术成果交易市场，促进公民科学素质大幅提升，营造大众创业、万众创新氛围。

二、"十三五"时期四川省创新的重点任务

"十三五"时期，四川省创新工作的重点任务将围绕实现创新工作的目标开展，在深化科技体制改革，系统提高自主创新实力，推动创新成果转移转化，促进区域创新协调发展和创新开放合作，加强创新人才队伍建设等几方面推进实施创新工作的重点任务。

（一）深化科技体制改革

"十三五"时期，四川省将围绕促进科技与经济社会发展深度融合，以系统推进全面创新改革试验为契机，推动以科技创新为核心的全面创新，促进军民科技融合发展，完善产学研用协同创新机制，推进科研院所改革试点，促进科技体制改革与其他领域改革的协同（专栏四）。

专栏四

深化科技体制改革重点任务

（1）促进军民科技融合发展

军民共用技术项目。重点实施军民用飞机整机、军民用航空发动机、重型燃气轮机、高端无人机、信息安全、核电装备及核燃料、智能制造与机器人应用、北斗导航系统、高分遥感应用等重大项目。

军民协同创新平台。建设面向行业的产学研联盟、工程（技术）研究中心、重点实验室、工程实验室等创新平台；建好国家军民两用技术交易中心、军民融合技术转移中心。

军民融合核心载体。建设银河·596、核技术产业基地、航空整机产业基地、航空发动机产业基地、通用航空产业基地、航天产业园、信息安全产业园、二次雷达科研生产基地、激光产业园等特色军民融合产业园区（基地）。

军民融合科技型企业。培育50户军民融合型骨干企业，发展壮大一批50亿元级、100亿元级大企业、大集团。

（2）完善产学研用协同创新机制

加快建设新能源汽车、北斗导航、轨道交通、无人机、创新医疗器械等一批产学研用协同创新联盟和新型研发组织，打造一批国家级和省级的产学研用协同创新中心，形成政府引导、企业主导、院校协作、多元投资、军民融合、成果分享的产学研用协同创新模式。到2020年，产业技术创新联盟超过160个，产学研用协同创新中心达到80个左右。

（3）推进科研院所改革试点

选取与我省重点产业融合度高的大院大所开展试点，通过建立成果就地转化机制、创新平台共建共享机制、常态化对接机制和服务联系机制，推进中央在四川院所科技成果全面转移转化。

在激励科技人员创新创业专项改革试点基础上，扩大试点范围，进一步探索解决科技成果权属改革、担任领导职务科技人员激励等关键问题。

推进转制科研院所逐步建立混合所有制，全面建立现代企业制度，健全法人治理结构。

着力培育集产业共性技术及关键技术研发、成果转化、企业孵化、公共技术服务和人才培养于一体的新型科研机构，按照市场化原则，重点建立一批利益共享、产权明晰、风险共担的四川产业技术研究院。

（二）系统提高自主创新实力

“十三五”时期，四川省将围绕优势学科及特色产业创新，突出原创性、颠覆性、系统性技术需求，强化前沿技术与应用基础研究，加强重大科技创新平台建设（专栏五），充分发挥基础研究在科技革命和产业变革中日益重要的源头支撑作用，持续为经济社会发展提供知识积累和原始创新储备。

专栏五

系统提高自主创新实力的主要任务

（1）强化前沿技术与应用基础研究

对接国家重大战略需求开展重大前沿技术和基础科学研究。开展功能基因组学、发育与生殖生物学、干细胞及转化、蛋白质调控、脑科学、信息安全、生物医学材料、纳米材料、国际热核聚变实验堆计划、地质灾害防治等基础、前沿关键科学研究。开展引领四川省优势产业发展的重大科学问题研究。

开展农业、生命、能源、材料、交通、电子信息等学科领域重大科学问题的基础研究和应用基础研究，进一步巩固和提升四川省在转基因分子育种、人类重大疾病、页岩气、高端装备、智能制造、航空与燃机、轨道交通等产业和领域的全国优势地位。

推动基础学科交叉融合。加强基础学科之间、基础学科与应用学科的交叉融合，支持医学、纳米、生物信息学等综合交叉学科的发展。

（2）加强重大科技创新平台建设

实验室建设。积极争取筹建和参与核技术应用、航空航天、网络空间安全、深地科学、轨道交通等领域的重大科技创新基地建设。加强电子薄膜与集成器件、牵引动力、油气藏地质及开发工程、长寿命高温材料等国家重点实验室建设，充分发挥国家创新平台在基础性研究、学科建设、人才培养等方面的作用。围绕国家四川省优势、重点、特色产业发展，民生重大需求和创新领域，争取新创建1～2个国家重点实验室，规划新认定30个四川省重点实验室、150个省级工程实验室、20个省级临床医学研究中心。

工程（技术）研究中心建设。加强烟气脱硫、空管系统、电磁辐射控制材料、职业危害防治、煤矿瓦斯防治技术、生物医用材料等国家和省工程（技术）研究中心建设，充分发挥工程（技术）研究中心在行业共性技术研发、工程化研究开发、技术服务、成果转化等方面的作用。争取新建5个国家工程技术研究中心，规划新建60个省工程（技术）研究中心。

科技基础条件平台建设。搭建统一开放的大型科研仪器开放共享平台，建立专业化、网络化的科研设施与仪器服务机构群；加强计量测试与技术标准共享服务平台建设，为相关产业提供基础性、共性、关键技术支撑；推进科技文献信息及科学数据共享平台建设，持续集聚与深度整合文献资源；支持植物、实验动物、微生物等自然种质资源共享服务平台的建设，推进自然科技资源共享共用；推进科技金融服务平台建设，推动产业化公共服务平台建设。

重大科学基础设施建设。加快建设转化医学、高海拔宇宙线观测站和大型低速风洞等国家重大科技基础设施。

（三）推动创新成果转移转化

“十三五”时期，四川省创新成果转化工作围绕促进转方式调结构、建设现代产业体系、培育战略性新兴产业、发展现代服务业等方面需求，实施推动创新成果转移转化行动（专栏六），完善创新成果转移转化服务体系，创新成果转移转化机制，开展创新成果转移转化试点示范，推动产业和产品向价值链中高端跃升。

> **专栏六**
>
> **推动创新成果转移转化行动**
>
> 组织实施创新成果转移转化项目 2000 项，其中，实施重大创新成果转化项目 500 项，推广应用先进成熟适宜技术成果 1500 项；重点建设创新成果转移转化专业化服务机构 200 家；全省技术合同登记交易额累计 2000 亿元。

（四）促进区域创新协调发展和创新开放合作

“十三五”时期，四川省将实施区域创新协调发展示范工程，着力打造成都平原创新驱动发展先导区，推动川南、攀西、川东北、川西北等区域创新协调发展，构建以重点区域、创新园区、产业基地、创新平台为支撑的区域创新协调发展新格局，形成区域创新协调发展新优势。

此外，“十三五”时期，四川省将大力推进创新开放合作，充分利用全球高端创新资源，主动融入全球创新网络，推进高端技术的联合研发和创新开放合作平台建设（专栏七），促进创新资源跨境跨界流动。探索创新开放合作新模式、新路径、新体制，深度参与全球创新治理，全方位提升创新开放合作水平，提升四川在全球创新链、产业链中的地位。

> **专栏七**
>
> **创新开放合作平台**
>
> （1）成都高新区国家自主创新示范区和绵阳科技城
>
> 到 2020 年，成都高新区国家自主创新示范区实现全口径产业总产值 10 000 亿元，聚集科技企业 10 000 家，聚集高层次创新创业人才 10 000

人，发明专利授权累计超过11 000件，制定国际、国家和行业标准1000项，努力成为创新驱动发展引领区、高端产业集聚区、开放创新示范区和西部地区发展新的增长极。

到2020年，绵阳科技城在军民融合、科技创新、产业发展、开放合作、城市建设、体制机制建设等方面取得新突破。军民融合深度发展，军民结合产业产值达到3300亿元。创新创业蓬勃发展，研发经费支出占地区生产总值比重达到6.8%，科技企业孵化器面积达到150万米^2，科技型中小企业达到10 000家。产业结构优化升级，高新技术企业数实现翻番、达到230家，高新技术产业产值占工业总产值的比重达到60%，服务业增加值占地区生产总值比重达45%。综合实力显著增强，城镇居民人均可支配收入达45 000元；地区生产总值突破2000亿元。

（2）高新技术产业开发区

把高新区建设成为四川省推进全面创新改革试验的创新平台和重大载体。到2020年，力争省级高新区达到20个，国家级高新区达到8个。

（3）科技开放创新平台

支持高分子材料与工程国际联合研究中心、中国—克罗地亚生态保护国际联合研究中心、中国—新西兰猕猴桃联合实验室、中国—孟加拉国水稻联合研究中心等科技开放合作载体的建设。依托成都国际技术转移中心（成都欧盟项目创新中心）建立中欧创新合作平台，推进四川新能源汽车产业技术联盟与匈牙利汽车联盟的合作。规划中韩创新创业园、中德产业园和合作平台，支持中法农业科技园、川法生态科技园、中德中小企业合作园、东盟国际产业园、厄立特里亚农业科技示范园等创新园区建设，打造具有示范效应和国际影响力的合作发展平台。

（五）加强创新人才队伍建设

“十三五”时期，四川省将大力培养和引进各类高层次创新人才（专栏八），创新完善科技人才培养、引进、流动、激励等机制和配套政策，进一步释放人才活力，不断发展壮大高水平创新人才队伍。

专栏八

科技创新人才计划

到2020年，四川省学术和技术带头人培养支持计划支持500名左右中青年科技创新人才，四川省青年科技基金支持300名中青年科技创新人才，科技创新创业苗子工程培养1000名左右科技创新创业苗子，青年科技创新研究团队计划支持100个竞争力强、发展潜力大的创新团队。

“千人计划”、“留学人员回国服务四川计划”和“天府高端引智计划”支持引进1000名能够突破关键技术、发展新兴产业、引领创新发展的高端人才和100个顶尖创新创业团队，吸引10 000名留学归国人员，柔性引进急需领域的外籍专家。

第五节 基于四川省视角的长江经济带协同创新研究与思考

一、长江经济带协同创新基础条件分析

（一）优势（strength）

四川省参与长江经济带协同创新的优势主要体现在以下两个方面。

第一，四川省创新资源优势明显。四川省作为西部经济大省和科技大省，创新的基础条件和人才优势突出。四川省拥有各类科技开发机构1856个，其中企业科技机构1142家。有国家及省重点实验室117个，国家及省工程实验室83个，国家及省工程（技术）研究中心262个。拥有各类专业技术人员287万人，科技活动人员33万人，每万名就业人员中研发人员数量达25人年。拥有两院院士61人，省学术和技术带头人1909人，省“千人计划”引进海内外高层次人才595人。四川省高新技术企业达到2707家，省级以上创新型企业1623家，国家及省级产业技术创新联盟116家。“十二五”时期，四川省R&D投入年均增长14%，2015年突破500亿元，R&D经费与地区生产总值的比例为1.67%。全省财政科技支出达到96.7亿元。

第二，创新政策优势突出。四川省委省政府高度重视创新在四川省经济社会发展中的重要作用，多次制定专项政策扶持鼓励创新，创新政策不仅量大，而且创新政策具有针对性和可操作性，创新的政策优势突出。为了鼓励科技创新，四川省除了在《四川省国民经济和社会发展第十三个五年规划纲要》明确鼓励创新的政策，先后还相继出台了《四川省激励科技人员创新创业十六条政

策》《四川省人民政府关于全面推进大众创业、万众创新的意见》《中共四川省委关于全面创新改革驱动转型发展的决定》《四川省小微企业创新创业三年行动计划（2015—2017）》《创业四川行动实施方案（2016—2020年）》《四川省"十三五"科技创新规划》等鼓励创新创业的政策措施。从对创新环境的优化，到对具体创新项目的支持都做出了明确的政策指导。

（二）劣势（weakness）

第一，四川省自身创新实力有所提高，但与上海等长三角地区发达省份相比仍有差距。根据《中国区域创新能力评价报告2015》，四川省创新能力居全国第十六位、西部第三位，分别比上个评价年度下降2位和1位。四川省顶尖人才的拥有量还比较低，全省高级专业技术人员仅占专业技术人员总数的6.1%，在科学领域有重大影响和在国际国内具有知名度的专家、学者并不多，各领域均比较缺乏学科或技术带头人。2015年四川省以502.9亿元的R&D经费规模居各省（市）第九位、西部第一位，R&D经费投入强度为1.67%居各省（市）第十一位、西部第二位，均与上年持平。相对于长江经济带中R&D经费支出超过千亿元的江苏省，浙江省及上海市而言，R&D经费投入仍显不足。

第二，四川省省内科技创新能力发展极不平衡。四川省的创新资源和创新人才分布极不平衡，全省各市区的创新能力较为悬殊。成都、德阳和绵阳作为四川省科技创新的核心地区，科技人员总数占全省科技活动人员的总数量超过70%，而三州地区科技活动人员不足千人，成都、德阳和绵阳3个市聚集了超过60%四川省全省高新技术产业产值，区域差距极为明显。此外，全省R&D科研经费投入地区不平衡现象也较为突出。成都、德阳、绵阳、宜宾、自贡和攀枝花6市的经费投入超过全省的80%。创新资源的过度集聚进一步拉大了省内各市的创新能力，加剧了省内各地区创新能力的不平衡。

（三）机遇（opportunity）

第一，中央把四川省列为国家系统推进全面创新改革试验区域，是四川省在转型发展关键时期赢得的关键机遇。国家"十三五"科技创新规划部属中，未来我国科技创新工作将紧紧围绕深入实施国家"十三五"规划纲要和创新驱动发展战略纲要，有力支撑军民融合发展和长江经济带发展等国家战略实施，充分发挥科技创新在推动产业迈向中高端、增添发展新动能、拓展发展新空间、提高发展质量和效益中的核心引领作用。四川省作为军民融合发展的关键区及长江经济带发展关键省份必将是未来国家科技创新的关键区。

第二，四川省参与长江经济带协同创新将增加同上海、江苏、浙江等省

（市）的科技创新合作机会。四川省的创新能力在西部地区具有明显的优势地位，创新资源和创新人才均领先西部地区省份。但相对于长江经济带下游地区的上海、江苏、浙江等地区而言，差距依然明显。科技资源的水平，创新人才的数量和质量均有较大差距，四川省参与长江经济带协同创新发展将在创新资源和创新人才的获取、对接和培养等方面获得与长三角地区发达省份更多的合作机会，这对于四川省向国内外地区推介自身的发展优势，吸引高素质创新创业人才，吸收新鲜创新创业资源及加强自身创新人才的培训培养均是难得的机遇。

（四）威胁（threat）

第一，创新环境有待完善。四川省相对于东部发达省份而言，创新的基础条件和资源条件有限，创新活动在开展的时间、规模和质量等方面均和东部发达省份有差距。尤其在创新环境建设方面远远落后于东部发达省份，直接影响了四川省对创新资源和创新人才的吸引程度及创新工作的开展。因此，能够尽快建立完善与协同创新发展相协调的创新环境是未来四川省在参与长江经济带协同创新发展中成功的关键。

第二，创新资源的集聚能力有待提高。四川省参与长江经济带协同创新发展，在吸收吸引发达地区资源和人才的同时还面临着创新资源和创新人才流失的风险。以长三角为代表的东部发达省份，集聚了大量的创新资源和创新人才，创新的环境和氛围高于四川省，创新资源和创新人才与国内外其他资源和人才的交流机会也相对高于四川省，创新资源的集聚能力明显高于四川省等中西部省份，因此，资源人才形成了向东部发达地区地区倾斜的梯度转移趋势。如何在加强合作的前提下，通过制度优势和政策环境优势留住资源、留住人才并进一步吸引资源和人才向四川省流入是四川省在参与长江经济带协同创新发展中面临的主要威胁和挑战。

二、制约长江经济带协同创新的主要因素

长江经济带目前停留在形式上的共同发展区域，但区域内各省（市）尚未形成协同发展的体制机制。各地区发展政策不统一，缺乏统筹规划和联动发展造成长江经济带沿线省（市）在协同创新方面面临较多的制约。

（一）区域经济社会发展不平衡，分工定位和协调合作机制尚未建立

长江经济带跨越范围较广，既包括我国经济、科技水平最先进的长三角地区，也包括经济腹地广阔的中部地区和相对落后的西部地区，各省（市）之间经济发展水平差距较大。目前长江经济带各省（市）之间并没有建立起和谐的

分工定位关系和有效的协调合作机制。各省（市）的沿江开发都由各省（市）各自主导，相关省（市）沿江开发战略规划的主导产业极为相似，经济互补性不强。由于缺乏利益补偿机制和出于自身利益的考虑，沿江产业布局往往出现以邻为壑的局面。各地区以自身的经济发展为重，阻碍了长江经济带一体化的进程，客观上也阻碍了长江经济带协同创新的实现。

（二）创新投入和创新实力的差距增加了协同创新的难度

长江经济带不同地区的创新实力和创新投入差距极为明显，创新能力差距较大。从长江经济带各省（市）2015年R&D经费支出情况来看，东部地区的江苏省、浙江省和上海市分别为1801.2亿元、1011.2亿元和936.1亿元，中部地区的安徽省、江西省、湖北省、湖南省分别为431.8亿元，173.2亿元，561.7亿元和412.7亿元，而西部地区的重庆市、四川省、贵州省和云南省仅为247亿元，502.9亿元，62.3亿元和109.4亿元。从长江经济带各省（市）所布局的国家高新区实力来看，区域创新资源聚集程度呈现出巨大的鸿沟。从国家高新区在长江经济带的分布情况来看，截至2012年底，在全国106家国家高新区中，江苏省拥有的国家高新区数量最多、类型最为丰富，共计10家；其次为湖南省，拥有5家；最少的为重庆市与贵州省，各有1家。

（三）中西部地区的人才短缺制约了长江经济带协同创新的实现

长江经济带下游地区是中国经济最为繁荣和科技教育水平最高的区域之一。良好的经济基础和科研教育条件形成了对人才巨大的吸引力，形成了国内外各类优秀人才较为集中的地区。而长江经济带中上游地区由于人才的流失，自身区域高级优秀人才缺乏，中西部地区科技发展的人才短缺现象凸显。高级创新人才作为科技创新的最重要因素直接制约了长江经济带中西部地区的科技创新进程，由于人才差距导致的科技创新实力差距的不断拉大将为长江经济带不同地区的协同创新带来更加难以逾越的鸿沟。

三、推动长江经济带协同创新可有的重要举措

（一）营造重点领域跨地区协同创新的环境

探索跨地区组织创新活动的新机制和新模式，兼顾各地区自身的资源科技比较优势，遵循比较优势进行协同创新的分工合作，营造协同创新的新环境。启动长江经济带特色产业创新中心建设。集成优势科研力量，强化企业的技术

创新主体地位，引导创新资源向企业集聚，引导经济带上的电子信息、高端装备、材料、现代服务业等特色产业领域内的相关科研院所突破核心关键技术，为企业技术创新提供技术服务和支撑。建设具有国际先进水平的长江口造船基地和长江中游轨道交通装备、工程机械制造基地，长江上游机械电子制造基地，钒钛高新技术材料基地等，实现重点领域创新驱动发展。

（二）推动长江经济带协同合作、联动发展

适应“新常态”和长江经济带上西部地区发展进入后发赶超新阶段的新要求，积极抢抓中央把内陆开放作为我国新一轮对外开放的巨大潜力、把协同创新作为推动新一轮发展的强大动力的机遇，进一步激发后发赶超、同步小康的内生活力。突破资源限制，积极发展长江经济带上尚未进入或尚未形成优势的产业领域，支持和鼓励开展产业园区战略合作，建立产业转移跨区域合作机制，推动产业协同合作、联动发展，从而逐步由“量的发展”推向“质的发展”，由“沿海的发展”推向“内陆的发展”。推动处于长江经济带西部的地区形成与经济发达地区在产业上互联互通、互促互动的良性循环格局。

（三）要建立统筹协调、规划引领、市场运作的领导体制和工作机制

要在保护生态的条件下推进发展，增强发展的统筹度和整体性、协调性、可持续性，提高要素配置效率。要充分发挥长江黄金水道作用，促进产业分工协作和有序转移，充分发挥市场作用。要加强领导、统筹规划、整体推进，把长江经济带建成环境更优美、交通更顺畅、经济更协调、市场更统一、机制更科学的黄金经济带。

四、四川省在长江经济带协同创新中的可能作为

（一）四川省参与长江经济带协同创新有助于完善区域创新体系

四川省作为西部地区最重要和综合创新实力最强的省份，在长江经济带协同创新中发挥自身的创新优势有利于加强上中下游合作，有利于全流域统筹协调各区域的技术创新主体，建立共同参与、利益共享、风险共担的产学研用协同创新机制。四川（成德绵）的全面创新改革试验区是长江经济带创建具有国际竞争力的创新资源集聚区的重要组成部分，四川省积极推动建设高新技术产业开发区，建设创新型（试点）城市和创新型省份，有利于发挥国家高技术产业基地的集聚与引领作用。四川攀西战略资源创新开发区的建设将打造国内资

源富集地科学开发利用示范区。

（二）四川省参与长江经济带协同创新有利于提升区域创新活力

四川省发挥在西部地区创新中的带动作用，构建包括科研院所的区域创新合作联盟及科技创新公共服务平台，有助于建立和完善长江经济带上游省份创新合作基础和创新合作条件。通过区域创新资源的共享和带动有利于激发西部地区整体创新活力。

附录 4

贵州省创新与协同创新研究[①]

第一节　贵州省经济社会发展概述

一、基本省情

贵州省简称“黔”或“贵”，辖 6 个地级市、3 个自治州、1 个国家级新区，共有 88 个县（市、区），国土面积 17.6 万千米^2。

贵州省历史悠久。明永乐十一年（公元 1413 年）建立贵州布政使司，成为全国第 13 个行省。明正德年间，王守仁谪居贵州龙场，成就“心即理”和“知行合一”学说。清雍正年间形成了今天贵州的地域范围。1935 年 1 月在贵州省召开的遵义会议，成为中国共产党历史上的重要转折点。抗日战争时期，贵州省是大后方和西南大通道，为抗战胜利做出了积极贡献。1949 年 11 月 15 日中国人民解放军解放贵阳。

贵州省资源丰富。煤炭储量居全国第五位，发现了 128 种矿产，铝、磷、重晶石、黄金等资源丰富，不少储量位列全国前列。野生植物 3800 多种，野生动物 1000 多种，是全国中药材四大产区之一。境内奇山秀水、瀑布峡谷、溶洞石林星罗棋布，有 18 个国家级风景名胜区，被誉为“公园省”。

贵州省文化多彩。文化资源丰富，有“文化千岛”的美誉，被称为民族文化的宏大博物馆。很早就有人类活动，是古生物和古人类重要发祥地之一。夜郎文化、土司文化、屯堡文化、阳明文化独树一帜。有苗族、侗族、布依族等

① 课题负责人：王秀峰，贵州大学经济学院院长，教授博士。成员：马红梅，贵州大学经济学院副院长 / 教授，博士。朱满德，贵州大学经济学院教授，博士。熊德斌，贵州大学经济学院教授，博士。

17 个世居少数民族，民族民俗文化保护较为完整，侗族大歌、苗族飞歌享誉海内外。红军足迹走遍 68 个县，是红色文化的热土。

贵州省地貌独特。境内有武陵山、大娄山、乌蒙山、苗岭山四大山脉，山地和丘陵的面积占贵州省总面积 92.5%。喀斯特面积占贵州省总面积 61.9%，被称为喀斯特地学天然百科全书。贵州省属于亚热带季风气候，年均气温 15℃，冬无严寒、夏无酷暑、雨量充沛、气候宜人。

贵州省区位良好。地处我国西南的东南部，东毗湖南、南邻广西、西连云南、北接四川和重庆，处在“一带一路”的重要连接地带，随着贵阳到周边省会城市、全国主要经济区高速通道加快形成，贵州省作为西南陆路交通枢纽的地位将进一步凸显。

二、2006 ～ 2016 年经济社会发展总体情况

2006 ～ 2016 年，贵州省经济社会取得了巨大发展。2006 ～ 2016 年，贵州省 GDP 持续保持两位数的高速增长（附图 4-1）。其中，2011 年，GDP 增长率高达 15%，2015 年，贵州省地区生产总值增速全国排名第一。2016 年，全省地区生产总值增长到 11 734.43 亿元，10 年间翻了两番多，GDP 增长情况如附图 4-1，由图可知，贵州省 2006 ～ 2016 年 10 年间 GDP 基本呈指数形式增长。2016 年人均 GDP 增加到 33 127 元，是 2006 年的约 5.3 倍。第一产业增加值 1846.54 亿元，第二产业增加值 4636.74 亿元，第三产业增加值 5251.15 亿元。

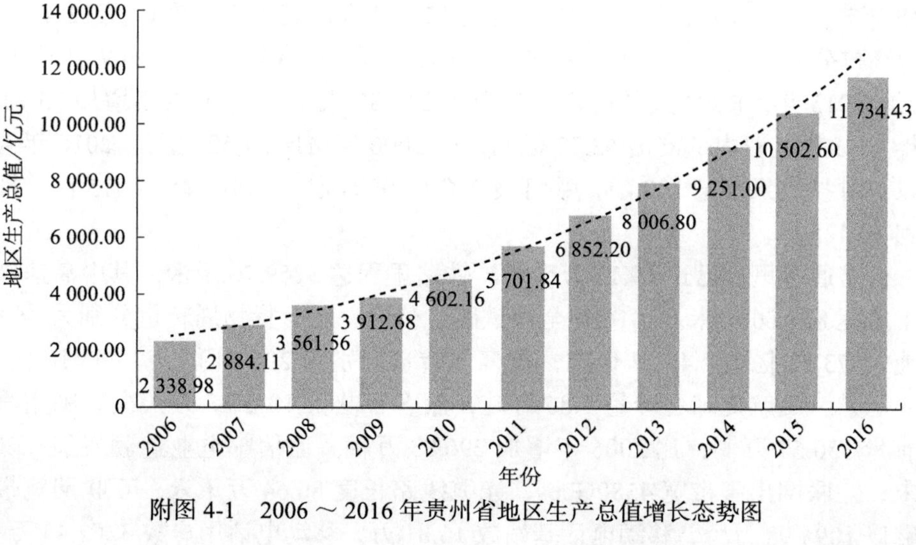

附图 4-1 2006 ～ 2016 年贵州省地区生产总值增长态势图

2016 年末，贵州省常住人口为 3555 万人，城市化率达 44%，比 2006 年提高了 16.54%。全年粮食总产量 1192.38 万吨，农林牧渔业增加值 1944.66 亿元，比 2006 年增加 1557.33 亿元。市场不断繁荣，市场活力不断被激发。截至 2016 年末，贵州省各类市场主体增加至 220.12 万户，规模以上工业企业 5047 户，主营业务收入达 10 840.60 亿元，比 2006 年增加 8892.03 亿元，实现利润总额 669.80 亿元；规模以上工业企业中非公有控股企业增加值占比为 54.9%，增加了 24.24%；高技术产业增加值 272.58 亿元，是 2006 年的 4 倍多。2016 年旅游总人数 5.31 亿人次，实现旅游总收入 5027.54 亿元。已拥有 5A 级景区 4 个，4A 级景区 70 个。在 2016 年新一轮的旅游资源大普查中，旅游资源单体登记 82 679 处，其中，已开发或正在进行规划、开发 31 053 处；未开发（新发现）51 626 处；优良级旅游资源 7607 处。优良级旅游资源中，已开发或正在进行规划、开发 4918 处；未开发（新发现）2689 处。丰富、优良的旅游资源将进一步促进贵州省与周边省（市）的经济交流。2016 年全年财政总收入 2409.35 亿元，比 2006 年增加 1960.65 亿元。一般公共预算支出 4261.68 亿元，一般公共预算支出中教育和科学技术支出 914.14 亿元。金融机构人民币各项存款余额达 23 770.9 亿元，是 2006 年的 7.17 倍，贷款余额则达 17 857.8 亿元。固定资产投资达 12 929.17 亿元。按产业分，第一产业投资 289.20 亿元；第二产业投资 3076.84 亿元；第三产业投资 9563.13 亿元。按重点领域划分，基础设施投资 5340.13 亿元，超过固定资产总投资的 40%。

普通高校，2016 年增至 64 所，普通高等教育在校生人数 57.39 万人，比 2006 年增加 35.24 万人，其中，研究生人数 1.64 万人。普通高校专任教师，2015 年末为 30 515 人，比 2006 年增加 15 117 人，其中正、副教授 12 430 人。普通高校公共财政预算公用经费支出，2015 年为 36.23 亿元，比 2006 年增加 26 亿元。2015 年，R&D 人员折合全时当量 23 537 人年，比 2006 年增加 15 810.8 人年。R&D 经费内部支出 62.32 亿元，比 2006 年增加 31.52 亿元。2016 年省部级以上科技成果登记 120 项，签订技术合同 980 项，专利申请 25 315 件，授权专利 10 425 件。

公路通车里程已达 19.15 万千米。铁路里程达 3269.70 千米，其中高速铁路通车里程 834.80 千米。2016 年全年铁路、公路、水运货物周转量分别为 460.96 亿吨、873.23 亿吨、42.37 亿吨，旅客周转量分别为 205.14 亿人、443.10 亿人、5.76 亿人。民航货邮吞吐量 9.86 万吨，旅客吞吐量 1873.83 万人次。民用汽车拥有量 350.57 万辆，比 2006 年增加 296.83 万辆。通信邮电业蓬勃发展。2016 年末，互联网出省带宽 4580Gbps，光缆线路长度 80.64 万千米，互联网宽带接入端口 1094.98 万个，移动电话基站数 16.81 万，移动电话用户数 3262.43 万户，比2006年增加2613.63万户。电话普及率已达101.5部/百人。邮电业务总量839.27亿元，比2006年增加615.4亿元。

获批建设国家生态文明试验区。国家级生态文明建设示范区69个，省级生态文明建设示范区826个，自然保护区119个。森林覆盖率52.0%，城市建成区绿地面积4.13万公顷，空气质量优良天数比例总体达到97.1%。

2006年以来，贵州省经济社会的巨大发展、教育和科技的不断提升、交通和通信等基础设施的不断完善、生态环境的持续保护为其与周边各省（市）和主要经济区的协同发展和创新奠定了良好的基础。尤其，贵州省开放型经济不断发展。2016年8月，贵州省已获国务院正式批准建设西部第二个国家内陆开放型经济试验区。全年引进省外实际到位资金8086.35亿元。引进省外项目4545个，项目合同约定投资达12 507.97亿元。开放型经济的不断发展将更加促进贵州省与长江经济带各省份经济的联动、协同发展。协同创新潜力巨大。

三、优势产业发展及主要特征

贵州省着力发展六大特色优势产业：一是能源工业发展领域。二是现代物流领域。三是矿产资源开发领域。四是生物资源和特色农业发展领域。五是旅游资源开发领域。六是高新技术产业领域。回望全年，贵州省捷报频传、亮点纷呈，六大特色优势产业均取得了显著的成绩。

2016年全省煤炭开采和洗选业，电力、热力生产和供应业，烟草制品业，酒、饮料和精制茶制造业等四大传统行业继续领跑贵州经济，实现增加值2193.81亿元，占规模以上工业增加值的比重为54.4%。其中，酒、饮料和精制茶制造业增加值815.09亿元，比上年增长12.8%；电力、热力生产和供应业增加值421.85亿元，增长9.7%。

特色农业方面，贵州省借助得天独厚的资源禀赋优势，成为国内四大中药材主产地之一，2016年医药制造业增加值为126.57亿元，比上年增长12.3%。

旅游业方面进行旅游资源大普查，通过全域旅游、民族旅游等模式实现全年旅游总人数5.31亿人次，比上年增长41.2%。其中，接待国内旅游人数5.30亿人次，增长41.3%；接待入境旅游人数110.19万人次，同比增长17.1%。实现旅游总收入5027.54亿元，比上年增长43.1%。游客平均每人逗留1.54天，比上年增加0.03天。年末客房数55.72万间，比上年增长42.0%；客房床位数98.48万张，同比增长40.7%。

高技术产业是贵州省实现后发赶超的重要抓手，2016年实现增加值272.58

亿元，比上年增长27.2%。工业企业生产的工业产品中，比上年新增工业机器人、地面通信导航定向设备等42种工业产品，产品覆盖率55.2%，比上年提高5.1个百分点。可以发现，全省经济结构不断改善，经济可持续发展水平不断提高。

同时，贵州省在外部条件复杂多变、内部结构深度调整等多种因素的影响下，也出现了一些亟待解决的问题：

一是贵州省要牢牢守住发展和生态两条底线，要求贵州省经济实现后发赶超必须走高科技可持续化道路，对人才、资金、技术的需求与当前供给不足的矛盾需要政府、社会各方协力推进。

二是民营经济、非公经济发展滞后，尤其是大部分地区村级集体经济发展程度低，影响了自我发展能力的提高。

三是缺乏名牌产品的带动作用。贵州省名牌产品较少，已形成的品牌绝大多数规模小，不少是中间产品，未形成较强的品牌效应。

四是产业分散，集中度不高。虽然已在贵阳及其他大中城市和主要交通干线沿线布局了不少生产力，但仍未形成较强的增长极、增长带，一些优势产业布局分散。

第二节　贵州省的创新能力和主要创新活动

一、创新能力分析

贵州省的创新能力有多个方面的体现，首先在创新环境方面，2013年以来，贵州省先后出台《贵州省高层次人才引进绿色通道实施办法（试行）》、《高层次创新型人才遴选培养实施办法（试行）》和《贵州省加强科技创新加快科技进步奖励补助办法实施细则（暂行）》等一系列政策措施，建立了全省人才政策体系。2015年以来，贵州省又陆续出台《支持贵州科学院贵州省农科院深化科研体制改革试点推进科技创新和成果转化八条措施（试行）》《贵州省众创空间遴选和管理办法（试行）》《关于加快大数据产业发展应用若干政策的意见》《省人民政府关于支持“1+7”开放创新平台加快发展的意见》等具体措施，为创新营造良好的生态环境，激励科技人员创新创业，引领特色优势产业发展。

其次体现在创新平台方面，2015年以来，贵州省积极构建“1+7”开放创新平台（“1”即贵安新区，“7”即贵州双龙航空港经济区、贵阳国家高新技术产业开发区、贵阳国家经济技术开发区、遵义国家经济技术开发区、贵阳综合保税区、贵安综合保税区、遵义综合保税区〔筹〕），贯彻实施“加速发展、加快转型、推动新跨越”。2016 年，贵州省获批建设国家内陆开放型经济试验区。全年引进省外实际到位资金 8086.35 亿元，比上年增长 12.1%。引进省外项目 4545 个，比上年增长 5.8%。获批建设国家大数据综合试验区。省政府数据开放平台上线运行，省、市（州）两级 481 个运用系统迁入“云上贵州”。创新平台的构建与完善，对贵州省构建行政职能精简化、投资贸易便利化、营商环境国际化、产业聚集高端化、经济发展生态化的贵州内陆开放型经济新格局具有重要意义。

再次体现在创新人才方面，以人才引进与人才培养为抓手。一方面，贵州省实施“百千万人才引进计划”，大力引进产业发展急需紧缺的高层次领军人才 100 名左右、创新创业人才 1000 名左右、专业技术人才 10 000 名左右，形成一批具有核心竞争力的创新创业人才团队和人才集群。目前，首批已引进“百人领军人才”14 名，“千人创新创业人才”16 名。实施“黔归人才计划”，通过贵州驻外行业协会、办事机构、学习挂职人员等，积极对接联系，诚恳邀请国（境）外、省外黔籍（包括在贵州工作、学习或生活过，以及与贵州有密切联系的人士）各类优秀人才回黔创新创业。另一方面，实施“高层次创新型人才遴选培养计划”，分“十百千”3 个层次有针对性地培养造就一批相关专业领域的高层次创新型人才。力争 10 名左右顶尖人才成长为两院院士等国家级人才，力争 100 名左右拔尖人才成长为在本研究领域有较大或持续影响的领军人才，力争 1000 名左右学术技术骨干成长为省内相关领域的学术技术带头人。

经过多年努力，贵州省基本上形成了战略、人才、项目、平台、转化“五位一体”的创新格局，具备一定的创新能力，2016 年省部级以上科技成果登记 120 项，比上年增长 4.3%。其中，基础理论成果 28 项，同比增长 12.0%；应用技术成果 92 项，同比增长 3.4%。专利申请 25 315 件，比上年增长 38.4%。完成产品认证的企业 648 个，比上年增长 18.9%。

二、近年来贵州省在创新活动中的主要作为

（一）积极完善区域创新的环境

良好的环境是一种吸引力、竞争力和凝聚力，并最终转化成为生产力，贵

州省在硬环境方面提高了公共配套的设施标准，加大了工业基础设施的投入，加快了市政设施的改造和建设及园区的配套建设，并完善了水、电、路、气、网的建设。2016年末互联网出省带宽4580Gbps，比上年末提升49.7%；光缆线路长度80.64万千米，比上年末增长24.2%；互联网宽带接入端口1094.98万个，比上年末增长19.5%。在软环境方面，加大了知识产权保护的宣传和执法监督力度，充分保证创新主体的创新收益，提高了创新的积极性，营造优质高效的政务环境，简化审批手续，提高了办事的效率，并加强了社会综合治理，规范了行政执法行为，创造出了规范有序的法制环境。

（二）积极培养和引进科技创新人才

人才是创新的关键，无论是物质的创造还是知识的创造，都要依靠专门人才。贵州省省市县各级政府分别按不低于每年一般性财政预算收入的3%设立人才发展专项资金，为创新创业保驾护航。鼓励科研人员通过技术转让、技术服务、技术入股、领办创办科技型企业等形式转化科技成果，在本单位创新和转化成果所得收益，扣除直接成本后，可按高于60%的比例由其团队自主分配。对于科技领军型创业人才创办的企业以知识产权等无形资产入股的，折算比例可达50%～70%。在所在单位保留基本待遇的同时，可带着科研成果到企业、园区、农村基层开展创新合作或创办企业。对“高层次创新型人才遴选培养计划”入选者，分层次给予10万～150万元不等的创新创业培养经费资助，并在选聘导师团队、研修机构，培育研发团队、搭建科研平台，申报或领衔科研项目，人才评选、职称评审等方面给予倾斜支持。对在国内外某一领域具有较大影响，研究成果达到国际国内先进水平的高层次领军人才，授予贵州省核心专家荣誉称号；对在省内外某一领域具有较大影响，研究成果达到省内领先水平或工作业绩突出，业内认可度较高，经评选由省委、省政府命名的学术技术带头人，授予贵州省省管专家荣誉称号。对做出突出贡献的科技人员由省委、省政府授予“黔灵科技贡献奖”称号，并给予100万元鼓励。对入选“百人领军人才”和“千人创新创业人才”的，前3年分别奖励资金200万元和100万元。对在重大创新及成果转化项目、知识产权创造及应用、高新技术企业引进及培育、产业园区发展、公共服务平台建设及引进、科研院所及科技中介服务机构建设等方面均给予一定的奖励补助，最高可达3000万元。

此外，贵州省还实行人才“绿卡”服务制度，为人才提供“1+10”高效便捷服务，帮助解决户籍、住房、经费资助、家属就业、子女入学及保险、就医、职称评聘、出入境等一系列问题，着力解除人才后顾之忧。

（三）多层次、多渠道的加大科技创新的投入

创新活动需要充足的研发经费，充足的研发经费是开展创新活动的基本前提，贵州省政府充分重视科技创新，不断增加科研的投入，财政科技支出占财政支出的比例逐年提高。通过财政直接投入、税收优惠等多种方式，积极引导企业和社会增加科技上的投入，通过各种融资方式和渠道加大政府对科技创新的资金支持力度。以大数据产业为例，贵州省为进一步贯彻落实全省科技创新大会精神，针对大数据产业的关键技术瓶颈，贵州省科技厅发布了首批大数据技术榜单。为贵州省建立没有围墙的研究所，并为三大研究方向的团队分别提供 1000 万元的资金用于项目科研。

（四）加强产学研相互合作，推动实现协同创新

在市场经济条件下，主动创新才能在激烈的竞争中占据有利地位。近年来，贵州省政府鼓励高等院校、科研院所与企进行各种方式的合作，既发挥企业以市场为导向进行创新的主动性，又可以使高等院校与科研院所实现良好的合作，并把合作创新结果传导给企业，实现了资源的整合，充分发挥各自优势，推动实现协同创新。

为支撑和引领贵州现代山地特色高效农业产业发展，省农科院所属农作物品种资源研究所、亚热带作物研究所、果树科学研究所以科技成果、技术服务等作价入股，或资产、现金入股，科技人员以自然人身份现金入股等方式，分别与企业合作注册成立了贵州华腾、黔西南利康农、贵州贵豪 3 家新型农业科技企业。真正形成了紧密的利益共同体，实现了科研人员与企业利益共享，风险共担。贵州科学院所属贵州省分析测试研究院下属的贵州省食品安全检测应用工程技术研究中心有限公司牵头，引入贵州技泰信息科技有限公司、北京市营养源研究所、广州分析测试中心科力技术开发公司，吸引测试院部分科技人员参与，构建起优势互补、面向产业发展的研发、推广于一体的经济实体。“两院”的试点探索，初步实现了整合现有人才团队、科研平台资源，以技术作价入股和科技人员现金参股形式创办新型科技企业，着力提升产业发展关键技术研发和成果转化能力，有效延伸产业链，促产业发展、企业兴旺、农民致富。

三、贵州省创新活动的主要成绩和显著特征

创新驱动是推动经济增长的动力和引擎，是加快转变经济发展方式的中心环节，更是推动产业转型发展的内在动能。在贵州省委省政府的领导下，深入

实施创新驱动发展战略，加快推进以科技创新为核心的全面创新，科技发展取得长足进步，科技支撑引领经济社会发展成效显著。

（一）贵州省创新活动的主要成绩

1. 科技创新方面

科技创新能力快速提升。贵州省科技创新能力快速提升，全社会创新氛围日益浓厚，创新成果不断涌现。科技进步贡献率从2010年的39.83%上升至2015年的45.42%，增加了5.59个百分点；高新技术产业产值从2010年的853.94亿元上升至2015年的2820.82亿元，年均增速为27.85%；2015年专利授权41 577件，年均增长35.5%，有效发明专利5428件，年均增长27.4%；全省技术交易额从2010年的21.90亿元上升至2015年的177.21亿元，年均增速为52.0%。

科技创新平台逐步健全。全省现有3个省级高新区和1个国家级高新区，农业科技园区51个，产业技术创新战略联盟28个，可持续发展试验区19个，省级生产力促进中心131家，高新技术产业化示范基地（园区）25个，省级以上重点实验室55家，工程技术研究中心103家，省级以上科技企业孵化器19个，其中国家级科技企业孵化器2个，院士工作站59家，省级以上大学科技园6家；特种化学电源企业国家重点实验室、中低品位磷矿及其共伴生资源高效利用企业国家重点实验室、贵州大学国家科技园、贵州师范大学国家科技园先后获批建设，实现了高端创新平台建设的再次突破；贵阳大数据产业技术创新试验区通过科技部批复，成为全国第三个国家级科技创新改革试验区；贵阳火炬软件园成为国家火炬计划软件产业基地；贵州省农业科学院、贵州大学2家科技特派员创业培训基地上升为国家级；省遥感中心成为国家遥感中心贵州分部，中科院普定喀斯特岩溶观测站建成投入使用。

科技支撑企业创新发展。遴选培育了22家创新型领军企业、230家科技型种子企业及大学生创业企业、272家科技型小巨人（成长）企业、382家高新技术企业、166家省级以上创新型企业，5家企业被认定为国家知识产权示范企业和优势企业，扶持17家企业在新三板挂牌；搭建了科技资源服务平台，聚集了省内外金融、高等院校、科研院所、中介服务等创新服务机构，激活了人才、技术、资金等创新要素服务科技型企业发展；科技资源服务平台注册科技型企业5400家，入驻服务机构258家。

2. 企业自主创新方面

企业自主创新能力逐步提升。贵州省把牢固确立企业主体地位作为推动产业科技创新的重中之重，全省在工业、医药产业、高新技术产业等产业掀起了一场企业自主创新的浪潮。2015 年，贵州省大健康医药制造业总产值 384 亿元，以苗药为代表的民族医药总产值突破 300 亿元，竭力打造贵州医药独家优势品种“芪胶升白胶囊”“热淋清颗粒”“益心舒胶囊”。高新技术企业，2016 年全省高新技术企业产值达 2820 亿元，经国家认证的高新技术企业达 72 家，占据了全省总数的 37%；皓天光电自主研发生产的大尺寸蓝宝石晶锭填补了国内空白，使我国成为全球第四个拥有大尺寸蓝宝石晶体生产加工技术的国家；贵州华科铝材料公司自主研发的“211Z 耐热高强韧铝合金”系列新材料，是国际上耐高温性能最好的铝合金材料之一，也是我国研制的第一个拥有完全自主知识产权的新型高强度铝合金，贵州省创新企业的创新能力正在逐步提升。

企业自主创新政策环境良好。对企业自主创新有针对性的扶持，对科研成果达到世界领先水平、填补国内空白的并在该区实现产业化的企业，将给予 500 万元一次性奖励；对新获得上市批准的企业，一次性奖励 300 万元；对在高新区企业工作的高级管理人员，其个人所得税自就业之日起 10 年内，对地方所得部分前 3 年全额奖励，后 7 年按 50% 比例奖励。

3. 大数据信息产业发展

大数据信息产业发展水平迈上台阶。目前贵州省建设的大数据基地规模是国内乃至全球范围内最大的，具有绿色、低碳、环保、海量、高端等特点，将成为云计算为基础的信息通信产业聚集、释放基地。从在贵阳成立全国首家大数据评估实验室、贵阳国家级大数据综合试验区；贵州省与美国高通公司在北京签署战略合作协议，双方合资的贵州华芯通半导体技术有限公司落户贵安新区，美国高通公司中国总部落户贵安新区；成立贵阳大数据创新产业（技术）发展中心，该发展中心旨在通过与戴尔、微软、英特尔、博科等全球 IT 领先企业合作，共同打造集公共开发与实验平台、培训基地、孵化基地于一体的创新平台，助推贵州大数据产业发展；贵阳国家高新区发布实施《贵阳国家高新区促进大数据技术创新十条政策措施（试行）》，该区内从事大数据技术研发创新的研发平台及企业等创新主体，最高可获得一次性 500 万元的扶持奖励。2016 年，贵州省大数据产业规模总量产值完成 2180.2 亿元。

（二）贵州省创新活动的显著特征

1. 创新性

创新活动最基本的特点是创新性。创新活动各个环节，整个过程无不贯穿着创新性。创新是在创新过程中各个环节上有效整合的突破和发展。创新是扬弃旧事物的突破，新是富有生命力的发展。

2.效用性

直接或者间接造福于人类，创利于国家或社会，是贵州省创新活动和创新成果的意义和价值所在。切实保证贵州省的可持续发展已成为一切科技创新的基本使命。

3.时效性

21世纪的最大热点是速度革命。速度是创新效用性的生命线，只有及时而快速的创新才有可能抢先占领市场，才有效用，也才有生命力。目前，大数据是全社会发展的前沿，谁率先掌握大数据技术，谁就获得优先决定权。因此，贵州省紧跟世界大数据产业发展的步伐，深入实施创新驱动发展战略，坚持以大数据战略行动为载体，围绕“一个核心、三大任务、四大支撑、五大保障”总体布局，加快形成以大数据为引领的创新型发展格局。

第三节　贵州省创新和协同创新中存在的主要问题

一、创新主体和创新动力方面

（一）创新主体方面

1.高等院校、科研院所

企业和地方委托的项目（横向项目）的经费管理方式不合理、过于严苛：横向项目按照国家科研项目（纵向项目）进行管理与审计，使得科研人员无法自主有效地使用项目经费，一定程度上抑制了科研人员服务地方经济的积极性。

服务企业科技人员职称评定机理措施不到位。科技成果转化对高等院校教师评职称、写论文往往没有多大帮助，科技成果转化在应用科学技术研究课题中也没有考核指标。因此，重论文、轻转化的问题使得科研工作者对产业化积极性不高。

贵族省省内科研院所实力不强。目前贵族省省内从事技术开发类的科研院所综合实力较弱，不同程度存在高层次学历和专业学科带头人短缺、科研成果层次较低、专业技术人员在贵族省省内外影响力不足等问题。贵阳铝镁设计研究院这类技术研发能力较强、成果转化带动效应突出的研究院所极少。

科技人才流失严重。由于贵州省经济发展相对滞后，对人才的吸引、聚集效应有限，造成人才引不进也留不住。

2. 企业

中小企业仍然面临融资难问题。贵州省中小企业自身组织构建不完善、生产规模小、产品结构单一且产品附加值低，创新产品少，因此无法提供出经过正规会计师事务所审计的规范财务报表；贵州省中小企业财务制度体系不完善，而中小企业为了获得银行贷款，满足银行的贷款条件，中小企业向银行提供的财务数据往往会经过篡改。银行难以准确的判断企业的还贷能力及做出准确的风险估算，这使得银行和企业之间信息不对称的矛盾更加突出。贵州省专门针对中小企业金融借贷服务的政府、金融、保险等机构较少，制度设置不够完善。此外，针对支持中小企业发展的法律、法规保障体系还不够完善，法律对银行债权的保护能力低，使得金融机构对中小企业借贷的恐惧心理增加，这些都会增加贵州省中小企业面临融资难的困境。

产学研脱节，企业的社会交流较少。受传统体制的影响，贵州大部分科技力量分布在科研院所和大专院校，研究的选题和方向与企业的发展需求联系不够紧密，产学研脱节。同时贵州企业与企业之间，企业与市场之间的交流较少，科技资源未能发挥出最佳效用。

缺乏对民用科技型企业的创投风险补偿机制。中小企业尤其是民营科技型企业是最活跃的创新群体，在鼓励其创新的同时，也缺乏一定的宽容创新失败的补偿保障政策。

（二）创新动力方面

相关税收优惠政策落实不到位。一是有关部门在制定政策条款时脱离实际，造成政策措施的难以落地。二是由于地方财力薄弱，企业享受科技创新优惠政策的情况不理想。

相关政策宣传工作需要更为简洁、通俗、及时和有针对性。对于中小型企业，尤其是初创型民营科技型企业，时间、精力和人力都较为有限，需要更为精准的政策宣传与送达。

二、创新协同方面

政产学研协同。从组织层面上，高等院校在其主导的协同创新中承担起了主要责任，包括制定协同流程、调控协同资源及协调冲突等责任，高等院校积极发挥高端人才荟萃、研究基础雄厚等优势开展内外部协同创新，在培养创新型人才、解决社会问题、实现技术转移和成果转化等方面做出重要贡献。但是，参与协同创新的“政”、“产”、“学”、“研”各单位追求的目标不一致，因此在开展协同创新的过程中经常会出现由于体制问题引发地方政府需要增长、高等院校需要产出科研成果、企业需要追求经济效益现象。从个体层面上，各个单位之间存在条块分割，参与协同创新的各个单位属于不同的体系不同的部门，这使得协调创新中的协调组织工作异常艰难。

企业产业间协同。从总体上看，贵州省产业结构仍然处于产业结构链条的中低端，摆在贵州省面前最紧迫的任务是如何打通从科技较薄弱到产业强的通道。对贵州省的产业创新情况进行分析，发现在产业创新链中存在两个重要环节：从“科学”到“技术”的转化、从“技术”到“产品”的转化。近年来，通过产学研合作、促进成果转化等途径，贵州省企业承接技术成果转移转化能力有所增强，技术到产品的通道基本顺畅，但瓶颈制约集中在科学到技术转化的环节，这个环节的工作高等院校、科研院所不愿做，单个企业做不了。因此，这就是产业技术研发机构的着力点，也只有解决这个问题，才能够推动基础研究成果的产业化。

跨部门和跨行政区域协同。长江经济带的协同创新，早在长江经济带倡导之初，国家就要求长江经济带着力发展创新资源的综合与集成。由于长江经济带的经济科技资源分配呈现东中西梯度下降的格局，分配不均，而贵州省处在长江经济带西部地区需要依靠江苏、浙江、上海的“辅助模式”，并且自主创新能力及协同创新带来的效应有待提高。

三、创新成果转化方面

根据科技部中国技术市场管理促进中心统计，2015 年，贵州省技术合同成交 2426 项，合同金额 177.2 亿元，同比增长 40.3%。科技成果转化对经济发展的支撑引领作用显现。但是，贵州省高等院校、科研院所科技成果真正实现转化与产业化的还不到 10%，远低于发达国家 40% 的水平，科技投入和科技资源存在巨大浪费。

（一）相关法规政策和体制机制存在缺陷

一是科技成果转化处置审批环节多。技术类无形资产实行与一般国有资产实行相同的管理模式，严重影响转化时效性。二是事业单位科技成果的转让收入必须上缴国库，影响单位转让科技成果的积极性。三是技术类无形资产定价难，价值评估流于形式。四是科研评价存在“重研发，轻转化”、“重基础，轻应用”、“重论文，轻专利”等问题，应用技术研发和科技成果转化没有得到应有的重视。

（二）高等院校、研究院所科技成果成熟度不高

首先，贵州省具有较强科研能力的高等院校、研究院所数量较少；其次，高等院校、研究院所科技成果相当一部分是小试成果（实验室成果），实现商业化转化还需要继续投入研发经费，进行中试，提高技术成熟度，但由于高等院校、研究院所自身中试熟化条件十分有限，投资商和企业对尚未完成产品化开发的成果投资意愿较低，导致科技成果在向市场转化的过程中，存在关键环节投入缺位的问题。

（三）企业承接科技成果转化能力不强

贵州省很多企业研发投入质量不高，结构不优，主要表现在一是研发投入强度较低，二是科学研究和原始创新活动弱化，企业原始创新严重不足；三是开展研发活动的企业比例低，没有进入内生增长、创新驱动发展阶段。

（四）科技中介服务市场不发达

科技中介面向社会开展技术扩散、成果转化、科技评估、创新资源配置、创新决策和管理咨询等专业化服务，对科技成果在各类创新主体与市场之间的流动和转移发挥重要促进作用。但是，贵州省科技中介服务机构数量较少，并且大部分存在服务功能单一、服务水平较低的问题，权威的科技成果价值评估、投融资咨询、信用评价等机构严重缺乏。

四、创新要素组织方面

（一）要素投入力度不足

贵州省处于新一轮经济发展的起点，粗放型增长方式急需转变，无论传统产业的升级，还是新兴产业的培育，都需要建设创新平台作为支撑。由于贵州省不沿江、不沿海、不沿边，以及相对落后的经济发展水平，使得无论是在市场资源配置方式还是在国家计划配置方式下，都处于劣势地位（附表4-1）。国家层面上，我国政府对相对落后区域的创新资源投入较少；市场层面上，落后区域的技术市场发展落后，对创新的需求表现不明显。

附表 4-1 "十二五"规划主要指标实现情况

指标名称	2010 年	"十二五"规划目标	2015 年	实现情况
综合科技进步水平指数 /%	37.37	47.37	38.56	未完成
科技进步贡献率 /%	39.83	45	45.42	完成
全省公民具备基本科学素质的比例 /%	1.54	3	3.56	完成
科技活动投入指数 /%	29.32	35.32	35.66	完成
R&D 经费投入强度 /%	0.65	1.2	0.59	未完成
专利申请量 / 项	4 414	16 100	18 295	完成
专利授权量 / 项	3 086	13 900	14 115	完成
登记科技成果数 / 项	125	250	115	未完成
科技活动人员 / 万人	5.63	7	7.52	完成
R&D 人员 / 万人	2.34	3	4.05	完成
高新技术产业产值 / 亿元	853.94	2 400	2 820.82	完成
高新技术企业数 / 家	49	350	382	完成

（二）要素集聚效应不显著

首先，贵州省产业层次较低，聚集效应不显著，经济发展动力主要来源于化工、冶金、烟草、茶等传统资源密集型和劳动密集型产业，导致创新资源使用率低；其次，科技投入和科技要素资源不足，在"十二五"期间，2015 年 R&D 经费投入强度为 59%，2010 年为 65%，年均增长率为 -1.9%，创新要素集聚的高新技术产业发展相对缓慢；最后，高层次创新领军人才匮乏，创新团队数量少，贵州省具有较强科研开发能力的高等院校少，科研院所力量分散、薄弱，高水平的科研成果少。

（三）要素协同能力不强

创新要素协同就是创新资源和要素有效汇集，通过突破创新主体间的壁垒，充分释放彼此间"人才、资本、信息、技术"等创新要素活力而实现深度合作。贵州省创新要素集聚网络尚未建立，缺乏高效的配置和运用创新要素的能力，创新要素协同能力低下，制约新的创新要素的流入。要素协同、产业集群对于欠发达的贵州省而言，与长江经济带其他区域存在着一定的差距。

（四）激励机制不健全

创新发展与激励机制有着密切的联系，创新作为人为的产物，需要人类不断的思考、研发，而促使人类思考、研发的动力就来源于激励机制。在激励机制方面，政府、企业、科研人员更注重“量”的追求，如何使政府、企业、科研人员把对“创新”数量的追逐切实转移到对原始创新和成果转化的全身心投入，这是当前贵州省科技人才激励政策最重要和最严峻的任务，也是贵州省提升科技影响力和自主创新产业竞争力的必由之路。

（五）绩效考核不科学

一是考核指标量化不够细，在创新成果数量、质量、标准的要求上，有些环节不够明确、不够统一。二是考核工作不够严谨，有的考核部门“怕”字当前，考核不严格按照考核细则执行，在某种程度上，影响了考核质量。三是考核结果运用不到位，突出表现为仅仅发挥了经济奖罚作用，没有建立起一种激励制约的监督机制，奖励的激励作用不明显，不与政治待遇的挂钩，忽视或回避了与干部个人政治荣誉的关系。

第四节 “十三五”时期的规划与构想

一、制度创新与管理创新方面

（一）完善科技创新体制机制

贵州省发布了《贵州省“十三五”科技创新发展规划》《贵州省“十三五”新兴产业发展规划》。要求在“十三五”期间进一步完善能够激发创新主体动力的基础制度环境，建立能够将政府职能从研发管理转变为创新服务的全省公开统一的科技管理平台。给予高等院校和科研院所更多的研究自主权，赋予科研创新领军人才更多的财物支配权和科研路线决策权。到2020年R&D经费投入强度达到1.2%以上，科技进步贡献率达到50%以上，综合科技进步水平指数达到42%以上。要求加大财政在科研创新的投入比例，扩大创业投资引导基金规模，大力支持初创企业进行创新活动。完善风险投资机制，加强科技金融结合，建立健全覆盖全省的多层次科技金融服务网络。到2020年，全省高新技术企业数量达到700家，科技型企业达到10 000家，其中科技型种子企业2000家

（含大学生创业企业），科技小巨人（成长）企业1600家，创新型领军企业40家。同时《贵州省促进科技成果转移转化实施方案》《贵州省科学技术奖励办法》《贵州省科学技术奖励办法实施细则》3个文件已展开修订工作，加大科技奖励，提高科研人员成果转化的收益比例，完善成果转化激励政策。到2020年，万人发明专利拥有量达到2.5件，技术市场合同交易额累计达到800亿元，专利申请量达到17万件，专利授权量达到5万件，其中发明专利申请量达到3.2万件，发明专利授权量达到0.24万件，发表科技论文达到2.6万篇。

（二）创新人才发展机制

贵州省印发《中共贵州省委关于深化人才发展体制机制改革推进守底线走新路奔小康的实施意见》，完善创新人才引进机制，加大重点产业高层次人才和急需紧缺人才引进力度，加快形成从高层次人才到实用人才的重点产业人才集群和人才体系。深入实施"百千万人才引进计划""黔归人才计划""黔灵访问学者计划"三大引才计划，加大政策、计划宣传力度，吸引更多优秀人才来贵州省创新创业。对引进并入选贵州省"百人领军人才""千人创新创业人才"的高层次人才，根据项目推进及效益评估情况，连续3年分别给予每年100万元、50万元奖励支持。鼓励军工系统和中央驻贵州省科技人才从事科技研发或创办领办高新技术企业，省级科技、人才计划等项目给予倾斜支持。"十三五"期间，力争博士、"百千万人才"等高层次人才数量在现有基础上增加两倍。实施"人才乐业工程"。对未承担过省级科技计划项目的青年博士，优先给予立项资助。对符合条件的成果转化、产业化项目，或获得国家财政拨款的重大科技项目，最高可给予1000万元补助。企业引进高层次人才和急需紧缺人才，支付的一次性住房补贴、安家费、科研启动费等，可按规定在计算企业所得税前扣除。实行货币补贴与实物保障并举的人才住房保障制度，继续落实人才购房补贴政策，鼓励用人单位通过提供购房贷款贴息、房租补贴、生活补贴等形式解决人才安居问题。加强人才公寓建设，集中配置科研、创业、生活设施等，放大政策叠加效应，打造人才聚集区。到2020年，全省人才发展体制机制改革实现重大突破，在大数据、大旅游、大生态、大健康和新材料、高端装备制造、现代农业、现代服务业、文化创意等重点领域人才加速聚集，实现对经济社会发展的支撑引领作用持续增强，力争人才贡献率达到30%左右。

（三）深化投融资体制改革

党的十八届三中全会和省委十一届四次全会召开后，省发展改革委认真贯彻省委、省政府工作部署，代省政府起草的《中共贵州省委贵州省人民政府关于深化投融资体制改革的实施意见（代拟稿）》得到国家高度肯定。2015年7月贵州省发布《省人民政府关于贵州省创新重点领域投融资机制鼓励社会投资的实施意见》，2017年贵州省政府印发《贵州省促进产业投资基金加快发展的意见》和《贵州省产业投资基金管理暂行办法》。要求继续推进创新企业投资项目管理制度，突出企业主体作用，从资源配置、投资准入、运营管理等各个环节，确立企业的主体地位，充分激活民间投资潜力和创新活力，把简政放权工作制度化。创新公共基础设施投融资体制，搭建新型金融发展平台，构建省市联动的新型政策性融资担保体系，着力缓解中小企业融资难、融资贵问题，加强地方金融体系建设，加快农信社改制，实现村镇银行县域全覆盖。鼓励金融机构围绕实体经济、小微企业和“三农”发展，量身定制金融产品，不断创新金融服务。制定政府投资条例。建立投资项目“三个清单”管理制度。创新小微企业及“三农”贷款风险分担机制。

（四）建立更为有效的旅游管理体制机制

“十三五”时期，是加快推进有效的旅游行政管理体制建立，实现后发先至的关键时期。2016年省委省政府下发了《中共贵州省委贵州省人民政府关于推进供给侧结构性改革提高经济发展质量和效益的意见》，文件指出要大力发展以山地旅游为重点的现代服务业，全力打造世界知名山地旅游目的地。加快推进山地旅游大数据电子政务应用工程的实施，建立完善的网上申请、受理、审核机制，构建统一的投诉受理平台。省发改委加强了与国家发展改革委沟通汇报，争取国家在编制《全国生态旅游发展规划（2016—2025年）》时，优先将我省黄果树、荔波等遗产资源纳入规划。2016年，省发改委共争取到中央预算内投资1.576亿元支持49个红色旅游、抗战设施、乡村旅游基础设施。争取到国家发展改革委专项建设基金12.22亿元支持49个旅游基础设施建设。将249个旅游项目列入《2016年贵州省转型发展五大新兴产业重大工程项目名单》，由省级层面统筹推进建设。同时省住建厅积极推进风景名胜区规划全覆盖工作，每年均补助一定工作经费用于开展风景区规划编制、基础设施建设等相关工作。18个国家级风景名胜区总体规划已全部上报住房和城乡建设部，已获批复2个。53个省级风景名胜区已有38个经省政府同意批复实施。

二、科技和教育创新方面

（一）在科技创新中要强化政府的主导作用

政府要打造出良好的外部环境，并对一些核心的科研项目给予大力支持。

加强科技发展战略研究，把握科技前进方向。技术创新的主体是企业，市场竞争是技术创新的助推力，只有支持和引导企业从事科研、开发和技术改造，使企业成为科研开发和投入的主体，走出一条科研院所与企业合作的产学研结合的道路，实现产学研的真正结合，才能促使科技创新的发展。

（二）建立科技创新风险投资体系

为了突破当前商业资金的不足这一问题，高效的促进 R&D 成果转化为生产力，形成产业商品。首先要进行资产重组，鼓励企业之间兼并和收购。其次，积极发展风险投资。联合国经济合作和发展组织认为，凡是以高科技与知识为基础，生产与经营技术密集的创新产品或服务的投资，都可视为风险投资。所以要培育出有利于高新技术产业发展的资本市场，逐步建立贵州省的风险投资体系，发展风险投资公司和风险投资基金，加大对高新技术企业的支持力度，支持有条件的高新技术企业率先进入国内外资本市场，促进科技创新发展。

（三）培养科技创新人才

在社会的各种资源中，人才是最宝贵最重要的资源。科技创新关键在人才，特别是需要那些既懂科技创新，又懂管理创新的复合型和开拓型的科技人才。为此贵州省应采取各种措施，制定相关的优惠政策，积极引进人才，防止人才外流，并通过兴办各种不同层次、形式多样的专业技术再教育班，促进科技创新人才的迅速成长。当然，要实现科技人才的优化配置，培育具有贵州省特色的科技创新人才，就要造就一支培养科技创新人才的优秀教师队伍和一批科技型的企业家。

（四）扩大科技交流和合作

当今，日新月异的科技革命推动经济科技日益全球化，为贵州省进行国际科技合作与交流提供了难得的机遇。贵州省自主创新能力不够强，通过积极引进国内外先进适用技术、产品等，能较快地促进科技创新能力的提升。所以，取人所长，为我所用，贵州省在扩大和发展科技交流与合作中，要充分利用国内外的资金、智力、先进设备和科技成果等资源，找准赶超先进水平的突破口，在更高层次上开展科技交流与合作。改变过去单纯购买技术及引进硬件的发展模式，重视引进后的消化吸收与创新工作，尽快在一些重点领域和关键环节实现突破，带动原始创新和集成创新，促进贵州省科技开发能力的提高。

三、产业创新方面

（一）处理好市场和政府的关系

充分体现出市场对资源配置的主体地位，加大政府简政放权和政策落实力度，综合运用规划引导及价格调控等手段，促进资源要素集聚，调动市场主体的积极性和创新性，为贵州省各产业的发展营造出良好的外部环境。创新驱动，加大支持。财税、人才等相关政策向创新体系建设倾斜，充分推动自主创新和合作创新相结合、原始创新和集成创新相结合，积极鼓励引进消化吸收再创新，引导各类资源投向产业链、价值链高端的薄弱环节，加速创新成果产业化。加强政府组织领导，要综合运用政府手段、市场手段，重点扶持关键技术的研究开发，力促核心产业的创新，并使创新成果得以产业化，实现各产业的可持续发展。创新政府的服务方式，提供良好的外部环境，创建服务型、高效型、创新型政府，使政府财政、产业、科技政策能够发挥出协同效用。在市场公平竞争、知识产权、科技成果转化、金融创新、人才培养和激励、开放创新、科技管理体制等方面取得一批重大改革突破，有利于贵州省不断实现科技创新。

（二）梯次推进，重点突破

根据未来产业发展方向和国家政策导向，坚持当前发展与长远目标相结合，构建“2+1+2”的战略性新兴产业发展梯次。重点支持区域特色鲜明、得到国家政策支持的大数据及新一代信息技术产业、大健康及生物医药产业。大力发展基础较好、有一定比较优势的高端装备与新材料产业，积极培育比较优势尚不突出但前景广阔的绿色低碳产业和数字创意产业。

积极对接国家相关政策，加大招商引资力度，充分挖掘贵州省发展潜力，促进优势产业和资源要素向园区集聚。以循环集群模式来整合各产业之间及产业内部的价值链和生态链，并以产业链条中的薄弱环节为重点，采取强化修补措施，使战略性新兴产业成为全省区域发展的绿色增长极。实施龙头带动战略。在战略性新兴产业中精选出优质项目和企业进行扶持，以项目为载体，形成新的增长点和增长极。培育出战略性新兴产业龙头企业，支持企业延长产业链，发挥产业辐射带动能力。

（三）强化创新引领作用

到 2020 年，全省战略性新兴产业总产值达到 4000 亿元，增加值达 1500 亿元，占国内生产总值的约 10%，“十三五”期间的主要经济指标年均增幅超过

20%。战略性新兴产业成为国民经济的重要支柱产业，发展规模逐渐扩大，发展质量逐渐提升，对贵州省经济发展起着引领和辐射带动的作用，在优化经济结构、转变经济发展方式、解决资源和环境等问题中的作用进一步凸显，可持续发展能力进一步提高。

（四）逐步优化产业结构

信息化与工业化融合发展水平显著提升，以大数据为核心的信息技术产业、大健康医药养生产业成为贵州省国民经济中有重要影响的先导产业，高端装备和新材料产业成为贵州省国民经济中有重大影响的产业，绿色低碳产业成为贵州省国民经济中有较大影响的新兴产业。把贵州省建设成为国家重要的有区域特色的新材料产业基地、生物医药产业基地和民用航空产业基地。

（五）营造良好市场氛围，加大市场环境培育

加大知识产权的保护力度，完善多渠道的知识产权的保护体系，使知识产权所有者的权益得到保护，鼓励和推动知识产权向现实生产力转化。针对战略性新兴产业的重点领域，选择一批发展已取得一定基础、潜力巨大、产业关联度高、带动作用强的龙头企业，在科研开发、专利授权、成果转化等方面重点扶持。依托具有优势的产业集聚区，营造良好的创业环境，培育一批具有贵州省特色，创新能力强的产业示范基地，延伸产业链条，加大招商引资力度，吸引外部资源进入园区，形成以龙头企业为主导、中小企业配套、上下游产业合理布局的区域产业发展格局，辐射带动全省各产业快速协调发展。

四、创新环境建设方面

（一）进一步加强基础设施建设

到 2020 年，建成综合立体交通体系。铁路营业里程望达到 4000 千米以上，其中高速铁路里程达到 1500 千米以上，高速公路通车里程达到 7000 千米。形成“一枢纽十六支”机场布局，民航旅客吞吐量有望破 3000 万人次 / 年。内河航道运输能力需要明显提高，航道里程达到 3950 千米，其中高等级航道 950 千米。

基本解决工程性缺水问题。水利工程设计供水能力计划达到 180 亿米^{3}以上。显著提升城市供水保障及排水防涝能力。城市和县城供水普及率努力达到 95%。各市（州）中心城市及贵安新区直管区建成省级节水型城市，达到国家

规定的防洪标准；集中式饮用水源地水质达标率保持100%，其余城市和县城达到95%；新建城区硬化地面中，可渗透地面面积比例需达到40%。

稳步增强城市能源供应保障能力。贵阳市城市燃气普及率望达到95%，其余城市达到75%，县城达到60%；城市中压配电网联络率达到92%，供电可靠性达到99.957%。

建成“智慧城市”支撑架构。实施“宽带贵州”行动，贯彻落实“光纤到户”国家标准，城市新建小区或居住建筑直接实现光纤到户，老旧小区分批进行光纤到户改造。选择条件成熟的城市小区作为综合示范区，率先规划建设下一代信息基础设施，推进1000兆光纤到楼，100兆光纤到户及无线热点全覆盖综合示范工程。深入拓展交互式网络电视（IPTV）、手机电视，推进基于有线电视网路的互联网接入、互联网数据传送增值、国内IP电话等“三网融合”业务。城市家庭宽带接入能力50兆以上用户达到40%，中心城市部分家庭宽带接入能力大于100兆，大型企事业单位接入带宽大于100兆。

基本解决贵州省城市基础设施总量不足、标准不高、管理粗放等问题，构建适度超前、功能配套、管理科学、安全高效的现代化城市基础设施体系，全面提升城市基础设施建设运行管理水平，并努力提升贵州省创新能力和提升贵州省与长江经济带的协同创新能力。

（二）进一步提升创新的文化环境

推动历史文化名城名镇街区保护与传承。加快推进历史文化名城名镇街区的保护规划编制工作，进一步改善和提高历史文化保护范围内基础设施条件。根据不同历史文化保护范围的具体条件和要求，做好基础设施建设专项规划方案和工程技术实施方案，不破坏历史文化保护范围内建筑风貌和资源环境。城市重大基础设施、公共服务设施建设要与城市历史文化资源的“原生态、原真性、原文化”风貌保持协调，充分挖掘城市特质文化，提升城市内涵，增强城市竞争力。

（三）进一步保障创新的生态环境

加强城市公园建设。重点开展城镇山体公园化绿地、立体绿化和节约型园林建设，积极创建国家及省级园林城市、生态园林城市、国家重点公园和国家城市湿地公园。城市和县城新增或改造至少两个综合型公园。

提升城市绿地功能。建设下沉式绿地及湿地公园，提升城市绿地汇聚雨水、蓄洪排涝、补充地下水、净化生态等能力。城市至少建成1个具有一定规模、功能完善的防灾避险公园，所有县城建成1个防灾避险公园。

第五节　基于贵州省视角的长江经济带协同创新研究与思考

一、长江经济带协同创新基础条件分析（SWOT 分析）

（一）优势（strength）

贵州省区位独特。贵州省地处于西南交通枢纽的中心，它是川黔、贵黔、滇黔、湘黔及南昆五大铁路干线的必经之地，也是西南地区出海通道的必经之地，又是商品集散和物流中心。目前贵州省马上要开通向东南方通向广州的高铁，这将会大大的提升贵州省在泛珠三角经济区发展中的作用，有利于承接东部沿海产业转移，有利于东西部经贸活动的加强。

贵州省气候适宜。贵州省夏无酷暑，冬无严寒，适合农作物和牧草、林木的全年生长发育，既有利于种植业，也有利于禽畜全年均衡生长。丰富的光热资源使得从亚热带到暖温带的作物几乎尽有。温和湿润的气候条件促使农、林、牧各业的高产、优质、高效发展。全年雾日多、日照少、夜雨多、空气相对湿度大等条件为喜阴湿、忌烈日的植物和作物生长发育提供独特的生态气候条件，并呈现出“易地而竭、隔界不长”的现象，适于发展特色农产品，如湄潭翠芽、都匀毛尖等。近年来，贵州省特色农业稳步发展，贵州省中草药、茶叶、核桃、辣椒等成为本省农业结构调整的亮点。

贵州省资源丰富。贵州省的矿产资源丰富，是有名的资源大省，省内煤炭的储量比江南各省的总和还要多，其不但储量大，煤的种类也齐全，素有江南煤海之称。此外，汞、重晶石等储量排在全国第一位，磷、铝土矿、稀土等储量排在全国第二位，镁、锰等储量排在全国第三位。另外，省内第一大河乌江水域的径流量相当于黄河。

贵州省山地特色农业潜力巨大。贵州省地貌独特，拥有高原、山地、丘陵、盆地等丰富地形，且地势西高东低，海拔层次分明，造就了农业独有的特色。农产品丰富且农产品产量较大。2016 年前 3 季度，全省蔬菜种植面积 1896 万亩、产量 2901 万吨，分别增长 5.5%、9.3%；水果种植面积 652 万亩、产量

335 万吨，分别增长 5.4%、10.1%；茶园种植面积 693.2 万亩，种植面积位居全国第一。农业园区蓬勃发展，385 个现代高效农业示范园区成为产业集群、要素集聚、开放合作、示范带动的重要平台。为了推动产业结构调整，贵州省还先后召开了茶产业、精品果业、中药材、大鲵、秸秆加工养畜等产业发展现场会，制定了一系列支持特色优势产业发展的政策措施，为贵州省山地特色农业发展提供了强大的助力，山地特色农业发展潜力巨大。

贵州省旅游业发达。贵州省已建成涵盖自然景观、民族风情、文物古迹、历史文化的各类景区、景点 200 余处。有黄果树瀑布、龙宫、织金洞、红枫湖、阳河、荔波漳江、赤水、马岭河峡谷、九龙洞、黎平侗乡、都匀剑河、万峰林等 12 个国家级风景名胜；有梵净山、茂兰、赤水、习水、草海、雷公湖、麻阳河等 7 个国家级自然保护区。千姿百态的山光水色，众多的文物古迹，革命圣地和浓郁、独特的民族风情，使贵州省成为国内外旅游观光、度假与避暑的理想胜地。

（二）劣势（weakness）

贵州省生态环境承载能力差。贵州省是典型的喀斯特地貌，山多平地极少，地表崎岖破碎，城市的发展严重受到地形的制约。由于土地质量差，承受自然灾害的能力低，人口增长快，大规模地开垦土地，引起严重的水土流失，使土地质量变得更差，土地单位产出量远远低于全国平均水平，使得农民生活更加贫困。农业生产率低下，严重限制了农村劳动力向城市转移，在很大程度上影响贵州省城市化进程。薄弱的生态环境在工业化的过程中很容易遭到破坏，一旦破坏后修复也是极难的，这对经济的发展造成了一定的阻碍。

贵州省产业结构层次较低，单一依赖自然资源发展。近几年，随着工业化的深入推进，贵州省内的产业结构得到了提升，省内第一产业的产值所占比重明显下降，第二产业的产值所占比重缓慢上升，第三产业的产值所占比重上升较快。但是与全国水平相比，以及从产业内部结构看，仍然存在着很大的问题。第一产业中传统的种植业所占比重很大，特色农业没有得到很好的发展；第二产业中重工业的比重过大，且没有形成链条式的产业，所生产的产品中最终消费品的比率非常低，一般为矿产资源粗加工，这导致各个产业间的协调性差，产品的附加值很小，对自然资源的依赖性大；第三产业中以餐饮、运输等为主的传统服务业占很大的比重，像金融、通信等现代服务业的发展幅度是有限的。

贵州省没有明确的城市定位。在大多数外界人的眼中，贵州省是贫困落后的代名词，尽管近几年贵州省经济有了较快的发展，但是这一印象始终没有改变。西藏、云南的经济发展和贵州省相差无几，但是在人们的眼中西藏是个神圣的佛教圣地，云南是个浪漫的旅游之地。形成这种差别的原因在于贵州省没有明确区域形象的定位，没有注重城市形象的宣传，其忽略了城市的品牌效应，以至于无法发挥文化内涵、精神气质等软实力的作用。另外还有城市化水平低，吸引外资及对外贸易量较少、科技创新能力差等。

（三）机遇（opportunity）

“一带一路”倡议给产业创新带来的机遇。产业创新涉及产业转型升级和产业转移等带来的红利。随着“一带一路”倡议的实施，中国的一些优质过剩产业将会转移到其他一些国家和地区。在国内，因为市场供求变化，一些过剩的产业，也许在其他国家能恰好被合理估值；在国内，因为要素成本的上升而使一些产业、产品失去了价格竞争力，也许在其他国家，较低的要素成本会使这些产业重现生机。在国内，因为产品出口一些发达国家受限而影响整个产业的发展，也许在其他国家就能绕开这些壁垒，等等。此外，由于产业转移引致的产业转型升级更是机遇无限，比如技术改造、研发投入、品牌树造等都会给投资者带来无限机遇。

“一带一路”倡议给金融创新带来的机遇。“一带一路”倡议的实施需要有充足的资金流，巨量的资金需求只能通过金融创新来解决。我们已经发起设立“亚投行”和“丝路基金”，但这也只能解决部分资金问题，沿“带”沿“路”国家和地区一定会进行各种金融创新，包括发行各种类型的证券、设立各种类型的基金和创新金融机制等，其间的红利和机遇之多甚至是不可想象的。

“一带一路”倡议给区域创新带来的机遇。“一带一路”本质上是一个国际性区域经济的范畴，“一带一路”倡议的实施，必将引发不同国家和地区的区域创新，这包括区域发展模式、区域产业战略选择、区域经济的技术路径、区域间的合作方式等，其间的每个创新都蕴涵着无限的机遇。

（四）威胁（threat）

西部地区产业结构趋同。西部各个省份的资源禀赋条件和贵州省极其的相似，在经济发展的过程中采取了基本相同的发展战略，纷纷利用自身丰富的资源构建省内主导性及支柱性产业，这样导致了区域内产业类型雷同、布局重复、恶性竞争等。由于贵州省现在的基础比较差，这样必会大大地削弱外来资本数量及人才数量，导致经济长期的处于落后状态。

东部地区对其对外贸易的威胁。近几年中，西南各省份与东盟之间的贸易量增长率要小于我国整体对东盟贸易量的增长率，这就说明包括贵州省在内的西南地区对东盟的贸易状况是不稳定的，受到来自中国东部城市的威胁。东部城市的经济要远比贵州省发达，生产的产品可能会更具有竞争力，这样大大增加了东盟成员国对其的需求量。虽然，贵州省等西南省份与东盟成员国毗邻，在对外贸易中具有很强的区位优势，但是这仅仅是贵州省对外贸易量增加的重要条件，而不是充要条件。另外，随着贵州省市场的开放程度不断增加，外来的进口产品势必会威胁到省内的中小企业的发展。

二、制约长江经济带协同创新的主要问题

（一）缺乏有效的创新机制和管理体制

高效顺畅的创新机制和管理体制是保证创新活动顺利进行、保证创新成果转化为经济效益、提高国家或组织竞争力的重要因素。然而，在现实层面上，决策保守和行政等级制度在较大范围内存在，不合理的成果产权制度、组织和决策惯性及高成本的创新成果转换机制在很大程度上抑制了研究人员的创新积极性。创新管理体制和运行机制不适应是制约创新的体制性因素，创建新型的管理体制和运行机制，已成为实现“建设创新型国家”战略目标的当务之急。

（二）科技创新的源动力不足

“新常态”最鲜明的特征是经济增长由原来的高速降为中高速，经济增长的减缓使得科技创新的动力明显不足，主要表现在基础科学研究不够，影响了科技创新能力的提升。科技创新是指科学发现和技术发明，以及成果最终转化为生产力、获取经济效益，主要包括原始创新、协同创新、引进消化吸收再创新 3 种创新模式。科技创新需要持续不断的科技研发，科技研发主要分为基础型研究和应用型研究，而基础型研究的强弱直接关系到一个国家原始创新能力的强弱。我国的基础研究一直相对较弱，经济“新常态”下更为突出。从基础型研究本身的内容和特点来看，从事基础型研究的周期长、资金需求大，是一项长期的系统工程。

（三）企业总体上创新能力不足

企业是产业升级的主体，其创新能力直接关系到产业升级的水平。企业之所以总体上创新能力不足，主要有 3 个方面的原因。一是在“后发优势”的背景下，不少产业部门实施了以“市场换技术”的策略，通过引进国外先进技术和设备来提升行业整体技术水平。这一战略在特定发展阶段有其积极意义，但也造成了企业对国外技术的高度依赖。二是在经济高速增长阶段，企业即使没

有大的技术创新也能依靠低成本、市场优势等取得良好的收益，近些年在经济增长趋缓和企业经营困难的背景下，企业的创新投入又难以得到保证。三是因为对企业创新成果的产权和收益保护不到位，甚至出现了“劣币驱逐良币”的现象。

（四）知识和技术协同创新不够

促进科技经济协同发展需要注重知识创新和技术创新的协同。长期以来，我国知识和技术协同创新不够，科学家的研究停留在知识创新阶段，企业家的技术创新主要限于企业内的自主研发，两者之间的联系渠道不畅通，市场需求不能立即反馈到知识创新上，知识创新不能为技术创新提供良好的服务，科研成果市场转化率低。

（五）创新的激励不足

创新活动不仅涉及技术进步，而且更为重要的是关系到经济利益。在市场经济中，只有创新收益大于创新投入的时候，创新主体才会有持续不断的创新动力。目前，我国的财政税收政策并不十分完善，没有为创新活动，特别是中小型高科技企业的创新活动，提供强大持久的激励。虽然我国也制定了一些促进高科技企业发展的税收优惠政策，但是这些政策不具有较强的针对性，很难操作且很难评估实施绩效。

三、推动长江经济带协同创新可有的重要举措

（一）体制机制创新亟待突破

长江经济带建设涉及的 11 个省（市）是不同的行政主体。在现有体制下，目前还没有跨区域合作取得长期成功的案例。要打通长江经济带的“经络”，最为关键的是打破“一亩三分地”的思维定式，以及破解行政藩篱的束缚，在所涉及区域内的各个利益主体的利益公平分配上取得重大突破。其建设需要创新完善相关经济发展的指标考核体系，以及对地方党政领导政绩考核的指标体系，营造良好发展环境。长江经济带的战略构想刚提出来，这一经济带的建设要科学有序推进，目前还有着一些依然不够明晰的地方，有着许多体制和机制障碍亟待创新突破。贵州省要想在参加长江经济带的建设过程中谋得先机，要提前做好具有前瞻性的顶层设计和战略规划。将贵州省建设成为国家实施“长江经济带战略”和“一带一路”倡议的“跨区域联动发展核心

枢纽”成为必然选择，这是贵州省在长江经济带建设中的核心价值和核心定位，这一基本定位同贵州省委最新提出的要实施“开放型后发赶超战略”也高度契合。同时，要将贵州省建设成为支撑长江经济带可持续发展的重要能矿基地和重要的生态屏障。

（二）积极推动经济管理制度的变革

通过财税体制改革创新，在长江经济带构建起能适应这一区域发展的新型财税体制，在各个相关省（市）的利益分配上形成共建共享的机制，确保长江经济带建设的可持续发展。在贵州省建立长江经济带财税体制改革先行先试示范区，可在长江经济带全面推行资源税改革，均衡长江经济带各个省（市）发展的基本财力；在长江经济带建立起横向财政转移支付制度，全面实施生态补偿政策机制，可以将东部地区一部分应向中央上交的税收，通过规范的横向转移的方式，直接支付给中上游的生态功能区。

（三）统一市场准入制度

进一步简政放权，清理阻碍要素合理流动的地方性政策法规，清除市场壁垒，实施统一的市场准入制度和标准，推动劳动力、资本、技术等要素跨区域流动和优化配置。建立公平开放透明的市场规则。加强市场监管合作，建立区域间市场准入和质量、资质互认制度。研究建立务实、高效的区域标准化协作机制。

（四）融合发展促进资源优化配置

提升工业化与信息化融合发展水平。要充分发挥新一代信息技术在长江经济带重点制造业领域的渗透和贯通作用，构建以信息经济为主导的新型经济模式，通过数据的自由流动加快解决定制化生产的成本、质量、效率等问题。指导编制互联网与长江经济带重点制造业融合发展路线图，组建智能制造产业联盟，推进长江经济带大数据综合试验区和产业集聚区建设，推动长江经济带重点制造业形成以信息经济为主导的新型经济模式和高效定制化生产模式。结合自身重点产业发展基础和特色，鼓励企业加大研发投入，支持企业开展基础研究和前沿技术攻关，依托行业龙头企业布局建设一批国家科研基地。鼓励企业面向相关科研院所寻求智力支持，开展产学研合作。

（五）促进区域互动融合

依托长江经济带世界级城市群建设，在推动城市群实现重点产业发展与新型城镇化融合共进的同时，加快推进形成城市分工协作的发展格局。构建城市群重点产业优化布局工作机制，统筹协调城市群重点产业规划、项目的落实进展；健全区域联动合作机制，推动区域内重点产业协同合作一体化发展，促进区域内生产要素自由、合理流动，实现重点产业整体发展和各区域特色发展齐头并进；立足各地的产业特色与优势，加强长三角地区尤其是上海在区域互动融合中的引领带动作用；提升长江中上游地区中心城市重点产业的对外服务功能；提升水利部长江水利委员会和交通部长江航务管理局等机构的协调管理功能，实现长江经济带产业布局优化与长江水利、航运等事业协同共进。

（六）优化人才环境，加强智力建设

结合长江经济带人才需求加大支持力度，落实个人所得税减免、薪酬补贴等优惠政策，吸引高层次人才创新创业。加强人才培养战略布局，统筹推进产业、人才、区域、科技一体化发展。设立专项资金用于创新领军人才培育和海外高水平人才引进。建立高水平人才双向流动机制，对企业引进急需紧缺的高层次、高技能人才给予一定的薪酬补贴。推动沿江各省（市）联合设立若干大型专业人才服务平台，完善人才需求信息发布方式，增强人才供需衔接。通过设立科技创新平台、开展合作教育、共同实施重大项目，推行“双导师制”等联合培养方式，构建创新型人才培养模式，集聚高层次人才和创新团队。

（七）制定环境准入负面清单

抓紧编制长江经济带生态环境保护规划，形成长江经济带重点产业绿色发展的顶层设计。划定生态保护红线，明确重点产业、重点企业污染物的排放总量上限和阶段性目标，紧密结合上中下游地区主体功能区的规划要求，提出差别化的环境准入条件，制定出沿线不同地区重点产业发展的负面清单。长江经济带重点产业园区要从规划环评、集中治污、环境监管等方面入手，最大限度实现环境保护与产业发展共赢。

四、贵州省在长江经济带协同创新中的可能作为

充分利用贵州省科技、教育资源，着力提升科技创新的协同。经过近十几年经济社会的高速发展，贵州省在科技、教育方面也取得了较大成果。高等教育的规模不断扩大，教育质量不断提高，全省的科学文化水平得到较大提升。科研院所不断发展，科技人员连年增加，科技经费持续增长，科技成果日益丰

硕。贵州省科技能力和科技水平已经有了很大提升，科技创新已经比较显著。贵州省可以通过加强与长江经济带各省（市）高等教育和科技研究的交流、往来，实现科技创新上优势互补，进而提升长江经济带的协同创新。

充分利用省内丰富资源，实现与长江经济带协同发展和创新中的优势互补。贵州省能源资源丰富，水能与煤炭资源优势并存，水火互济优势明显，水能资源蕴藏量位于全国第六位，煤炭资源保有储量超过江南的11个省（市）总和；矿产资源丰富，目前已发现的矿产近130种，有46种保有资源储量位于全国前10位。贵州省融入长江经济带可以更好地发挥自身能源资源禀赋，高效对接利用长江经济带沿线各省份的科技、产业、金融等优势市场。建设能源资源深加工基地，与东部的技术、产业、资金和市场优势进行有效"嫁接"，实现互动互补，在长江经济带协同创新中起到重要作用。

充分利用生态优势，为长江经济带协同创新提供重要的生态保障。长江下游的生态安全受到长江上游环境好坏的直接影响，贵州省地处长江、珠江上游，长江防护林保护区范围中有69个县属，森林覆盖率比例不断增长，这一天然的优势使得贵州省在长江经济带上游的生态保护中起着至关重要的作用。贵州省可以充分发挥这一比较优势，为长江经济带的生态安全提供保障。同时，贵州省的生态优势还可以更好地强化生态在协同创新中的引领性作用。

充分利用区位优势，为长江经济带协同创新创造更好的交通、运输环境。贵州省地处长江经济带的"龙尾"，通过乌江、赤水河、清水江和长江相连，通过沪昆高铁、成贵城铁、渝黔高铁与中下游地区更紧密联系在一起。并且位于西南地区交通十字枢纽的位置，向东可以连接长江沿线城市群、长三角城市群和环渤海城市群，向南可以连接珠三角城市群和东南亚各国，向西可以连接东盟和印度，向北可以连接成渝城市群。长期以来，贵州省与长江经济带各省（市）之间一直保持着密切的经济合作关系，在经济社会发展中有很大的互补性和利益共同点。依托贵州省特殊的区位和交通优势，有利于促进各种资源要素在长江经济带高效、科学、及时的流动配置，推动长江上游地区联动发展、协同创新。

充分利用贵州省内陆开放型经济的不断发展，对区域协同创新不断探索，进而引领长江经济带上游省（市）协同创新。贵州省已经获批建设西部第二个国家内陆开放型经济试验区。贵州省可借助自身天然的区位优势，充分利用长江经济带对外开放新通道，更好地整合区域资源，不断建设和发展国家内陆开放型经济试验区，不断探索区域间的协同发展和创新，为内陆开放型经济发展和区域协同创新树立典范。进而引领长江经济带上游城市协同创新。

五、对在长江经济带大力开展创新和协同创新活动的政策建议

（一）加强区域互联互通，创造良好协同创新基础环境

不断完善综合交通运输体系，着力把贵州省建成长江上游地区重要的陆路交通枢纽。围绕“建设依托黄金水道的集疏运体系”，找准切入点和着力点，加速使贵州省成为长江上游地区重要的陆路交通枢纽。推进贵州省连接长江上游主要港口和中心城市的通道建设，积极构建贵州省北入长江的综合交通通道。加快长江经济带经贵州省连接南亚、东南亚的通道建设。打通长江经济带中上游地区经贵州省连接海上丝绸之路的快捷通道，促进“两江流域”融合发展。积极推动区域内交通网络互通互联，主动加强与长江经济带各省（市）的规划衔接和战略对接，共同推进区域内重大交通等基础设施的项目建设。加强区域间的互联互通，突破长江经济带协同创新中的交通、交流制约。

（二）打造区域经济一体化，构建“9+2”协同创新共同体

进一步扩大开放、加深相互经济往来，把贵州省建成长江经济带内陆开放型经济示范区和自由贸易园区。推进整个长江经济带区域经济一体化，建立统一开放和竞争有序的全流域现代市场体系。在区域对内对外开放格局中找准战略支点，加快建设开放型经济发展平台。如依托贵阳综合保税区大力发展长江经济带各省（市）跨地区电子商务，努力将贵州省打造成自由贸易示范区，以加大长江经济带各省（市）的经济、科技交流和往来。构建长江经济带九省二市的“9+2”协同创新共同体，基与共同体的角度，实现区域创新资源的优化配置，提升创新资源的利用效率。

（三）加强创新要素集聚，不断增强创新协同

协同创新主要是创新主体的物质资源的集聚与共享和创新型人才资源的合作与协同。贵州省要继续保持与长江经济带下游发达地区的技术合作，不断增进与上游省（市）的密切协同，以使长江经济带科技资源实现有效集聚，同时使得创新要素可以在长江经济带区域间实现共享、自由流动，形成创新物资资源的优势互补，提高资源的利用效率。加大人才培养力度，提升劳动者技术水平，尤其要重视创新型人才的培养。同时加强与长江经济带各省（市）人才，尤其是科研人员的交流往来，增进创新人才的集聚与合作。从而实现各创新要素的集聚和协同，增强与长江经济带创新的协同。

（四）加紧构筑长江上游生态安全屏障，着力把贵州建成长江经济带生态文明建设先行区

生态环境是创新活动的基础载体，生态环境保护也是长江经济带协同创新的一大领域。因此，要维护好长江流域的生态安全。而贵州省作为长江流域上游关键地区，对长江经济带协同创新整体生态环境保护起着非常重要的作用。因此，要加大贵州省的生态建设力度，实行退耕还林，加强草地、湿地、森林等保护和管理的建设，强化生态功能定位，把贵州省打造成长江经济带绿色生态新走廊，筑牢长江上游生态安全屏障。为长江经济带协同创新打造良好的生态载体。

后　记

《长江经济带协同创新研究》是中国科协2016年重大调研项目“长江经济带与一带一路协同创新机制研究”（项目编号2016ZCYJ06）结题成果。历经多次修改，终于完成。

感谢重庆工商大学长江上游经济研究中心对本书出版的资助，为我们完成如此浩繁和高难度的研究任务提供了保障。

这里我们要特别感谢湖北、江苏、四川、贵州4个省子课题组研究人员，本书汇集了湖北、江苏、四川、贵州4个省科协及重要科研单位几十位合作伙伴的共同学术成果，衷心感谢诸位的学术奉献、科学态度和奉献精神。

本书是全体成员共同研究的成果。绪论执笔人为崔学海，第二章执笔人为蔡继荣，第三章执笔人为刘成杰、王兆林，第四章模型设计、运行和执笔为曾波、刘岱，第五章执笔人为崔学海、王崇举，第六章执笔人为王崇举、崔学海，第七章执笔人为杨文举、崔学海，4个子课题的成果以附录形式呈现在最后，全书由王崇举统稿，杨孝良、董昕也参与了本书的撰写。

王崇举

于重庆工商大学长江上游经济研究中心

2018年6月